Die neue Redlichkeit

Der Bestsellerautor *Professor Dr. Rupert Lay* ist in deutschen Wirtschaftskreisen die oberste ethische Instanz. Der Jesuit ist ein Querdenker mit großem Einfluss. Von 2000 bis 2003 war er Vorsitzender des Kuratoriums der Fairness-Stiftung, seit 2004 ist er dessen Ehrenvorsitzender. 2004 bekam Rupert Lay den Fairness-Ehrenpreis für sein Lebenswerk. Seit 2003 ist er Ehrenpräsident des Ethikverbands der Deutschen Wirtschaft e. V.

Ulf D. Posé ist Unternehmens- und Personalberater und hat viele Jahre als Hörfunk- und Fernsehjournalist gearbeitet. 2000 wurde Posé vom Berufsverband Deutscher Verkaufsförderer und Trainer e. V. für exzellente Trainingsleistungen ausgezeichnet. Seit 2003 ist er außerdem Präsident des Ethikverbands der deutschen Wirtschaft e. V. und Senatsmitglied im Bundesverband für Wirtschaftsförderung und Außenwirtschaft, BWA.

Rupert Lay
Ulf D. Posé

Die neue Redlichkeit

Werte für unsere Zukunft

Campus Verlag
Frankfurt / New York

Bibliografische Information der Deutschen Bibliothek
Die Deutsche Bibliothek verzeichnet diese Publikation in der
Deutschen Nationalbibliografie. Detaillierte bibliografische Daten
sind im Internet über http://dnb.ddb.de abrufbar.
ISBN-13:   978-3-593-37924-1
ISBN-10:   3-593-37924-4

Copyright © 2006 Campus Verlag GmbH, Frankfurt am Main
Umschlaggestaltung: Büro Hamburg
Umschlagfoto: Dirk Hoy, Frankfurt am Main
Druck und Bindung: Freiburger Graphische Betriebe
Gedruckt auf säurefreiem und chlorfrei gebleichtem Papier.
Printed in Germany
Besuchen Sie uns im Internet: www.campus.de

Inhalt

Anhang

Vorwort

Dies ist ein Buch über eine neue Form der Unredlichkeit, über ihre fatalen Folgen für Wirtschaft und Gesellschaft – und unsere Chance, ihr mit einer neuen Redlichkeit zu entkommen.

Wir leben in einer Zeit verloren gegangener Werte. Eine vage Sehnsucht nach Werten drückte sich in der öffentlichen Anteilnahme am Tod des alten und der Wahl des neuen Papstes aus. Dass das Leben in einer Welt ohne Werte nicht das beste Leben ist, spüren wohl viele. Aber worin genau bestehen die Nachteile? Und was könnte eine Alternative sein? Welche neuen Werte wären konsensfähig, wären zukunftsfähig? Mit diesen Fragen beschäftigt sich unser Buch, und es möchte zugleich einige Antworten liefern.

Was kennzeichnet die neue Unredlichkeit? In früheren Zeiten wusste der Einzelne noch, wann er sich danebenbenahm; er hatte zumindest ein schlechtes Gewissen. Heute ist es so, dass der Einzelne sich unredlich verhält, jedoch überhaupt nicht mehr merkt, dass er unredlich ist.

Wenn es sowieso keiner mehr merkt, warum sollte über die neue Redlichkeit und gegen die neue Unredlichkeit ein Buch geschrieben werden? Weil die Folgen der neuen Unredlichkeit so tragisch und schrecklich sind und es doch möglich ist, der neuen Unredlichkeit durch eine neue Redlichkeit erfolgreich zu begegnen und so eine noch lebenswertere Welt für viele und eben nicht nur für ganz wenige zu schaffen.

Eines vorweg: Absolute Redlichkeit ist sicher ähnlich unmenschlich wie absolute Gerechtigkeit oder absolute Wahrhaftigkeit. Es

geht in diesem Buch überwiegend um kollektive Formen von Unredlichkeit, nicht um individuelle Formen. Wohl wissend, dass ein
Stück Unredlichkeit sicher in jedem Menschen steckt. Für uns ist
das oberste sittliche Kriterium die Biophilie: Handle und entscheide
stets so, dass durch dein Handeln und Entscheiden das personale
Leben in dir und in der Person eines jeden anderen eher gemehrt,
denn gemindert wird. Nach diesem Kriterium kann Redlichkeit,
aber auch Unredlichkeit ihren Platz haben. Es kommt nur darauf
an, dass ich meine Unredlichkeit erkenne und beherrsche und dass
ich sie durch eine neue Redlichkeit biophil ersetze. Es gibt Momente
im Leben, in denen es angemessen oder notwendig ist, zum Beispiel
die Unwahrheit zu sagen. Wenn es nicht anders möglich ist, eigenes
oder fremdes Geheimnis zu schützen, kann die Lüge notwendig sein.
So gibt es sicher auch eine Unredlichkeit, die sittlich vertretbar ist.
Eine biophile Unredlichkeit sollte genauso erlaubt sein wie eine biophile Ungerechtigkeit oder eine biophile Unwahrheit.

In unserem westlichen Denkraum inklusive Amerika ist Redlichkeit eine Kategorie der Moral. Nietzsche hat diesen Begriff verwendet, um die damals vorherrschende Moral zu kritisieren. Da jedoch
die moralischen Werte keine entscheidende Rolle mehr spielen, ist
die Redlichkeit heute nur noch dazu da, sich sozialverträglich zu
verhalten, um nicht sozial bestraft zu werden. Das war zwar auch
schon bei der alten Redlichkeit so, jedoch war hier die Redlichkeit
theologisch dominiert. Der Mensch hatte sich redlich zu verhalten,
weil »der liebe Gott das so will«. Die Theologen sind leider bis heute
nicht auf die Idee gekommen, dass jedes soziale System seine eigene
Moral und damit seine eigene Redlichkeit hervorbringt.

Menschen benehmen sich heute daneben und finden es auch noch
gut. Menschen beuten andere Menschen aus, sozial, emotional,
ökonomisch – und darauf sind einzelne Mitmenschen auch noch
stolz. Sie brüsten sich damit, dass es ihnen so gut gelungen ist, andere Menschen über den Tisch zu ziehen, sie zu übervorteilen. Die
Folge ist, dass wir immer misstrauischer werden. Unsere Fähigkeit,
anderen Menschen Vertrauen zu schenken, nimmt rapide ab. Eine

weitere Folge ist die Vereinsamung von Menschen. Je mehr wir uns nur noch um uns selbst kümmern, desto weniger kümmern wir uns um andere Menschen und diese sich um uns. Wie heißt das Sprichwort? »Jeder denkt an sich, nur ich denke an mich.« Das tue ich am besten in einer »Ich-AG«. So oder ähnlich könnte das Lebensmotto der heutigen Zeit heißen. Sich durchsetzen, Recht behalten, klarkommen auf Kosten anderer. Sich bereichern, andere abzocken, den eigenen Vorteil so intensiv wie möglich wahren. Das sind wohl Kennzeichen der heutigen Zeit. »Geiz ist geil« kann übersetzt werden mit: »Andere über den Tisch zu ziehen, ist geil«. Erfolg auf Teufel komm raus, ohne auf die Kosten zu achten, die andere dadurch haben.

Die neue Unredlichkeit ist ziemlich kostenintensiv, ohne dass wir es bemerken. Am besten erklärt hat das wohl das berühmte Gefangenendilemma aus der Spieltheorie: Zwei Jungs überfallen einen Bauern. Kurz danach werden sie mit einer Pistole in der Hand erwischt. Der Bauer ist so betrunken, dass er bei einer späteren Gegenüberstellung nicht sagen kann, wer von den beiden ihm eine Pistole unter die Nase gehalten hat. Die beiden wandern ins Gefängnis und stehen vor folgendem Problem: Verweigern beide die Aussage, dann kann man ihnen nur unerlaubten Waffenbesitz nachweisen. Die Strafe dafür beträgt je drei Monate Knast. Gesteht einer der beiden und der andere schweigt, dann ist dieser ein Kronzeuge. Er wird freigesprochen, während sein Komplize fünf Jahre Knast bekommt. Gestehen jedoch beide, dann bekommen sie jeweils drei Jahre Gefängnis wegen gemeinschaftlichen Raubüberfalls. Nun stellt sich die Frage nach der Moral und Redlichkeit. Der Überfall als solcher ist ohne Frage unredlich, ein Verbrechen. Um diese Unredlichkeit oder das Verbrechen geht es hier jedoch nicht. Das wäre eine zweite, leicht zu beantwortende Frage. Es geht in diesem Fallbeispiel nur um das Verhältnis der beiden Räuber zueinander. Werden sie gestehen oder schweigen? Wahrscheinlich werden beide versuchen, die Kronzeugenregelung für sich zu beanspruchen. Nur landen sie über diesen Egoismus beide im Knast. Die Redlichkeit bleibt dabei auf der Strecke. Es wäre für beide in der Gesamtbilanz viel »billiger«, wenn sie schweigen würden. Was soll's, könnte man sagen, Moral in einer Gesellschaft verändert sich, unterliegt einer Drift. Die heutigen Moralvorstellungen sind eben nicht mehr deckungsgleich mit den Moralvorstellungen unserer Großeltern. Das Problem ist nur: Wir handeln fast schon a-moralisch, und nicht nur widermoralisch. Widermoralisches Handeln setzt voraus, dass der Handelnde eine Moral kennt; amoralisches Handeln dagegen ist dadurch gekennzeichnet, dass der Handelnde über keinen moralischen Maßstab mehr verfügt.

Warum das so wichtig ist? Aus der fehlenden Moral entsteht fehlendes Bewusstsein für Unredlichkeit und fehlendes Bewusstsein für Redlichkeit. Und die Kosten für unredliches Verhalten sind gigantisch. Die Vereinsamung, die dadurch entsteht, ist so enorm, der Vertrauensverlust, der dadurch entsteht, ist so enorm, die Gefühlskälte, die dadurch entsteht, ist so enorm, der Verlust an Geborgenheit, der dadurch entsteht, ist so enorm, die Orientierungslosigkeit, die dadurch in einer Gesellschaft, einer Kultur entsteht, ist so enorm, die Entmenschlichung, die dadurch entsteht, ist so enorm, die Zerstörung des sozialverträglichen Miteinanders ist so enorm. Es kann sein, dass nicht wenige all das um des eigenen Vorteils willen billigend in Kauf nehmen. Wir wollen das nicht.

Dieses Buch will sich gegen all das stemmen. Zum einen, indem einmal die Entwicklung der Redlichkeit beginnend mit dem Altertum bis hin zur Neuzeit skizziert wird, um dem Leser das Verstehen zu erleichtern. Dann werden in diesem Buch die Entstehung der neuen Unredlichkeit, ihre Ursachen und Auswüchse untersucht. Zum Beleg stellen wir Beispiele aus allen Bereichen des Lebens dar. Damit wollen wir zeigen, wie sehr die neue Unredlichkeit in den verschiedensten Lebensbereichen schon um sich gegriffen hat. Und zum Dritten wollen wir Möglichkeiten zeigen, wie wir der neuen Unredlichkeit begegnen können, wie eine zukünftige neue Redlichkeit sich darstellen kann. Darin liegen für uns die Hoffnung und das Vertrauen in eine lebenswerte Zukunft.

Wir wissen nicht, was die Zukunft uns bringen wird, insofern können wir die neue Redlichkeit nicht exakt beschreiben. Aber wir können sagen, was wir uns wünschen, was wir für sinnvoll halten und welche Chancen in einer neuen Redlichkeit liegen.

Wir sind davon überzeugt, dass eine neue Redlichkeit gute Chancen hat, unsere Zukunft weitaus lebenswerter zu gestalten, als dies ohne eine neue Redlichkeit möglich wäre.

Prof. Dr. Rupert Lay
Ulf D. Posé

Teil I
Redlichkeit und Unredlichkeit

Kapitel I

Die Redlichkeit der Antike

In Ovids *Metamorphosen* findet man im Abschnitt über das Goldene Zeitalter das Wort »Redlichkeit«: »Als erstes entstand das goldene Geschlecht, das keinen Rächer kannte und freiwillig, ohne Gesetz, Treue und Redlichkeit übte.«[1] Ansonsten ist es nicht ganz einfach, den Begriff in der Antike nachzuweisen. Wahrscheinlich haben die alten Griechen das Wort *arete* dafür verwendet. Nietzsche stellt am Altertum etwas heraus, das seine Kollegen überhaupt nicht hören wollten, nämlich, dass dort die Werte durchaus auch aus ihrem Gegenteil entstehen konnten: das Schöne aus dem Hässlichen, das Apollinische aus dem Dionysischen, das Moralische aus der Natur. Der Mensch im griechischen Altertum konnte sehr viel grausamer sein als der moderne. Dadurch gewinnt die Idee der Moral eine ganz andere Notwendigkeit. Sie wird also nicht aus der Freude am Guten gewonnen, sondern aus nackter Not. Sie wird bei Aristoteles (384 v. Chr. – 322 v. Chr.) als ein Bedürfnis des Menschen entdeckt, nachdem Platon (427 v. Chr. – 348/47 v. Chr.) sie für ein Geschenk des Himmels gehalten hatte.

Der redliche Mensch im Altertum war tapfer. Tapferkeit wurde seit Platon zu den vier Kardinaltugenden gezählt: Einsicht, Tapferkeit, Gerechtigkeit und Besonnenheit. Diese vier Kardinaltugenden wurden wieder unterteilt. Die Tapferkeit zum Beispiel in: Ausharren, Unverzagtheit, Seelengröße, Mut und Arbeitsliebe. Für Epikuros (341 v. Chr. – 271 v. Chr.) war die richtige Einsicht bei der Abwägung von Lust und Unlust die Haupttugend. Der redliche Mensch der Antike sah in dieser Tugend den einzig möglichen und damit sicheren Weg zur Glückseligkeit. Warum jedoch spielte die Tapferkeit eine so große Rolle? Um dies zu verstehen, muss man sich die Hochkulturen jener Zeit anschauen, die sich unabhängig voneinander entwickelten und diese Unabhängigkeit auch bewahrten. Für das Verständnis der Redlichkeit der Antike sind hier im Besonderen die griechisch und römisch geprägten Hochkulturen interessant. Damit ist zwar nicht das gesamte antike Altertum erfasst – es gibt auch noch das Altertum außerhalb des mediterranen Raums –, für das Verständnis von Redlichkeit soll jedoch in diesem Buch nur vom griechischen und römischen Verständnis die Rede sein.

Die Redlichkeit der Antike wurde weitgehend geprägt durch gegenseitige Einflüsse damaliger Völkergemeinschaften. Zwischen zirka 700 und 300 vor Christus wurde die Redlichkeit durch eine Art Bevölkerungsexplosion beeinflusst. Diese erzeugte das Bedürfnis nach Landnahme. Damit stand Redlichkeit zunächst im Zusammenhang mit dem Expansionstrieb, mit Hegemoniebestrebungen, mit der stets wiederkehrenden Anforderung, Lebensraum an sich zu reißen. Das Bedürfnis nach Landnahme wurde nicht durch Gespräche und Verhandlungen befriedigt, sondern durch Militäreinsatz. Korinth und Chalkis machten sich in Sizilien, Süditalien, Thrakien und anderswo breit. Sparta griff seine nächsten griechischen Nachbarn an und unterwarf diese. Das hatte zur Folge, dass Sparta ständig Krieg führen musste. So wurde das Leben in Sparta von Grund auf militarisiert. Athen wiederum entwickelte eine Art soziale, wirtschaftliche und politische Revolution, indem es exportierte und den erfolgreichen Unternehmern einen Teil der politischen Macht abtrat.

Die Redlichkeit, die sich in der Tapferkeit ausdrückte, war schon 800 vor Christus eine soldatische Tugend. Der Soldat war dann redlich, wenn er seine militärischen Leistungen auf die eigene Selbstvervollkommnung, auf seinen persönlichen Ruhm und seine Ehre ausgerichtet hatte. Die Tapferkeit war nicht nur eine Frage des Überlebens, sie verhalf dem Krieger zu sozialem Ansehen; als »Held« angesehen zu werden, war damals aber nur Adligen vorbehalten. Diese

Tapferkeit spielte im spartanischen Denken durch die besondere Bedeutung des Militärs und im Denken der Korinther ebenso eine Rolle wie im athenischen Denken. Der Zwang zu expandieren, lässt die Tapferkeit als höchste Tugend nahezu notwendig erscheinen. Wer tapfer war, war redlich. Damals spielte Moral im Sinne von sozialer Disziplin kaum eine Rolle über das hinaus, was Moral heute in Kleinsystemen, wie etwa einer Familie, bedeutet. Das unterstreicht sicher den Gedanken Nietzsches, dass eine Tugend aus reiner Naturnotwendigkeit, nämlich tapfer sein zu müssen, entspringt.

Wenn wir an die Redlichkeit der Antike denken, dann denken wir zumeist an die attischen Philosophen Sokrates (470 v. Chr.–399 v. Chr.), Platon (427 v. Chr.–348/47 v. Chr.), Aristoteles (384 v. Chr.–322 v. Chr.). Das hieße jedoch, das Verständnis von der Redlichkeit der Antike zu verkürzen auf drei Personen. Neben Platon und seinem Schüler Aristoteles waren später die Stoiker Seneca (4 v. Chr.–65 n. Chr.) und Epiktet (50–140), die sich um Redlichkeit und deren Bestimmung bemühten, sehr einflussreich.

Auch andere Aspekte der Redlichkeit des Altertums sind in der damals bedeutendsten Wissenschaft, der Philosophie, zu entdecken. Philosophie meinte die Wissenschaft von der Freundschaft mit der Weisheit. Diese Wissenschaft beschäftigte sich damit, dass Menschen nun einmal nicht über wahre Erkenntnisse und absolute Aussagen verfügen, wie Sokrates feststellte, sie wollte Menschen daher durch das Gespräch zum Erkenntnisfortschritt verhelfen. Diesen Erkenntnisfortschritt galt es ein Leben lang voranzutreiben, und dies konnte nur redlich geschehen. So tauchte die Redlichkeit als intellektuelle Redlichkeit auf.

Man kann zunächst nicht sagen, dass es eine als verbindlich angesehene Redlichkeit des gesamten hellenistischen Kulturraumes gab. Selbst Platon und Aristoteles waren hier sehr unterschiedlicher Meinung. Aber auch durch sich ähnelnde Expansionsbewegungen und die immer größer werdende Bedeutung des Militärs ist sicher zu verstehen, weshalb die Tapferkeit als Ausdruck der Redlichkeit zunächst besonders aus dem militärischen Bereich geprägt wurde.

Dass die Athener ihre Expansionsgelüste nicht nur militärisch, sondern auch durch Exportgeschäfte befriedigten, führte dazu, dass im alten Athen die Tapferkeit als militärisch höchste Tugend eine neue Drift, eine neue Tendenz bekam. Sokrates, der nicht nur Steinmetz, sondern auch anerkannter Soldat war, dynamisierte als Erster die Redlichkeit der Tapferkeit. Er weitete sie über die militärische Bedeutung hinaus auf die Bürger aus. Für ihn diente die Tapferkeit immer dem Gemeinwohl und ging weit über den Eigennutz hinaus. Damit begründete Sokrates die Idee, dass Tapferkeit nicht mehr nur an Ehre und Ruhm des Einzelnen gebunden sein dürfe, sondern auf die Verwirklichung des Guten im Gemeinwesen gerichtet sein sollte. So verließ die redliche Tapferkeit den militärischen Raum und wurde zur Bürgertugend. Diese Idee wurde von seinen Schülern Platon und Aristoteles weiterentwickelt. Platon stellte in seiner *Politeia* die Idee einer Staatslehre dar, nach der die Philosophen, als herrschende Klasse, die Soldaten über »das Gute« zu unterrichten hätten. Allerdings hatte Platon ein Staatsverständnis, in dem der Einzelne nichts galt und der Staat alles war. Aristoteles meinte, durch genügend Übung und Gewöhnung an die richtigen Erziehungsmethoden Menschen zu tugendhaftem Handeln anregen zu können. Für Aristoteles war die Tapferkeit die höchste aller Tugenden. Aber er stand nicht allein, wie die vorherigen Ausführungen es schon andeuten.

Sokrates kannte aber nicht nur die Tapferkeit als redliche Tugend. Für ihn war ein Mensch auch dann redlich, wenn er erstens sich selbst erkannt hatte und zweitens niemandem freiwillig Unrecht antat. Für seinen Schüler Platon handelte der Mensch neben der Tapferkeit redlich, wenn er von Vermutungen zur Einsicht gelangte. Danach war es dann Aristoteles, der den wohl ersten Versuch startete, Moral als soziale Disziplin zu überwinden und sie durch eine philosophische Disziplin, die Ethik, zu ersetzen. Ein Problem, das wir gegenwärtig gerade wieder erleben.

Der Vorläufer dieser Denkungsart des Aristoteles war Platons Begriff der *eudaimonia* als zentrales Moment der Redlichkeit. Gemeint

war damit das Glücklichsein, Gesegnetsein, Erfolgreichsein. Der
Bürger Athens war glücklich, gesegnet, erfolgreich, wenn er das
Wohl der Gemeinschaft zu mehren wusste. All dies galt jedoch nicht
für alle Menschen der griechischen Antike. Selbst Aristoteles, dem
wir als sein Hauptwerk die *Nikomachische Ethik* verdanken, ge-
stand noch nicht allen Menschen Redlichkeit zu. Er meinte:»...ganz
generell fehlt den Barbaren das, was von Natur aus die Voraussetzung zum Regieren ist. Zu Recht sagen daher unsere Dichter: ›Ja,
mit Recht sind den Griechen die anderen untertan.‹ Damit drücken
sie aus, dass Barbar und Sklave von Natur aus dasselbe sind.«[2] Die
Ethik des Aristoteles meinte im Wesentlichen, dass menschliches Handeln sich orientiert und ausrichtet auf das »praktische Gute« oder
die »Glückseligkeit«. Dieses Ziel kann auf recht unterschiedliche
Weise angestrebt werden. Hier spielen der Charakter und die Intelligenz eines Menschen eine entscheidende Rolle. Es geht um deren
Verhältnis zum Glück. Aristoteles unterschied zwei Tugendarten und
damit zwei Arten der Redlichkeit: die moralische Tugend und die
Tugend des Denkens. Die Moral siedelte er dabei im Charakter an.
Der Charakter wiederum entstand durch Gewohnheiten. Wichtig in
seiner Ethik war die Fähigkeit, zwischen zwei Extremen den richti-
gen, den goldenen Weg zu finden. Tapferkeit als höchste redliche
Tugend war der Mittelweg zwischen Feigheit und Tollkühnheit; die
Freigebigkeit war der goldene Weg zwischen Verschwendung und
Geiz. Mit der Tugend des Denkens hielt es Aristoteles ganz anders.
Dazu war für ihn nur ein erwachsener Mensch fähig. Der musste al-
lerdings männlich sein. Die höchste aller Tugenden konnte also von
Frauen, Kindern und Barbaren nicht erlangt werden. In dieser Sicht-
weise unterschied sich Aristoteles von Platon, der zumindest Frauen
dieselbe oder gleich viel Vernunft wie Männern zubilligte.

Die Redlichkeit der Römer war ebenfalls durch die Tapferkeit als
höchste Tugend geprägt. Vergil (70 v.Chr.–19 v.Chr.) beschrieb in
der *Aeneis*[3] römisches Heldentum und die moralische Mission der
Römer:

»Tu regere imperio populos, Romane, memento:
Hae tibi erunt artes, pacisque imponere morem,
Parcere subiectis, et debellare superbos.«

(Du aber, Römer, gedenke die Völker der Welt zu beherrschen,
Darin liegt deine Kunst, und schaffe Gesittung und Frieden,
Schone die Unterworfnen und ringe die Trotzigen nieder.)

Die Römer haben die Tapferkeit idealisiert. Römertapferkeit war: Römertugend! Römersinn! Römerstolz! Wer darüber verfügte, durfte geflissentlich über die Wollust, Weichlichkeit und andere Laster hinwegsehen und sich für das Römische Reich einsetzen.

Noch der römische Geschichtsschreiber Tacitus (55–116) hatte ein Bild von den Barbaren, das sich mit heutiger Auffassung von Redlichkeit sehr wahrscheinlich nicht vertragen würde. Er schrieb über Germanien: »Das nördliche Weltmeer wird nur selten von Schiffen aus unserer Zone besucht. Wer wollte auch wohl – ganz abgesehen von den Gefahren des schrecklichen unbekannten Meeres – Asia, Africa oder Italia verlassen, um ausgerechnet nach Germanien zu streben, einem Land, das landschaftlich hässlich, im Klima rau, und, was die Möglichkeiten seiner Kultivierung betrifft, ebenso hoffnungslos ist wie sein gesamter Anblick.«[4] Offensichtlich hielt Tacitus nicht viel von unseren Urahnen.

Diese Vorstellung der Antike von Redlichkeit endete etwa mit der Völkerwanderung. Danach entstand eine Redlichkeit, die sich über theologische Sanktionen begründet und gehalten hat.

Die erste wertlose Zeit im Sinne einer Unredlichkeit dauerte von den Völkerwanderungen bis etwa zu den Karolingern – von 500 bis etwa 900 nach Christus.

Kapitel 2

Die Redlichkeit des Mittelalters

Das Mittelalter kannte überwiegend eine moralisch gerechtfertigte Ethik. Die Redlichkeit des Mittelalters war theologisch dominiert. Redlich war derjenige, der sich gottgefällig verhielt, was immer das auch sein konnte. Die Klöster hatten sich von der Völkerwanderung recht unbeeindruckt gezeigt und ihre Auffassung von Redlichkeit in das Mittelalter hineingetragen. Den Klöstern gelang es, das, was unter Konstantin Anfang des 4. Jahrhunderts in das Christentum eingebracht worden war, die Lehren der Manichäer, in das Mittelalter hinüberzuretten. Beim Manichäismus handelt es sich um eine Religion, die auf den Perser Mani (212–276) zurückgeht und nach ihm benannt wurde. Er verband in seiner Religion die christliche Gnosis, den Buddhismus und den Parsismus miteinander. Gnostizismus – von griechisch *gnosis*, »(Gottes-)Erkenntnis« – war eine religiös-philosophische Bewegung im 2. und 3. Jahrhundert. Nach deren Lehre fielen Funken oder Samen des göttlichen Wesens in die materielle böse Welt. Ziel des Gläubigen war die Erlösung hin zu einem Dasein im Licht. Die manichäistische Welt war geteilt in absolut Gutes und absolut Böses. Die Manichäer selbst teilten sich in zwei Klassen auf, die nach dem Grad ihrer spirituellen Entwicklung bestimmt wurden. Die Klasse der Auserwählten lebte streng zölibatär und vegetarisch. Sie tranken keinen Alkohol, arbeiteten nicht und widmeten sich ausschließlich dem Gebet. Alles Fleischliche war für die Manichäer ein Werk des Bösen. Die Ablehnung des Verzehrs von Fleisch und sogar von Eiern, weil diese der Vereinigung von männlichen und weiblichen Tieren entstammten, zeichneten den

Puritanismus aus. Die zweite Klasse, die der Laien, erreichte diese Stufe der Vollkommenheit nicht.

So ist verständlich, dass die Redlichkeit des Mittelalters aus dem zölibatären Verständnis der ersten Klasse der Manichäer beispielsweise ein bestimmtes Sexualverhalten predigte. Nach manichäistischer Überzeugung war die Ehelosigkeit der Ehe vorzuziehen. Die Ehe war für sie nichts anderes als eine erlaubte Form der Sünde. Schon bei Paulus findet sich der Gedanke, dass Gott den Menschen nur ihrer Schwäche wegen das Heiraten nicht verbot. Auf den Manichäismus geht zum Beispiel auch das Weihnachtsfest zurück. Der berühmte lateinische Kirchenlehrer Augustinus (354–430) war übrigens rund neun Jahre lang Manichäer, bevor er Christ wurde.

Des Weiteren war die Redlichkeit des Mittelalters durch die Vorstellungen von Sünde und der Hölle bestimmt. Auch das ist vor dem Hintergrund des Manichäismus zu erklären, der die Askese und die Teilung der Welt in absolut böse und absolut gut vornahm. Die Redlichkeit richtete sich nach einem strafenden Gott aus, von dem man glaubte, dass er jedes gute Werk und jede Sünde notiere. Die Lehre von den beiden Gerichten, dem persönlichen und dem allgemeinen Gericht, spielte eine Rolle. Es entstand eine durchaus negative Sicht des Lebens, zu der eine positive Sicht des Leidens hinzukam. So entstand die Verehrung des Kreuzes und die Moral wurde zunehmend dogmatischer. Und damit wurde die Redlichkeit moralisch-dogmatisch.

Eine weitere geschichtliche Quelle, um die Redlichkeit des Mittelalters beschreiben zu können, war sicher das Rittertum. Da Ritter unter dem Einfluss der Ethik des Christentums kämpften, ist in ihrem Verhalten die »weltliche« Ausprägung der Redlichkeit dieser Zeit recht gut zu ermitteln. Das Rittertum erreichte seine Blütezeit während der Kreuzzüge. Hier hilft der »Ehrenkodex« der Ritter weiter, in den jeder Ritter eingebunden war und dessen Redlichkeit durch Zucht und Maßhalten gekennzeichnet war. Ein Ritter war dann redlich und anerkannt, wenn er seinen Gegner respektierte, Loyalität zeigte, großzügig war, eine adlige Verhaltenweise an den

Tag legte, sich als tapfer erwies, christliche Tugenden pflegte und über einen Ehren- und Verhaltenskodex verfügte, an den er sich auch hielt. Besonders gut ist die Redlichkeit des Mittelalters im Turnierverhalten der Ritter zu erkennen. Ein Ritter handelte im Turnier nur dann redlich, wenn er die Erniedrigung des Gegners vermied.

Das Besondere der Redlichkeit des Mittelalters lag vornehmlich darin, dass die Redlichkeit ideologisch begründet war. Der Kampf mit den Türken (Kreuzzüge) war sicher kein Kampf zwischen Staaten, sondern ein Kampf zwischen Muslimen und Christen, ein Kampf zwischen Ideologien.

In der Ökonomie des Mittelalters galten die theologisch begründeten Formen der Ökonomie und Politik. Diese waren begründet im religiösen, sozialen oder auch politischen Verhalten. Die Redlichkeit war auch bestimmt durch frühe Formen des religiösen Feudalismus und frühe Formen des Merkantilismus. Das damalige ständische Denken wurde ebenfalls religiös motiviert:»Ich bin Bauer, Müller, Adliger von Gottes Gnaden.« Die Menschen verhielten sich redlich, um nicht religiös, politisch oder sozial bestraft zu werden. Maßstab für die Redlichkeit waren also Gottgefälligkeit und Sozialverträglichkeit.

Nach dem religiösen Feudalismus wurde die Redlichkeit des Mittelalters später durch Genese gerechtfertigt. Mit Genese wird im Griechischen die Zeugung, Entstehung, Entwicklung eines Zustandes, aber auch die Ursache einer Krankheit bezeichnet. Im Begriff »Gene« oder »Gentechnologie« verwenden wir die ursprüngliche Bedeutung heute.

Kapitel 3

Die Redlichkeit der Neuzeit

Der Übergang vom Mittelalter zur Neuzeit etwa ab 1500 ist auch für die Moral eine besondere Schnittstelle. Der religiöse Feudalismus wurde unter dem Einfluss der Aufklärung durch profane Kategorien aufgelöst. Die ökonomische Ursache für die Abkehr vom religiösen Feudalismus war sicher der Merkantilismus, eine Wirtschaftstheorie und -politik des Absolutismus zwischen dem 16. und 18. Jahrhundert.

Die Auswirkungen des Merkantilismus

Damit war der Merkantilismus auch eine Schnittstelle zwischen der Redlichkeit des Mittelalters und der Redlichkeit der Neuzeit. Der Merkantilismus wurde in Frankreich entwickelt und in Österreich sehr eng mit der Staatsbildung verbunden. Das Wesen des Merkantilismus bestand darin, analog zum Einzelunternehmen auch für eine ganze Volkswirtschaft höhere Einnahmen als Ausgaben zu fordern. Die Redlichkeit des Merkantilismus zeichnete sich durch eine Erziehung hin zu einer disziplinierten und arbeitsamen Gesellschaft aus. Die Arbeitskräfte kamen vom Land, aus Waisen- und Zuchthäusern. Waisenkindern und Zuchthäuslern zahlt man keinen hohen Lohn. Entsprechend vertrat der Merkantilismus eine Niedriglohntheorie. Der Begriff *industria* aus dem Lateinischen für »Fleiß« oder »Gewerbefleiß« bezeichnet die höchste Form der Redlichkeit jener Zeit. Hier finden sich die Vorläufer unserer heutigen Industrie. Der Merkantilismus war so etwas wie ein Netzwerk. Großbetriebe, Fabriken, Arbeitshäuser, so genannte Verlagsarbeit auf dem Lande wurden miteinander verknüpft. Das angestrebte Ziel – die Stärkung der Wirtschafts- und Finanzkraft – macht verständlich, dass der Gewerbefleiß nun zur höchsten anerkannten Tugend der Redlichkeit wurde. Das von Mozart vertonte Gedicht von Ludwig Hölty (1748–1776) zeigt das beispielhaft:

1. Üb' immer Treu und Redlichkeit
   Bis an dein kühles Grab,
   Und weiche keinen Finger breit
   Von Gottes Wegen ab.

Redlich ist also, wer gottesfürchtig ist. In der dritten Strophe heißt es:

3. Dann wird die Sichel und der Pflug
   In deiner Hand so leicht,
   Dann singest du beim Wasserkrug,
   Als wär' dir Wein gereicht.

Redlich ist somit, wer fleißig ist und wer sich als Lohn mit einem Wasserkrug begnügt. Auch zum strafenden Gott hat Hölty in der vierten Strophe das Zeitverständnis dokumentiert:

4. Dem Bösewicht wird alles schwer,
   Er tue was er tu,
   Ihm gönnt der Tag nicht Freude mehr,
   Die Nacht ihm keine Ruh.

Und in der fünften Strophe macht Hölty noch einmal klar, dass die Niedriglohntheorie des Merkantilismus redlich ist. Wer nach Geld verlangt, kann nur ein Bösewicht sein:

5. Der schöne Frühling lacht ihm nicht,
   Ihm lacht kein Ährenfeld,
   Er ist auf Lug und Trug erpicht,
   Und wünscht sich nichts als Geld.

In den letzten beiden Strophen wird dem redlichen Zeitgenossen dann schließlich doch noch ein Lohn für seine Redlichkeit versprochen:

7. Drum übe Treu und Redlichkeit
   Bis an dein kühles Grab,
   Und weiche keinen Finger breit
   Von Gottes Wegen ab!

8. Dann suchen Enkel deine Gruft
   Und weinen Tränen drauf,
   Und Sonnenblumen, voll von Duft,
   Blüh'n aus den Tränen auf.

Die mittelalterliche Redlichkeit endete in der Wertlosigkeit und Überhöhung der Ideologie des Humanismus.

Die Auswirkungen der Aufklärung

Die neuzeitliche Redlichkeit entwickelte sich in zwei Phasen: einer Redlichkeit vor der Aufklärung, die noch theologisch begründet wurde, und einer Redlichkeit nach der Aufklärung. Sie beendete die theologische Vormacht in der Redlichkeit. Max Weber (1864–1920) kennzeichnet diese Entwicklung als »Prozess der Entzauberung der Welt«. Die Aufklärung wollte mit vielen Geheimnissen Schluss machen. In der ersten Phase der Aufklärung ging es überwiegend um die *arcana naturae*: Francis Bacon (1561–1626) wollte die »prinzipielle Unmöglichkeit des Naturgeheimnisses« enthüllen helfen: »Der Ruhm des Herrn ist es, seine Werke zu verhüllen, der Ruhm des Königs [im Sinne von: des Menschen als des Königs der Schöpfung], sie zu erforschen.«[5]

Die Aufklärer wollten überdies die *arcana imperii*, die »Geheimnisse des Herrschens« beseitigen. Sie drängten auf die Herstellung einer Ordnung der bürgerlichen Gesellschaft und des Staates, in der man über alles, was eine bürgerliche Gesellschaft betrifft, auch öffentlich verhandeln kann. Geheimnisse sollten nur noch einer feudal-absolutistischen Vergangenheit angehören. Damit stand auch die Redlichkeit des Mittelalters auf dem Prüfstand. Wirtschaft und Politik befreiten zunächst von einer religiösen Begründung. Das dadurch entstehende Vakuum wurde mit einer Redlichkeit gefüllt, die sich schon bei Thomas von Aquin (1225–1274) angedeutet hatte: »Was vernünftig ist, ist gut.« Darin steckte bereits der Grundgedanke einer profanen Aufklärung. Thomas von Aquin unterschied noch zwischen *ratio* und *intellectus*. *Ratio* war für ihn die Fähigkeit, einen Sachverhalt in Sprache abzubilden. *Intellectus* war für ihn die Bewertung einer Sache.

Die Vernunft löste sich erst dann in der Redlichkeit auf, als wir feststellten, dass sie keine absolute Norm ist, sondern ein Epiphänomen des Interesses. Wir halten heute das für vernünftig, was zu unserem Interesse passt. Damit beginnt, philosophisch gesehen, die Neuzeit des Denkens. Mit der Vernunft konnten wir in der Neuzeit Ethik nicht mehr begründen, und damit auch nicht mehr die bis dahin geltende Redlichkeit. Somit begann jetzt die Suche nach einer neuen Grundlage der Redlichkeit. Die Entscheidung der Neuzeit lautete: Der redliche Mensch handelt sittlich. Hier knüpfte die Neuzeit an Aristoteles an, der keine Moral als höchstes Prinzip vorschlug, sondern seine Nikomachische Ethik. Damit wurde die Moral in der Neuzeit abgelöst.

Die Sittlichkeit, die Redlichkeit der Neuzeit

Das neue Fundament der Redlichkeit in der Neuzeit wurde also in der Ethik und damit Sittlichkeit begründet.

Da die Aufklärung der religiösen Ethik des Mittelalters (Petrus Abaelard: Du sollst den Willen Gottes erfüllen!) eine Ethik der Vernunft entgegensetzte (Thomas von Aquin: Du sollst dem Anspruche deiner Vernunft folgen!), war es nur logisch, dass die Neuzeit

auch die Sittlichkeit mit der Vernunft verknüpfte. Immanuel Kant
(1724–1804) war der wohl bedeutendste Philosoph, der das Sittengesetz neu bestimmte: »Reine Vernunft ist für sich allein praktisch
und gibt (dem Menschen) ein allgemeines Gesetz, welches wir das
Sittengesetz nennen.«[6] Der Vernunft fügte er noch den Willen
hinzu: »Das Wesentliche alles sittlichen Werts der Handlungen
kommt darauf an, dass das moralische Gesetz unmittelbar den Willen bestimme.«[7] Sittlich konnte für Kant also nur
das sein, was aus Achtung vor dem Gesetz der Vernunft geschieht.

Schließlich bestimmte Kant das oberste Gesetz der Sittlichkeit in seinem Hauptwerk *Kritik der praktischen Vernunft* mit seinem kategorischen Imperativ wie folgt: »Handle so, dass die Maxime deines
Willens jederzeit zugleich als Prinzip einer allgemeinen Gesetzgebung gelten könne.«[8]

Alle Versuche, Sittlichkeit zu bestimmen, die vor Kant lagen oder
danach kamen, sind entweder mit Kant identisch oder ähnlich oder
ungenau. Sicher ist es auch möglich, Kant so zu verstehen, dass er
die »goldene Regel« der Bergpredigt in neue Worte fasste. Jesus soll
damals gesagt haben: »So wie ihr von den Menschen behandelt werden möchtet, so behandelt sie auch. Das ist – kurz zusammengefasst
– der Inhalt der ganzen Heiligen Schrift« (Matthäus 7, 12). Für
Francis Bacon gab es ein natürliches Sittengesetz, in dem die sozialen Neigungen, die auf das Gesamtwohl abzielen, existieren. Thomas Hobbes (1588–1679) meinte, dass die Selbstliebe eines Menschen durch Nützlichkeitserwägungen zur Übereinkunft und damit
zur Sittlichkeit führe. Samuel Clarke (1675–1729) vermutete, dass
alle Dinge eine bestimmte Natur besitzen und es sittlich sei, alle Wesen den natürlichen Verhältnissen gemäß zu behandeln. John Locke (1632–1704) sprach den Menschen angeborene moralische
Grundsätze ab und war der Überzeugung, dass die Sittlichkeit auf
vier Grundlagen fußt: auf entweder einem göttlichen oder einem
bürgerlichen Gesetz, auf öffentlicher Meinung oder auf Nützlichkeitserfahrungen. William Paley (1743–1805) bestimmte das Wohl
der Menschheit als Gegenstand der Sittlichkeit, den göttlichen Wil

len als dessen Richtschnur und die Glückseligkeit als das Motiv und damit Ziel der Sittlichkeit. Für Georg Wilhelm Friedrich Hegel (1770–1831) war die Sittlichkeit nicht zufällig, sondern das Vernünftige selbst. Paul Hensel (1867–1944) bestimmte die Sittlichkeit als »in der mit einem Pflichtgebot übereinstimmenden Willenssichtung«[9]. Theodor Lipps (1851–1914) meinte: »Nicht was wir tun, sondern aus welcher Gesinnung heraus wir es tun, bestimmt den sittlichen Wert unseres Tuns.« Seine oberste Sittenregel lautete: »Verhalte dich jederzeit innerlich so, dass du hinsichtlich dieses deines innern Verhaltens dir selbst treu bleiben kannst.«[10] Johannes Wilhelm Cornelius (1863–1947) bestimmte Sittlichkeit als eine Handlung, »deren Ziel nach dem Stande der jeweiligen Erfahrungen des wollenden Individuums als das relativ Wertvollste erscheint.«[11] Und Simon-Theodore Jouffroy (1796–1842) schließlich definierte das sittlich Gute als das bewusste Streben eines Menschen, sich mit der allgemeinen Ordnung in Einklang zu setzen. Wenn man genau hinschaut, wird von allen Philosophen zwar der Versuch unternommen, zu definieren, wie sich Sittlichkeit ausdrückt, außer Kant hat jedoch kaum jemand so präzise gesagt, was genau sittlich ist.

Kapitel 4

Der Beginn der alten Unredlichkeit

Die alte Unredlichkeit, der Vorläufer der neuen Unredlichkeit, entstand bereits mit Beginn der Neuzeit. Sie begann eigentlich mit dem merkwürdigen Streit zwischen Reformation und Gegenreformation. Diese Auseinandersetzung (1555–1648) gründete in dem Versuch, den Protestantismus zu rekatholisieren. Da im 16. Jahrhundert mehr als 90 Prozent der Europäer Protestanten waren, war das ein ziemlich schwieriges Unterfangen. Neben die theologisch-geistliche Auseinandersetzung traten Mittel der Diplomatie, staatliche Repressionen und ideologische Indoktrination. Zu den bekanntesten Auswüchsen gehörten der Dreißigjährige Krieg, die Verfolgung der Hugenotten und die Verschärfung der Inquisition.

Ablasshandel und Inquisition können als ein Musterbeispiel für die alte Unredlichkeit gelten – denn es ist nach unserer Auffassung schwer vorstellbar, dass die Kirchenvertreter nicht wussten, dass sie unredlich handelten. Dasselbe gilt für den damaligen Dogmatismus. Dogmatismus außerhalb der Kirche dagegen ist eine Erscheinung der Neuzeit – im Mittelalter war Dogmatismus nur im theologischen Bereich bekannt. Wirklich wahre Sätze waren immer religiöse Sätze. Profane Sätze konnten lediglich richtig oder falsch sein. Zum Ende des Mittelalters spitzte sich das zu. Ein Beispiel dafür ist Galileo Galilei (1546–1642). Er hatte eigentlich »nur« profane Erkenntnisse im naturwissenschaftlichen Bereich gewonnen. Diese wurden jedoch theologisch interpretiert und standen im Widerspruch zu theologischen Dogmen. Bei Isaac Newton (1643–1727) war dies schon anders. Hier kam niemand mehr auf die Idee, naturwissenschaftliche Aussagen theologisch zu interpretieren. Die Grundlagen des neuzeitlichen Denkens waren erstens die Newtonsche Physik, zweitens die Reformation und die Gegenreformation, drittens das »cogito ergo sum« von René Descartes (1596–1650).

Die Unredlichkeit im Kaiserreich

Das Kaiserreich kannte auch schon eine Unredlichkeit, die durch Wertlosigkeit geprägt war. Wertvoll war, wer zum Militär gehörte. Andere Menschen waren wertlos, sie wurden verzwecklicht. Das galt zwar sicher auch für den einfachen Soldaten, hörte aber spätestens beim Leutnant oder Oberleutnant auf. Vor dem ersten Weltkrieg und während des ersten Weltkrieges, sicher auch noch danach bis hin zum Zweiten Weltkrieg hatte ein Oberleutnant ein höheres Ansehen als der Generaldirektor eines großen Unternehmens. Das bedeutet, die Wertlosigkeit war in nuce auch schon im Kaiserreich vorhanden. Hier gab es etwa die totale Verkehrung von Militär, Politik und Wirtschaft. Jetzt ist unsere neue Unredlichkeit im Markt und im System dadurch vorhanden, dass sich die Wirtschaft nicht mehr von der Politik leiten lässt. Die Wirtschaft regiert de facto.

Kapitel 5

Der Beginn der neuen Unredlichkeit

Die neue Unredlichkeit ist dadurch gekennzeichnet, dass Menschen sich unredlich verhalten, obwohl sie meinen, sie wären redlich. Die neue Unredlichkeit hat ihren Grund immer in dem Eingebundensein in Systeme, die sie sittlich blind machen.

Die Gefahr der sittlichen Blindheit in sozialen Systemen war schon immer da, ist heute jedoch besonders intensiv, da Systeme immer schwerer beherrschbar geworden sind. Die Interaktionsformen in Systemen, Partnerschaften, Parteien, Kirchen, Familien, Unternehmen werden immer komplexer, immer schwerer durchschaubar und damit weniger beherrschbar.

Die neue Unredlichkeit, wie wir sie heute beklagen, begann etwa mit der Aufklärung. Die Idee, den Mut zu haben, sich des eigenen Verstandes zu bedienen, ließ die Entwicklung einer Redlichkeit zu, die sich ausschließlich über Vernunft legitimierte. Damit stehen wir heute vor dem Problem, festzustellen, was die höchste sittliche Norm ist. Diese würde dann die neue Redlichkeit begründen können. Derzeit stehen dafür drei bekannte Prinzipien zur Verfügung: Immanuel Kant mit der Würde des Menschen, Karl Marx mit der Verhinderung der Entfremdung des Menschen von der Arbeit und die Biophilie, also Lebensmehrung.

Nachdem die Neuzeit mit ihrer alten Redlichkeit zu Ende gegangen ist, sind wir jetzt in einer zunächst wertlosen Zeit. Diese Leere gilt es auszufüllen. Es geht darum, die alte Moral durch neue Sittlichkeit zu ersetzen. Das geht weder mit der moralisch-theologischen Redlichkeit noch mit der Redlichkeit, die lediglich das Überleben in einem sozialen System ermöglicht. Die Sittlichkeit wird zukünftig nicht mehr von moralischen Einheiten hervorgebracht, sondern die sozialen Einheiten werden wahrscheinlich von ihr überwunden. Es geht darum, sich zum Nutzen der gesamten Menschheit zu verhalten, nicht nur zum Nutzen einer bestimmten sozialen Einheit. So ist die neue Redlichkeit eine Eigenschaft der Sittlichkeit.

Die Unredlichkeit der 1960er Jahre

Der zeitliche Schnitt liegt etwa gegen Mitte der sechziger Jahre. 1965 protestierten zunächst die Studenten in Berlin, später in der gesamten Bundesrepublik gegen das Establishment und dessen Wertewelt. Die prüde Sexualmoral und die autoritäre Erziehung waren Angriffsziele der Studenten. Die daraus hervorgegangene Außerparlamentarische Opposition (APO) forderte während der großen Koalition eine Veränderung der Gesellschaft. Karl Marx war neben Mao und Marcuse einer ihrer Ideologen. Rosa Luxemburg, und vor allem auch Che Guevara waren die ideologischen Vorkämpfer eines Kampfes, der in Theodor W. Adorno und sicher auch Max Horkheimer seine geistigen Väter fand. Die Studenten empfanden die gesellschaftspolitische Realität in der BRD als reaktionär; vor allem vermissten sie eine kritische Auseinandersetzung mit dem Nationalsozialismus. Das empfanden die Studenten als höchst unredlich. Der Protest der Studenten wurde vom Establishment bekämpft. Einen besonderen Höhepunkt erreichte die Protestwelle mit dem Tod Benno Ohnesorgs, der während des Schahbesuchs am 2. Juni 1967 während einer Demonstration von einem Polizisten erschossen wurde. Die Bewegung geriet aus dem Ruder, es kam zu Brandanschlägen gegen den Springer-Verlag, gegen Kaufhäuser und zu Terrorakten gegen Personen der Öffentlichkeit. Die Studentenbewegung umfasste verschiedene Strömungen weltweit, die gegen die etablierte Wertewelt protestierten. In den Vereinigten Staaten richtete sich der Protest gegen den Vietnamkrieg. Dieser Protest wurde von den »normalen« Bürgern nicht geteilt. In der Bundesrepublik wiesen Schlagzeilen wie: »Lasst Bauarbeiter ruhig schaffen! Kein Geld für langbehaarte Affen!«, »Stoppt den Terror der Jung-Roten jetzt« und »Schluss mit Terror und Krawall« das Volk in die richtige »Denkrichtung«. Der Versuch, die Proteste der Studenten zu unterdrücken, führte zu gewaltsamen Auseinandersetzungen. Laut des *Spiegels* kam es am 22. April 1968 zu zwei Toten, 400 Schwer- und Leichtverletzten allein in München. In Mexiko sollen während der Proteste gegen die Olympiade mehr als 300 Demonstranten getötet worden sein. Die Studentenbewegung spaltete sich auf, verschiedene Zusammenschlüsse lösten sich auf, ein Teil radikalisierte sich, wie in der RAF zum Beispiel. Die Studenten konnten sich mit ihrem Anliegen nicht durchsetzen, sie verloren. So wurde das Entstehen einer neuen Unredlichkeit (prüde Sexualmoral, autoritäre Erziehung, Verlogenheit im Umgang mit »Andersdenkenden«, fehlende redliche Auseinandersetzung mit dem Nationalsozialismus) nicht mehr bekämpft.

Trotzdem kann man der Studentenbewegung der sechziger und siebziger Jahre sowie der Flower-Power-Bewegung mit ihrem Ideal einer sinnerfüllten, von bürgerlichen Zwängen befreiten humaneren Welt eine qualitative Veränderung des kollektiven Bewusstseins zurechnen. Danach kam eine neue Form der Redlichkeit auf. Die Studentenbewegung hatte deutlich die Forderung nach einer sittlichen Redlichkeit gestellt.

Diese Entwicklung ging nicht von der Bundesrepublik allein aus. Wir waren einmal ein europäischer Kulturraum. Aber das Vakuum bezüglich der Frage: »Was ist das optimale Sozialverhalten?« war (und ist) etwa bei Deutschen, Franzosen oder Engländern jeweils anders ausgeprägt. Es handelte sich also nicht um eine nur auf die Bundesrepublik beschränkte oder nur von der Bundesrepublik ausgehende Entwicklung. Die Studentenbewegung war sicher eine Revolution, insofern sie nämlich eine nachhaltige kollektive Veränderung von Sein und Bewusstsein bewirkte. Wie stark sich das Bewusstsein vor allen Dingen in der Bundesrepublik verändert hat, erkennt man zum Beispiel daran, dass heute Väter viel zärtlicher und nachgiebiger im Umgang mit ihren Kindern sind, als früher. Oft sind die Väter heute auch der eher zärtliche und gewährende Teil der Eltern und die Mütter der strenge Teil. Früher war es umgekehrt. Ebenfalls deutlich auf die Achtundsechziger zurückzuführen ist die Liberalisierung der Sexualität. Die sexuelle Revolution von Wilhelm Reich in den vierziger Jahren gefordert, um sexuelle Bedürfnisse zu befreien, wurde nachhaltig von den Achtundsechzigern in eine Liberalisierung der Sexualität umgemünzt, in deren Folge Gesetze geändert wurden, die so die Sexwelle der siebziger Jahre ermöglichte. In der Bundesrepublik waren die Studentenproteste Ursache des Beginns der zweiten deutschen Schwulenbewegung, in den Vereinigten Staaten der berühmte »Tuntenstreit« in der New Yorker Bar Stonewall. Dort wehrten sich am 28. Juni 1969 Homophile in einer mehrtägigen Straßenschlacht gegen Polizeiwillkür. Der »Christopher Street Day« erinnert jedes Jahr an diesen Tag.[12] Auch die damals beginnende Ökologiebewegung, die zur Gründung der Grünen führte, ist ein Zeichen der nachhaltigen Bewusstseinsveränderung, ebenso die zweite Frauenbewegung, an deren Spitze sich zumindest publizistisch Alice Schwarzer mit der Zeitschrift *Emma* setzte. So hat sich Ende der sechziger Jahre, Anfang der siebziger Jahre das Bewusstsein in wenigen Jahren verändert.

Adenauer und das Ende der alten Redlichkeit als »moralische Tugend«

Adenauer hat politisch wohl dazu beigetragen, dass die alte Redlichkeit endete, galt er doch als eher religiös naiv. Er lebte mehr nach dem amerikanischen Prinzip »right or wrong«. Dazwischen gab es nichts. Was kann ich schon Falsches tun, wenn es dem Gesetz der Kirche entspricht? Ein typisches Beispiel ist seine Rede vom 23. Mai 1956 vor Vertretern des BDI. Adenauer sagte damals: »Es wird davon gesprochen, Russland sei so viel stärker geworden. Ich weiß es nicht, meine Herrn. Kein Mensch weiß es, meine verehrten Herrn. Und daher stehen wir dieser ganzen Welt, die doch, im Grunde genommen, unser Todfeind ist, mit der größten Achtsamkeit gegenüber.« Adenauer war wohl ein Musterbeispiel der neuen Unredlichkeit, die ihre Ursache in dem Eingebundensein in Systeme hat, die sittlich blind machen. Damit fing es an. Mit Adenauer und Erhardt ist der Cargo-Kult als religiöses Phänomen in der Bundesrepublik erst richtig aufgeblüht. Cargo ist ein Kult aus Melanesien. Die dort landenden Flugzeuge der Amerikaner enthielten alle wunderbaren Güter dieser Welt. Diese Güter kamen vom Himmel und ohne jede Anstrengung. Auf den Flugzeugen stand »Cargo« (Fracht). Die Melanesier nahmen an, wenn man solch ein Flugzeug anbetete, oder die Rituale der Amerikaner nachahmte, würden die Ahnen auch den Melanesiern solche Flugzeuge mit diesen Gütern schicken. So bastelten sie kleine Flugzeuge aus Holz, schrieben Cargo auf den Rumpf, stellten sie in ihre Tempel und beteten sie an.

Aus dem Cargo-Kult lässt sich Redlichkeit nicht herleiten. Eher im Gegenteil: Wenn Unredlichkeit mein Cargo mehrt und ich von niemandem bestraft werde, dann bin ich halt unredlich. Was soll's? Das ist das Wesen der Unredlichkeit. Das Problem ist somit, dass die Menschen heute nicht mehr wissen, woher die Unredlichkeit stammt. Sie wissen nicht, dass die Unredlichkeit aus der Wertlosigkeit entsteht und im heutigen europäischen Kulturraum weit verbreitet ist. Das heißt nicht, dass es keine Werte gibt, sondern dass die bestimmenden Werte heute Ansehen, Erfolg und Macht sind.

Der Unterschied zwischen alter und neuer (Un-)Redlichkeit

Die alte Redlichkeit stand genau wie die alte Unredlichkeit im Horizont der Moral. Sie galt nur in einem konkreten sozialen System. Die neue Unredlichkeit bezieht sich nicht mehr auf die Moral, sondern auf den individuellen Nutzen, sie ist unmoralisch und auch unsittlich. Die neue Redlichkeit sollte sich auf die Sittlichkeit beziehen.

Die neue Unredlichkeit wird auf der individuellen Ebene zum Beispiel gut deutlich an der heute verbreiteten Betroffenheitskultur. Sie pflegt eine ohnmächtige Betroffenheit statt aktivwerdenden Mitleidens. Interessant ist schon, wie sich Betroffenheit heute äußert. Nicht wenigen Menschen reichen Lichterketten. Das Elend der hungernden Kinder in Afrika lässt sie ohnmächtig mitleiden. Oder sie leiden unter Fernstenliebe, mitunter durchaus gekoppelt an Hilfs- oder Spendenbereitschaft. Das Elend um die Ecke rührt sie nicht. Diese Art von Betroffenheit ist in hohem Maße unredlich, ohne dass sie als unredlich bewusst wird.

Wenn man sich fragt, in welchem Bereich die neue Unredlichkeit besonders ausgeprägt ist, dann ist das sicher an erster Stelle die Wirtschaft. An zweiter Stelle die Politik. Früher stand das Militär an erster Stelle. Wir haben uns hier also vor allem mit den unterschiedlichen Erscheinungsformen der neuen Unredlichkeit in Wirtschaft und Politik auseinander zu setzen.

Teil II
Unser Problem – die neue Unredlichkeit

Kapitel I

Ursachen der neuen Unredlichkeit

Die Überwindung der neuen Unredlichkeit kann nicht nur darin bestehen, dass die Symptome der neuen Unredlichkeit behoben werden, sondern wir müssen die Ursachen der neuen Unredlichkeit ausmachen und dann fragen, ob man diese Ursachen überwinden kann oder ob diese sich sogar selbst überwinden.

Die alte Redlichkeit als Kategorie der Moral ließ durchaus Handlungen zu, die wir heute nach Kriterien einer sittlichen Redlichkeit als unredlich bezeichnen würden. Denken wir zum Beispiel daran, wie ein Dienstherr mit seinen Hausangestellten umging und damit durchaus den Moralvorstellungen seiner Zeit entsprach.

Die Verwechslung von Konstrukten und Realität

Das Problem der neuen Unredlichkeit besteht darin, dass unsere Konstrukte sich immer weiter von der Realität entfernen, ohne dass uns das bewusst wird. Der Fehler liegt darin, dass wir unsere Konstrukte mit der Realität verwechseln. Dadurch kommen wir zu unredlichen Fehlurteilen, die uns als solche noch nicht einmal bewusst werden. Das betrifft nicht nur die einzelnen Personen, sondern auch soziale Systeme.

Was aber ist der Konstruktivismus? Der Neurobiologe Humberto R. Maturana (*1928) konnte Anfang der siebziger Jahre nachweisen, wie Erkenntnis im Gehirn entsteht. Vereinfacht ausgedrückt, agieren dabei stets drei Beobachterinstanzen. Der äußere Beobachter schaut sich die Welt an, wie sie ist. Mit diesen Eindrücken geht der äußere Beobachter zum inneren Beobachter und berichtet ihm, was er gesehen hat. Der innere Beobachter hat zwei Probleme: Erstens hat er keinen Zugang zur realen Welt, kann also nicht prüfen, ob das, was der äußere Beobachter ihm erzählt hat, stimmt, und zweitens versteht er nicht, was der äußere Beobachter ihm erzählt hat. So muss der innere Beobachter nun zum verstehenden Beobachter. Diesem erzählt er, was der äußere Beobachter berichtet hat. Der verstehende Beobachter hat nun ebenfalls zwei Probleme: Erstens weiß er nicht, ob der innere Beobachter tatsächlich genau das berichtet, was der äußere Beobachter gesagt hat, und er hat zweitens ebenfalls keinen Zugang zur realen Welt. Der verstehende Beobachter erklärt nun, was von den Berichten zu halten ist. So entsteht Erkenntnis. Erkenntnis wird also vom kognitiven System erzeugt, indem es als Beobachter agiert und Beschreibungen seiner selbst erzeugt. Diese Beschreibungen sind die selbst erzeugte Welt des kognitiven Systems – und die Grundlage aller seiner späteren Aktivitäten.

Die meisten Erkenntnistheorien der Vergangenheit (zum Beispiel die von René Descartes) erlagen der Verwechslung von Konstrukt und Wirklichkeit. Um das Phänomen des Verstehens erklären zu können, müssen wir wissen, dass der verstehende Beobachter zwischen innerem und äußerem Beobachter vermittelt. So ist der verstehende Beobachter eine Art Metainstanz, die die Wahrnehmung von innerem und äußerem Beobachter in einem Prozess verarbeitet, den man Verstehen nennt. Verstehen ist also kein kognitiv-psychisches Geschehen, sonst könnte der innere Beobachter das Gemeinte verstehen. Es ist aber auch kein äußeres Geschehen, sonst könnte es der äußere Beobachter wahrnehmen. Als kognitiv-soziales Geschehen spielt es zwischen beiden und wird durch beide vermittelt.

Das Bild, das jeder Mensch von der Welt hat, ist somit kein Abbild der Welt, sondern etwas, das sich jeder Mensch in seinem Kopf konstruiert.

Da ein solches Konstrukt immer nur ein Modell von Realität ist, das die erkenntnisunabhängige Realität nur reduziert greifbar werden lässt, steht es immer unter der Unsicherheit, widerlegt zu werden. Dann muss das Konstrukt erweitert oder ganz neu aufgebaut werden, sodass brauchbare Handlungsanweisungen für die weitere Aktivität sinnvoll möglich sind. Die Frage ist nun, ob wir zu solchen Widerstandserfahrungen bereit sind. Denn nur wenn sich die Realität gegen unsere Konstrukte wehrt, sind wir der Realität nahe. Konstrukte wie »Friede«, »CDU«, »Versager«, »Leben« können sich nur durch Widerstand in der sozialen Lebenswelt bewähren – und sind radikal von ihr abhängig. Viele Menschen sind jedoch nicht bereit für solche Erfahrungen. Sie suchen lieber die Bestätigung ihrer Konstrukte und halten diese für Realität. Daraus folgt dann eine neue Unredlichkeit, die als Unredlichkeit niemandem mehr bewusst wird.

Die Erkenntnistheorie des Konstruktivismus ist somit sicher eine zwingende Voraussetzung für eine neue Redlichkeit. Wir leben mittlerweile in einer Welt, die so großartig ist, wie sie nur im Konstrukt sein kann. Wir halten uns für eine bedeutende Wirtschaftsnation und sind es schon lange nicht mehr. Wenn wir nicht aufpassen, fallen wir nicht nur hinter Österreich, sondern auch noch hinter Griechenland zurück. Aber in der Welt unserer Konstrukte sieht das viel besser aus.

Das Wesen der neuen Unredlichkeit besteht also in der Verwechslung von Konstrukt und Realität. Dass die Realitätsnähe schwindet, ist gut an einem Scharmützel zu zeigen, das sich Gerhard Schröder und Edmund Stoiber Anfang 2005 lieferten. Stoiber warf Schröder vor, dass das Versagen der Arbeitsmarktpolitik von Rot-Grün Ursache für das Erstarken der Neonazis sei.

Die Arbeitslosigkeit als Ursache des rechtsradikalen Trends anzunehmen zeugt jedoch von Realitätsferne. Warum? Der realitätsnähere Grund für das Erstarken des rechtsradikalen Trends ist die Orientierungslosigkeit der jungen Menschen. Die Arbeitslosigkeit mag für maximal 10 Prozent der jungen Rechtsradikalen direkte Ursache ihrer Gesinnung sein. Es ist unbestritten, dass es Zeiten gab, in denen eine hohe Arbeitslosigkeit Rechtsradikalität förderte oder vielleicht sogar erzeugte. 1932 gab es zwei Parteien, die behaupteten, sie hätten ein Rezept gegen die Arbeitslosigkeit: die Kommunisten und die Nationalsozialisten. Andere Parteien hatten zu diesem Zeitpunkt kein Rezept. Die Wahlkämpfe der damaligen Zeit verhalfen beiden Parteien zu etwa je 35 Prozent Stimmenanteil. Nur befinden wir uns heute nicht in einer damit vergleichbaren Situation. Weder die SPD noch die CSU verfügen über ein wirkungsvolles Konzept gegen die Arbeitslosigkeit. Also macht es auch wenig Sinn, in eine ähnliche Argumentation wie vor 70 Jahren zu verfallen. Besonders schlimm und unredlich scheint uns zu sein, dass Herr Stoiber der SPD einerseits vorwarf, kein Konzept gegen die Arbeitslosigkeit zu besitzen und andererseits wahrscheinlich wusste, dass auch er selbst über kein wirkungsvolles Konzept gegen die Arbeitslosigkeit verfügte. Herr Stoiber ist also dem Glauben an sein eigenes Konstrukt aufgesessen, das ihn glauben machte, er könne im Unterschied zu Schröder ein Konzept anbieten. Das scheint realitätsfern zu sein, ohne dass es Herrn Stoiber bewusst ist.

Der Fehler, Konstrukte für Realität zu halten, ist somit sicher eine der Hauptursachen für die neue Unredlichkeit. Diese Verwechslung führt bei nicht wenigen Menschen dazu, etwas für redlich zu halten, was im Kern unredlich ist.

Hier ein Beispiel für das Aufeinandertreffen unterschiedlicher Konstrukte aus jüngster Vergangenheit. Es sind die Geschehnisse um die Deutsche Bank Anfang 2005. Darüber erregte man sich, weil sehr gute Gewinne gemacht wurden (2,5 Milliarden Euro) und gleichzeitig 6 400 Mitarbeiter entlassen werden sollten. Tatsache ist, dass in der Bundesrepublik bereits seit November 2003 bekannt war, dass es für die davon betroffenen deutschen Mitarbeiter (zirka 1 900) keine Entlassung im herkömmlichen Sinne geben sollte, sondern mit dem Betriebsrat verhandelt wurde, wie die Freisetzungen ohne Entlassungen zu bewerkstelligen seien. Also etwa durch Nicht-wieder-

Besetzung von Stellen, die durch Kündigung seitens eines Mitarbeiters oder durch Ausscheiden in den Ruhestand frei würden.

Hier konkurrierte zum einen das Konstrukt der Deutschen Bank mit dem Konstrukt von der Sozialverträglichkeit des Handelns. Wir taten so, als wäre beides Realität. Dabei gibt es die Deutsche Bank real nicht. Es sind immer einzelne Menschen, die entscheiden. Im Falle der Deutschen Bank sind das vielleicht ein halbes Dutzend. Auch Josef Ackermann konstruiert sich seine Welt in seinem Kopf. In seinem Konstrukt sind offenbar Kostensenkung, Rentabilität, steigender Aktienkurs, Ausbau der Marktposition zentrale Größen. Was führte nun in diesem Fall zu dem deutlichen Aufschrei der öffentlichen Meinung?

Das, was mit und bei der Deutschen Bank geschah, war vielleicht eine nicht optimale Realisation des Kapitalismus, weil der Kapitalismus auf diese Weise sich selbst erstickt. Die Methode, größte Gewinne mit kleinstem Aufwand zu erwirtschaften, ist im Prinzip durchaus in Ordnung. Aber Josef Ackermann hatte in seinen Konstrukten übersehen, dass die Aktien zwar stiegen, aber der Ruf der Deutschen Bank zu diesem Zeitpunkt gleichzeitig so weit sank, dass er schlechter kaum werden konnte. Hier ging es um die Grenzmoral. Diese fand offensichtlich ebenfalls keinen Platz in den Konstrukten von Josef Ackermann. Er hatte Anfang 2005 wahrscheinlich übersehen, vergessen oder in seinen Konstrukten nicht mehr wahrgenommen, dass er im Jahr zuvor mit der peinlichen Erklärung zu seinem Victory-Zeichen anlässlich des Mannesmann-Prozesses (erklärt als Nachahmung des Victory-Zeichens von Michael Jackson) dem Ruf der Deutschen Bank nicht gerade gedient hatte. Kurz danach war bekannt geworden, dass seine Bezüge um sage und schreibe 60 Prozent erhöht wurden. Dann hatte die Deutsche Bank im Jahr 2004 60,5 Millionen Aktienrechte im Wert von 3,1 Milliarden Euro als »Bleibeprämien« für seine Topmanager ausgelobt; immerhin 31 Prozent mehr als noch im Jahr 2002. Selbst der amerikanische Großinvestor Warren Buffett sprach damals von einer »Epidemie der Gier«.

All diese Ereignisse ließen die »Freisetzungsbestrebungen« Anfang 2005 bei gleichzeitiger Bekanntgabe von sehr guten Bilanzgewinnen in einem besonderen Licht erscheinen. Es wird halt gefährlich, wenn der Gewinn und das Ansehen einander schneiden. Die Deutsche Bank ist neokapitalistisch. Auf der einen Seite gab es das Interesse von Herrn Josef Ackermann an einem größtmöglichen Bilanzgewinn. Auf der anderen Seite machte ihn genau dieses Bemühen suspekt. Was passiert, wenn die Kleinaktionäre ihre Aktien verkaufen, weil sie das Verhalten für höchst unredlich halten? Mit Kenntnis des Konstruktivismus wären die internen und externen Äußerungen von Josef Ackermann sicher anders ausgefallen.

Das Gleiche gilt für seine Kritiker. Sie kritisierten nicht den Stil, die Art und Weise, wie die Freisetzungen stattfinden sollten, sie kritisierten die Tatsache als solche. Gewerkschaftler und Politiker bezeichneten die Vorgehensweise der Deutschen Bank als »Schweinerei«. Hier wurde auf vielleicht erschreckende Weise deutlich, wie wirtschaftsfeindlich die Konstrukte der Gewerkschaftler und Politiker waren. Der Diplomingenieur Walter Siepmann brachte es in der *Welt am Sonntag* vom 13. Februar 2005 in einem Leserbrief auf den Punkt:

»… Die Kritiker der Ackermann-Ankündigung, 6400 Arbeitsplätze weltweit bei der Deutschen Bank abbauen zu wollen, wenden sich ja nicht gegen den Stil, sondern gegen die Sache. Das bedeutet im Klartext, dass die Kritiker es für moralisch geboten halten, dass Unternehmen Mitarbeiter jenseits aller betriebswirtschaftlichen Begründbarkeit (weiter-)beschäftigen. Man muss weder ein Prophet noch ein Wirtschaftsweiser sein, um zu erkennen, dass Deutschlands Wirtschaft so die Verliererstraße nicht verlassen wird und ergo die Zahl der Arbeitslosen weiter steigen wird.«

Wir sind uns nicht sicher, ob den Kritikern von Josef Ackermann das Wort aus der Bergpredigt bewusst war: »Richtet nicht, damit ihr nicht gerichtet werdet.« Wie kamen sie dazu, sich für besonders befähigt zu halten, das Richteramt auszuüben? In ihrer Konstruktwelt hielten sie die Kritik für angebracht. Wahrscheinlich würden sie die Kritik an der Kritik nicht verstehen und als weltfremd abtun.

Ein weiteres Beispiel für eine Konstruktwelt, in der für redlich gehalten wird, was unredlich ist, zeigt ein Kommentar mit dem Titel »Falsches Spiel mit der Moral« von Thorsten Polleit, Chefökonom Deutschland von Barclays Capital, aus der *Welt* vom 15. Februar 2005. Er setzt sich darin mit dem Vorwurf auseinander, Unternehmen kämen ihrer sozialen Verantwortung nicht nach, wenn sie sich allein vom Renditedenken leiten ließen und trotz Rekordgewinnen Arbeitsplätze abbauten:

»In der Marktwirtschaft haben Unternehmen die Aufgabe, die gewünschten Güter in der besten Qualität zum niedrigsten Preise herzustellen. Nur diejenigen Unternehmen werden erfolgreich sein, die Produkte anbieten, die Käufer finden. Der Nachfrager, nicht der Anbieter ist der Souverän. Der Gewinn belohnt die Anbieter, die aus Kundensicht das vergleichsweise beste Angebot bereitstellen, und stellt sicher, dass auch künftig Güter im gewünschten Preis-Leistungs-Verhältnis angeboten werden können.

Unternehmen werden Arbeit nachfragen, wenn diese in preislicher und qualitativer Hinsicht geeignet ist, die Produkte zu erzeugen, die den Käuferwünschen entsprechen. Unternehmen werden daher nicht umhinkommen, Arbeit durch Kapital zu ersetzen, wenn Erstere zu teuer ist. Der Lohn fällt dabei nicht etwa auf ›ungerechte‹ Niveaus. Weil Unternehmen um Arbeit konkurrieren, pendelt sich der Lohn letztlich auf einem Niveau ein, das die Kunden bereit sind zu bezahlen.«

Zu der Aufforderung, Unternehmen hätten einen Beitrag für wohltätige Zwecke (wie Bildungs- und Kultursponsoring) zu leisten, meint er:

»Was wären die Folgen, kämen Unternehmen den Spendenappellen nach? Sie könnten weniger Geld in neue Projekte und Forschung und Entwicklung investieren. Ihre Produkte würden nicht mehr wie bisher den Kundenwünschen entsprechen (können), und die wirtschaftliche Leistungsfähigkeit der Unternehmen würde leiden. Die Kapitalbeschaffung der Unternehmen würde zudem erschwert, weil Anteilseigner erkennen, dass das von ihnen zur Verfügung gestellte Geld nicht – wie sie es wünschen – vollständig zur Produktion, sondern unternehmensfremden Zwecken zur Verfügung gestellt wird. Wie jede Umverteilung würde die Effizienz der Volkswirtschaft leiden, es käme zu Wachstums- und Beschäftigungsverlusten.

Wenn Umverteilungsansprüche erhoben werden, wäre es aufrichtig, zunächst die Anteilseigner, nicht aber die Unternehmen aufzufordern, die Rechnung der Allgemeinheit zu zahlen. Allerdings würde das den Kern der Frage offen legen: Dürfen Anteilseigner diskriminiert werden? Darf eine Mehrheit bestimmen, was einer Minderheit zu nehmen ist? Die Rufe nach ›sozialem Engagement‹ der Unternehmen sind nichts anderes als das falsche Spiel mit der Moral, es ist Sozialismus durch die Hintertür. Die Lösung des wahren Problems – der Wachstums- und Beschäftigungsschwäche hierzulande – wäre, die wirtschaftliche Misere durch politische Reformen zu beenden. Sie besteht nicht darin, durch Umverteilung die Leistungspotentiale des Landes weiter zu schwächen.«

Eines ist sicher richtig: die Wachstums- und Beschäftigungsprobleme unseres Landes lassen sich nicht durch Umverteilung der Leistungspotenziale klären. Der Ruf nach »sozialem Engagement« oder Patriotismus löst Beschäftigungsprobleme tatsächlich nicht. Aber ist soziales Engagement oder noch besser sozialverträgliches Verhalten wettbewerbsschädigend? Thorsten Polleit meint ja. Die Begründung für dieses Ja ist leider falsch. Warum? Der Autor übersieht, dass das ökonomische Motiv eines Konsumenten nur eines in seinem Motivbündel ist. Der Autor übersieht auch, dass soziales Engagement und / oder sozialverträgliches Verhalten Wettbewerbsvorteile verschaffen kann. Der Grund liegt in der Grenzmoral. Wenn der moralische Aufwand unterschritten wird (ein Unternehmen benimmt sich moralisch daneben), dann »bestraft« der Konsument den Produzenten durch Kaufverweigerung. Ist der moralische Aufwand überdurchschnittlich, dann belohnt der Konsument durchaus mit Kauf dieses Verhalten. Produkte eines Saubermann-Unternehmens verkaufen sich halt leichter und / oder besser als Produkte eines Unternehmens, das ausschließlich funktional orientiert produziert. Würde man der Logik des Autors folgen, dann wären die Produkte die begehrtesten, die durch kostenlosen Verbrauch an Umwelt (derzeit noch die billigste Ressource) und bestmöglichen Ersatz von Arbeit durch Kapital (Cobb-Douglas-Formel) oder günstigste Arbeitskräfte zustande kommen. Aber genau dort verweigert der Konsument sich; nicht immer, nicht jederzeit, jedoch hat der Konsument ein Gespür für das redliche Zustandekommen eines Produkts. Denken wir nur an das Bemühen von Quelle, Lieferanten im Ausland dazu anzuregen, auf Kinderarbeit zu verzichten, oder das Dilemma von Sandoz anlässlich der Rheinverseuchung. Außerdem übersieht der Autor in seiner Argumentation, dass die Akzeptanz eines Produkts nicht reduziert werden kann auf Produktions- und Verkaufskosten. Die Verkäuflichkeit eines Produkts hat auch damit zu tun, in welcher Beziehung der Konsument zu dem Verkäufer steht, welchen Ruf der Hersteller hat, welches Image das Produkt selbst hat. Was der Autor sicher zutreffend sieht, ist: »Unternehmen werden Arbeit nachfragen, wenn diese in preislicher und qualitativer Hinsicht geeignet ist, die Produkte zu erzeugen, die den Käuferwünschen entsprechen. Unternehmen werden daher nicht umhinkommen, Arbeit durch Kapital zu ersetzen, wenn Erstere zu teuer ist. Der Lohn fällt dabei nicht etwa auf ›ungerechte‹ Niveaus. Weil Unternehmen um Arbeit konkurrieren, pendelt sich der Lohn letztlich auf einem Niveau ein, das die Kunden bereit sind zu bezahlen.« Die entscheidende Frage ist eben nicht nur: Was ist ein Kunde bereit zu zahlen? Die entscheidende Frage wird sein, ob ein Kunde sich ausschließlich von ökonomischen Motiven leiten lassen wird. Die Erfahrung lehrt hier eher: nein. Der Autor folgt dem bereits angeführten Merkantilismus. Vielleicht will er wieder zurückkehren ins 18. Jahrhundert und uns zu einer disziplinierten und arbeitsamen Gesellschaft erziehen. Konsequenterweise müsste er dann auch fordern, die Arbeitskräfte wie damals, vom Land, aus Waisen- und »Zuchthäusern« zu rekrutieren. Auch die implizite angeführte Shareholder-Value-Theorie ist falsch. Aber dazu später mehr.

Unwerte und Verfall der Werte

Was sind die Ursachen der neuen Unredlichkeit? Dazu gehören sicher diese typischen Unwerte der Erwachsenenwelt. Das sind: haben, haben, haben, haben. Mehr Macht haben, mehr Einfluss haben, mehr Geld haben, mehr Ansehen haben. Dies sind Ursachen der neuen Unredlichkeit im Äußeren, wenn auch nicht die einzigen.

Die Entstehung der neuen Unredlichkeit ist sehr deutlich feststellbar in der Entwicklung der Political Correctness (PC) Anfang der neunziger Jahre. Auch die Political Correctness war eine Erfindung der Studenten. Den Studenten in den Vereinigten Staaten ging es um eine Einstellung, die alle Handlungen und Ausdrucksweisen ablehnt, die Personen aufgrund ihrer Rasse, ihres Geschlechts, ihrer Zugehörigkeit zu einer bestimmten sozialen Schicht, ihrer körperlichen sowie geistigen Verfassung oder sexuellen Neigung diskriminieren könnten. Die aktuelle Auflage des Duden-Universalwörterbuchs[1] bestimmt Political Correctness als: »Einstellung, die alle Ausdrucksweisen und Handlungen ablehnt, durch die jemand aufgrund seiner ethnischen Herkunft, seines Geschlechts, seiner Zugehörigkeit zu einer bestimmten sozialen Schicht, seiner körperlichen oder geistigen Behinderung oder sexuellen Neigung diskriminiert wird.« Das erscheint auf den ersten Blick nicht unredlich zu sein, es suggeriert eher das Gegenteil. Nur, was wurde daraus gemacht? Der »Krüppel« wurde zum »Behinderten« oder »Gehandicapten«, der »Schwarze« zum »Farbigen«. Diese semantischen Bedeutungsverschiebungen führten jedoch nicht zu einem anderen Verhalten, obwohl die neue Bezeichnung dieses vermuten ließ. Es könnte eine Art semantischer Betrug sein. Auch wurde nicht mehr danach gefragt, was in einer bestimmten Situation tatsächlich Sinn ergibt, sondern es wurde nur noch festgelegt, wie eine Handlung sein muss, damit sie politisch korrekt ist. Das führte zu einer Verlogenheit, die man hinter dem PC-Verhalten sehr gut verstecken konnte. Mit der Political Correctness wurde die neue Unredlichkeit zum Prinzip erhoben.

Im Inneren liegt die Ursache für die neue Unredlichkeit im Verfall der Werte. Oder im Verfall der Werteordnung. Die Menschen werden nicht mehr von religiösen oder von ethischen oder ähnlichen Werten geleitet, sondern bestenfalls von sozialen Werten. Menschen halten all das für gut, was nicht sozial bestraft werden kann. Was soziales Ansehen, Macht und dergleichen mehrt. Es gab und gibt eine Verschiebung der Werteordnung von Werten, die man früher einmal religiös genannt hat. (Sie waren sicher nie wirklich religiös, sondern es wurde nur eine religiöse Soße darüber gegossen.) Man hat früher gesagt, dies und jenes sei gottgewollt. Dass der liebe Gott in jedem Kulturkreis etwas anderes wollte, ist dabei nicht aufgefallen. Die Menschen versuchten sich entsprechend zu verhalten. Im schlimmsten Fall gab es eine negative Sanktion durch die Androhung der Hölle.

Dies kann zu unredlichem Handeln führen, welches sich selbst als redlich begreift – redlich im Sinne sozialer oder religiöser Normen. Es gibt Sprüche, die dafür charakteristisch sind. Zum Beispiel: Tue Recht und scheue niemand. Also: Tue das Richtige und habe vor niemandem Angst. Das ist ein typischer Unwert. Unwertig daran ist, dass nicht beachtet wird, welche Folgen dieses Verhalten hat, ob ich etwa jemandem damit Schaden zufüge. Die Ursachen dieser extremen Form von blinder Rechtschaffenheit können in Angst vor sozialen oder religiösen Sanktionen liegen.

Auch Selbstgerechtigkeit kann zu barbarischer Rücksichtslosigkeit (auch gegen sich selbst) führen. Das kann zu einer Perversion à la Kohlhaas führen, dem Streben nach Gerechtigkeit um jeden Preis. Es gibt vielleicht nur eines, das man absolut setzen darf – falls man religiös ist: Das ist die Liebe Gottes und dann auch, in der Übertragung dieser Liebe auf die Menschen, die Menschenliebe. Diese ist in ihrem Kern niemals böse. Sie kann übertrieben sein oder vielleicht sogar verkehrt, aber sie ist niemals böse. Absolut setzen kann man als religiöser Mensch die Liebe zum Göttlichen und sonst nichts. Die eigentliche Rechtschaffenheit wäre also ein aus dem Prinzip der Menschenliebe begründetes Verhalten, das dem anderen eher nutzt als schadet.

Kapitel 2

Die Unredlichkeit der Globalisierung

Globalisierung wird von nicht wenigen Unternehmen nach drei Kriterien betrieben: Wo finde ich erstens beste Produktionsbedingungen, also geringe Kosten für Errichtung der Produktionsstätten, für Personal, für das Erreichen der Absatzmärkte? Was sind zweitens die besten politischen Rahmenbedingungen, also niedrige Steuern, Lohnnebenkosten et cetera? Und drittens, wo ist die beste Verfügbarkeit über Ressourcen gegeben, also geringe Kosten für Umweltverbrauch? Nur noch der überdurchschnittliche Gewinn gilt als Garant für das Überleben eines Unternehmens. Gleichzeitig wird betont, man müsse sich auf zukünftige Entwicklungen optimal einstellen. Diese optimale Einstellung wird durch Wachstum (nur wenn wir groß sind, kann uns niemand übernehmen, also sollten wir tunlichst bald fusionieren) und im ökonomischen Bereich (nur wenn wir genügend Eigenkapitalrendite vorweisen können, können wir selbstständig bleiben) formuliert. Letztlich wird so getan, als ob die Wettbewerbsfähigkeit, und damit die Überlebensfähigkeit, ausschließlich von den oben genannten drei Kriterien abhinge. Damit werden diese drei Bedingungen nicht mehr auf ihre soziale Verträglichkeit hin untersucht. Darin liegt die Unredlichkeit der Globalisierung.

1961 wurde der Begriff Globalisierung zum ersten Mal in einem englischen Lexikon verwendet. Mit Globalisierung ist eine Entwicklungsstrategie gemeint, die die gesamte Welt ökonomisiert und den Handel sowie Finanztransaktionen weltweit liberalisiert. Globalisierung ist letztlich nichts anderes als ein Netzwerk, in das Kontinente und Nationen durch transnationale Unternehmen mit ihren Produkten, ihrem Handel, ihrer Kommunikation eingebunden werden. Eine Situation, die schon Karl Marx und Friedrich Engels 1848 in ihrem *Manifest der Kommunistischen Partei* deutlich beschrieben haben:

»Die Bourgeoisie hat durch ihre Exploitation des Weltmarkts die Produktion und Konsumtion aller Länder kosmopolitisch gestaltet. Sie hat zum großen Bedauern der Reaktionäre den nationalen Boden der Industrie unter den Füßen weggezogen. Die uralten nationalen Industrien sind vernichtet worden und werden noch täglich vernichtet. Sie werden verdrängt durch neue Industrien, deren Einführung eine Lebensfrage für alle zivilisierten Nationen wird, durch Industrien, die nicht mehr einheimische Rohstoffe, sondern den entlegensten Zonen angehörige Rohstoffe verarbeiten und deren Fabrikate nicht nur im Lande selbst, sondern in allen Weltteilen zugleich verbraucht werden. An die Stelle der alten, durch Landeserzeugnisse befriedigten Bedürfnisse treten neue, welche die Produkte der entferntesten Länder und Klimate zu ihrer Befriedigung erheischen. An die Stelle der alten lokalen und nationalen Selbstgenügsamkeit und Abgeschlossenheit tritt ein allseitiger Verkehr, eine allseitige Abhängigkeit der Nationen voneinander. Und wie in der materiellen, so auch in der geistigen Produktion. Die geistigen Erzeugnisse der einzelnen Nationen werden Gemeingut. Die nationale Einseitigkeit und Beschränktheit wird mehr und mehr unmöglich, und aus den vielen nationalen und lokalen Literaturen bildet sich eine Weltliteratur.«[2]

Die Neuordnung der Märkte

Das Besondere an der Globalisierung ist der ihr innewohnende, außergewöhnliche Verdrängungswettbewerb. In diesem Wettbewerb hat offensichtlich nur jene Politik eine Chance, Einfluss zu behalten, die über Anpassungsprozesse an weltwirtschaftlich niedrigere

Löhne oder geringere Steuersätze dem nationalen Unternehmen auf dem Weltmarkt einen Wettbewerbsvorteil verschaffen kann. Damit steht Politik im Dienste der Wirtschaft. Das führt (harmlos ausgedrückt) zu Strukturanpassungsprozessen. So hat zum Beispiel der IWF Argentinien in den neunziger Jahren gezwungen, den größten Teil der öffentlichen Dienste zu privatisieren, Unternehmen an ausländische Kapitaleigentümer zu verkaufen sowie die wirtschaftlichen Grenzen für international agierende Unternehmen zu öffnen. Im Jahre 2000 gehörten rund 90 Prozent der Banken und 40 Prozent der Industrie Argentiniens internationalen Anlegern. Die Auslandsschulden Argentiniens waren im Jahre 2000 fast viermal so hoch wie 1983. Das Durchschnittseinkommen war, in Reallohn gerechnet, gegenüber 1974 nur noch die Hälfte wert.

Bei der Globalisierung fehlen die Außenmärkte, sonst wäre es nur eine Internationalisierung. Die Außenmärkte fallen zu einem Weltmarkt zusammen. Das gilt zumindest für Europa. Was Japan, China und die Dritte Welt tun, wissen wir nicht hinreichend genau. Wir wissen nur von der als christlich behaupteten Ethik, dass sie im Rahmen der Globalisierung an ihre Grenzen stößt. Keiner darf wohl erwarten, dass er in China, Indien, Korea, Indonesien die gleichen höchsten sittlichen Werte vorfindet wie im Christentum. Das wäre sicher recht blauäugig. Denn wenn man sich überlegt, dass der höchste sittliche Wert im Christentum darin besteht, Gott zu lieben und zu ehren und dadurch in den Himmel zu kommen (zumindest gilt dies für »infantile« Christen), dann holt man im Rahmen der Globalisierung damit wahrscheinlich keinen Hund hinter dem Ofen hervor. Die Unbrauchbarkeit dieses höchsten sittlichen Wertes hat in der christlichen Welt über den Utilitarismus, später über den Sozialutilitarismus zum Emotivismus geführt, bis zur offensichtlichen Orientierungslosigkeit der Jetztzeit. Der Jetztzeit sollten wir gleichwohl zugute halten, dass es an Werten sicher nicht mangelt. Traditionen (zum Beispiel, dass der Sohn des Bäckers wieder Bäcker wurde) wurden ab einem gewissen Zeitpunkt durch Optionen ersetzt – der Sohn des Bäckers lässt sich heute nicht mehr leben, sondern nimmt sein Leben selbst in die Hand: Vaters Nachfolge antreten oder ein Studium zum Beispiel der Medizin beginnen. Durch die Option an sich werden die bis dahin gültigen Werte infrage gestellt, zumindest teilweise. Durch das Wahrnehmen einer Option beginnt ein Abenteuer, nämlich die Suche nach einem neuen Wertesystem. Vielleicht ist es eines, das komplett mit der Tradition bricht, vielleicht ist es eines, das die traditionellen Werte teilweise ersetzt oder die Chance hat, sie ersetzen zu können. Die Frage ist: Wer hilft eigentlich bei dieser Suche?

Die Jetztzeit kennt auf der einen Seite die Cargo-Kulte (das Anbeten der Frachtflugzeuge der Amerikaner bei den Melanesiern) und auf der anderen Seite die Globalisierung. Wir leben also in dem Spannungsfeld zwischen zwei Unwerten. Wahrscheinlich ist die Globalisierung nichts anderes als eine Folge der Cargo-Kulte. Es geht um die Mehrung von Macht, Einfluss, Ansehen einiger weniger.

Die Globalisierung mehrt ökonomische Macht, und zwar in immer schmaleren Bereichen. Sie negiert oder vernachlässigt den politischen Überbau völlig. Wenn zwei Unternehmen fusionieren oder ein Unternehmen ein anderes Unternehmen übernimmt, dann hat die Politik wenig zu sagen. Bei der Bank Austria Creditanstalt zum Beispiel waren alle Aufsichtsräte in der Regierung. Sie haben aber nicht politisch, sondern ausschließlich ökonomisch agiert und 2000 der Fusion mit der HypoVereinsbank AG zugestimmt.

Globalisierung stellt sich heute somit als die Herrschaft der Ökonomie über die Politik dar. Das ist ein weiteres zentrales Problem der Politik, auf das bisher, zumindest in Deutschland, nur mit einer Mischung aus gutem Willen und Inkompetenz reagiert wurde. Damit entfällt mehr und mehr die politische Kontrolle. Die Menge der neuen Gesetze, die zum Beispiel unter der Regierung von Kanzler Schröder erlassen wurden, sind auf mehr Papier gedruckt als der komplette Schönfelder[3].

Globalisiert ist bereits der Geldmarkt, nicht der Kapitalmarkt. Beides muss unterschieden werden. Kapital ist angelegtes oder anlagebereites Geld. Geld kann vagabundieren. Gerade das vagabundierende Geld ist ein Kennzeichen des globalisierten Geldmarkts. Tag für Tag werden rund 1,5 Billionen Dollar weltweit an den Börsen bewegt. Rund 80 Prozent dieser Anlagen haben eine Laufzeit, die weniger als zwei Monate dauert, manchmal sogar nur wenige Stunden. 1998 belief sich der gesamte Welthandel auf insgesamt 6,9 Billionen Dollar. Das bedeutet, die Finanzzentren dieser Welt würden gerade mal fünf Tage benötigen, um den gesamten Welthandel zu finanzieren. Das mag die ungeheure Bedeutung der Geldmärkte in der Globalisierung verdeutlichen. Auch der Wertpapiermarkt ist weitgehend, wenn auch nicht vollständig globalisiert. Es gibt immer noch Drittweltländer, in denen die Landeswährung nicht ein- und nicht ausgeführt werden darf. Fremdwährung wird dort noch im Pass eingetragen.

Der Warenmarkt strebt nach Globalisierung. Das führte zum Allgemeinen Handels- und Zollabkommen GATT und seinen Folgen. Aber lassen wir einmal Zahlen sprechen. Wir haben weltweit eine gigantische Veränderung der Produktionsprozesse. Hier spielen die Produktionsnetze eine besondere Rolle. Sie haben sich im Rahmen der Globalisierung völlig verändert. Es gibt nicht nur den Produktverkauf an Konsumenten, sondern außerdem den konzerninternen Handel. 1992 erzielten rund 250000 ausländische Töchter von etwa 38000 Muttergesellschaften einen Gesamtumsatz weltweit von über 5200 Milliarden Dollar. Im selben Jahr betrug die gesamte Weltausfuhr rund 4900 Milliarden Dollar. Davon entfiel auf den firmeninternen Handel rund ein Drittel.

Weltweit wurden schon 1993 zirka 2135 Milliarden Dollar ausländische Direktinvestitionen getätigt. Das Problem dieser Investitionen ist: Sie schaffen kaum neue Produktionsstätten, sondern übernehmen nur bereits vorhandene.

Von 1992 bis 1998 stieg das Gesamtvolumen der registrierten Fusionen und Übernahmen weltweit von rund 250 Milliarden Dollar auf fast das Zehnfache: auf 2,4 Billionen Dollar. Und die Globalisierung geht weiter.

Die Konferenz der UN für Handel und Entwicklung UNCTAD

schätzte schon 1994 in ihrem » World Investment Report«, dass sich der Umsatz der weltumspannenden Konzerne seit Beginn der achtziger Jahre verdoppelt hatte. Die 100 größten multinationalen Konzerne bewegten schon damals ein Firmenvermögen von zirka 3 400 Milliarden Dollar. Etwa 40 Prozent davon wurden in Drittwelt- und Schwellenländern investiert. Dieser hohe Investitionsanteil in Schwellen- und Drittländern erklärt sich aus dem Bedürfnis, Länder mit den niedrigsten Lohnkosten und längsten Arbeitszeiten zu finden. Das entscheidet in der Globalisierung über die Wahl des Produktionsstandortes. Diese Standortwahl hat nun erheblichen Einfluss auf die Beschäftigten in den vorherigen Produktionsstätten. Vor der Globalisierung war es so, dass nachlassendes Wachstum eines Unternehmens die Gewinne sinken ließ. Heute ist das anders. Die auf dem Weltmarkt agierenden Unternehmen suchen sich die günstigsten Produktionsstandorte auf der Welt aus und können so ihre Gewinne durch Steuerentlastungen, Senkung der Lohnkosten und die Lockerung investitionshemmender Vorschriften in Bereichen des Umwelt-, Arbeits- und Kündigungsschutzes und eine erhebliche Intensivierung der Arbeit steigern. Das hat dazu geführt, dass seit Mitte der siebziger Jahre in den meisten »Industrienationen« der Anteil der Löhne und Gehälter am Volkseinkommen drastisch gesunken ist. In der Schweiz zum Beispiel sind die Gewinne der Konzerne von 1994 bis 1999 durchschnittlich um 17,7 Prozent jährlich gestiegen, die Löhne stiegen im gleichen Zeitraum jährlich um 1,7 Prozent, wie G. Kirchgässner am 30. 4. 1999 in *Cash* veröffentlichte.

Der Hauptfeind der Globalisierung sind derzeit noch die USA. Sobald ein Unternehmen mit einem amerikanischen Unternehmen in Wettbewerb tritt, werden die Einfuhrzölle erhöht. Damit ist der Warenmarkt nicht globalisiert. Von den Drittweltländern werden Zölle erhoben. Auch hier fehlt noch die Globalisierung. GATT und die Folgen funktionieren eben noch nicht so richtig. Hauptsächlich werden sie von den US-amerikanischen Aktivitäten behindert.

Als vierten Markt gibt es den Arbeitsmarkt, der nicht globalisiert ist, tendenziell aber durch Überwanderungsbewegungen globalisiert wird. Die meisten jungen Menschen handeln nach dem Prinzip: »Ich gehe dorthin, wo ich das meiste Geld verdienen kann.« Der fünfte Markt ist der internationale Markt, der in der BRD durch den nationalen Exportmarkt bestimmt ist. Den versucht man nun durch Globalisierungsstrategien herzustellen, indem man mit anderen Unternehmen fusioniert und damit, wie schon angedeutet, meist auf die Nase fällt. Jeder Markt ist letztlich national egoistisch. Der nationale Egoismus ist der Hauptgrund für die nicht stattfindende Globalisierung. Es gibt einen ungeheuren Druck der nationalen Wirtschaft auf die Politik, damit diese wunschgemäß mit Einfuhrzöllen oder Exportzöllen reagiert.

Interessant wäre es, wenn an den Grenzen alle Zölle wegfielen und alle Subventionen gestrichen würden. Das wäre eine notwendige Voraussetzung, um den Warenmarkt tatsächlich zu globalisieren.

Für den Weltmarkt ist auch die Regulierung der Umweltbelastung erforderlich. Die Umwelt kostenlos belasten zu dürfen, ist letztlich eine Form von Subvention. Es müsste also einen Markt geben, der Umwelt verkauft. Das Problem ist, dass Umwelt kein freies Gut mehr ist, das jedem beliebig zur Verfügung steht, sondern ein Wirtschaftsgut, das einen ökonomischen Wert hat, der bezahlt werden muss. Der Eigentümer der Umwelt ist die gesamte Menschheit. Also müsste eine zentrale Instanz geschaffen werden, die den Umweltverbrauch verkauft. Hier greift die Cobb-Douglas-Formel. Die Umwelt muss in jedem Land so teuer werden, dass es sich rentiert, die Kosten für den Umweltverbrauch durch Arbeit oder Kapital zu ersetzen. Es gibt wohl kaum eine andere Möglichkeit, das Umweltproblem zu lösen. Die Gefahr, dass sonst schon in 20 Jahren die Welt für einen Großteil der Menschen unbewohnbar sein wird, ist groß. Es wird den Kampf um das Trinkwasser geben. Das ist das wirklich kritische Moment. Im Nahen Osten wird das der Kampf um das jordanische Wasser sein. In Indien sind die Flüsse heute schon so verseucht, dass das Trinkwasser aufbereitet werden muss. Trinkwasser wird also sehr teuer. In Deutschland leistet man sich heute noch den Luxus, Brauch- und Trinkwasser aus einer Leitung zu beziehen.

Im Sinne einer neuen Redlichkeit im Umgang mit Ressourcen wäre es sinnvoll, beides zu trennen.

Entstehung der Globalisierung

Zum Verständnis der Globalisierung ist sicher die Frage nach ihrer Entstehung hilfreich. Die Globalisierung hat einen zweifachen Ursprung:

1. Das Christentum ist die einzige Religion, die auf Globalisierung aus war. »Und Jesus trat herzu und sprach zu ihnen: Mir ist gegeben alle Gewalt im Himmel und auf Erden. Darum gehet hin und machet zu Jüngern alle Völker: Taufet sie auf den Namen des Vaters und des Sohnes und des Heiligen Geistes und lehret sie halten alles, was ich euch befohlen habe. Und siehe, ich bin bei euch alle Tage bis an der Welt Ende.« (Matthäus 28, 16–20). Und alle sind losmarschiert bis nach Indien oder Santiago (die Grenzen der damaligen Welt).

2. Für den Kapitalismus ist »der äußere Erfolg [...] ein Zeichen für die himmlische Auserwählung« (Max Weber). Somit erzeugte das Christentum die Kapitalbestrebungen nach Globalisierung. Der ökonomische Erfolg sei ein Beweis für die göttliche Auserwählung. Wobei der individuelle ökonomische Erfolg im Kapitalismus am leichtesten zu messen ist.

Beide (Christentum und Kapitalismus) gingen von Anfang an eine Mesalliance ein. Die Globalisierung ging damit auch immer von allen irgendwie dem Christentum in profaner Weise verbundenen Staatsideologien aus. Die Globalisierung ging also nicht, wie oft vermutet, von Japan aus.

Der Kapitalismus ist für die Globalisierung dadurch erheblich, dass das Kapital eine möglichst hohe Rendite zu erreichen versucht. Dazu hat der Kapitalist die Arbeit ausgebeutet. Um Kapital rentabel anzulegen, musste fremde Arbeit gekauft und ein Anlagevermögen gebildet werden. Das war Sache des Einzelnen. Der Arbeiter hatte kein Kapital, sondern nur seine Arbeit, die sich rentieren musste.

Die rentable Kapitalanlage – sechs Stufen

Kapital rentabel anzulegen, geschah und geschieht in sechs Stufen:

1. *Stufe:* Ausbeutung von Arbeit.
2. *Stufe:* Kolonialkapitalismus. Durch Erschließen neuer Märkte wurde Wachstum erzeugt.
3. *Stufe:* GATT und die Folgen. Nach dem Zerfall des Kolonialsystems entstanden Angebots- und Nachfragemärkte. Karl Marx meinte noch, das Kapital will die Banken ausbeuten. Eher ist es umgekehrt.
4. *Stufe:* Ausbeutung des Staates durch Subventionen. Steuerminderung oder Aktivzuschüsse bei Import und Export. Der Staat verschenkt Gelder, die die Unternehmen nicht mehr benötigen (Werner Rapp). Daran geht irgendwann früher oder später der Staat Pleite. Und so kommt es zur:
5. *Stufe:* Internationalisierung und Globalisierung. Die Internationalisierung erfasst nur wirtschaftlich erschlossene Länder, die kleinen Tiger et cetera, also alle diejenigen Länder, die sich den OECD-Ländern annähern.

Globalisierung funktioniert wahrscheinlich nur dann, wenn man die Drittweltländer von Steuern freistellt und wenn man an den Grenzen von OECD-Ländern die Subventionen abschöpft. An den Grenzen müsste prinzipiell das importierende Land die Subventionen von eingeführten Waren abschöpfen. Das ist jedoch nur theoretisch möglich, da Subventionen de facto nicht auszurechnen sind. Mit der Globalisierung besteht die große Gefahr der Kartellbildung. Die Preise können beliebig festgesetzt werden.

6. *Stufe:* Kollaps des Systems aufgrund fehlender Liquidität (Karl Marx). Deflationskrisen sind die Folge, weil das Angebot vom

Markt nicht angenommen wird. Deshalb kollabiert das System. Inflation ist für Unternehmen keine Katastrophe, sondern eine Wachstumschance. Die Deflation dagegen ist gefährlich. Das Angebot liegt massiv über der Nachfrage. Nicht die in das Produkt gesteckte Leistung oder Arbeit bestimmt den Wert einer Ware, sondern die Nachfrage. Da die Produktionskosten nun höher liegen als der ökonomische Wert einer Ware, wird versucht, die Kosten zu senken und eine Kosten-Leistungs-Rechnung vorzunehmen. Auch im Kapitalismus wird wahrscheinlich eine langfristige Deflation einen Kollaps des Systems hervorrufen. Die europäische Zentralbank und auch die USA werden versuchen, durch Absenkung der Zinsen die Deflationskrise zu überwinden. Die Bundesbank hat bereits offen zugegeben, dass sie über kein Modell verfügt, um mit Deflationskrisen umgehen zu können.

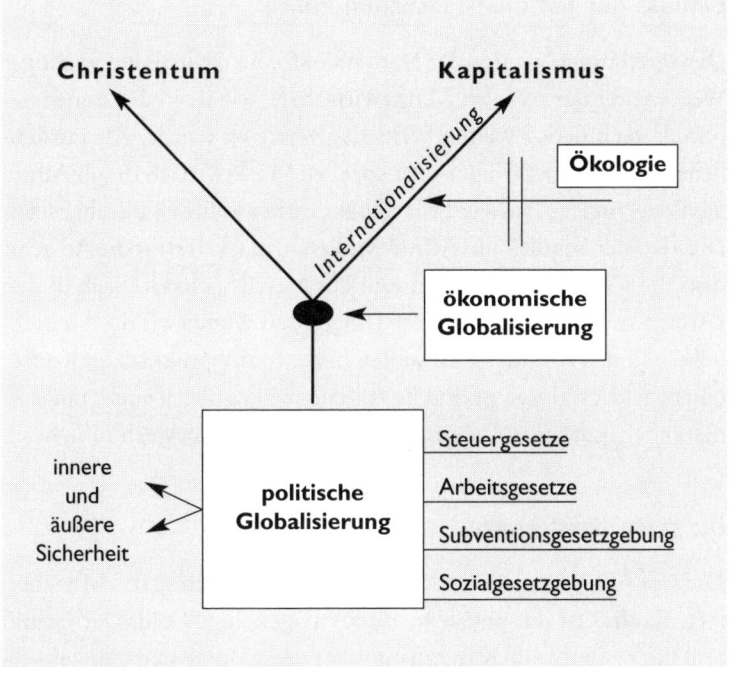

Abbildung 1: Politische Globalisierung

Damit sich die Volkswirtschaften nicht durch ihre nationalen Gesetzgebungen (Steuergesetze, Arbeitsgesetze, Subventionsgesetze und die Sozialgesetzgebung) Vorteile verschaffen, ist die politische Globalisierung notwendig. Für den Staat bleibt schließlich nur noch die innere und äußere Sicherheit übrig.

Die nationale Subventionsgesetzgebung, die auf Erhaltung von Subventionen abzielt, ist ungerecht, da der Steuerzahler für Opportunitätskosten herangezogen wird, für die er nicht verantwortlich ist. Wer 42 Prozent Einkommensteuer zahlt, wird ungerecht behandelt, da er vom Staat nur die gleichen Leistungen bezieht, die auch jemand bekommt, der keine Steuern zahlt. Bei 42 Prozent Steuern sind etwa die Hälfte der Steuern Opportunitätskosten.

Einfluss der nationalstaatlichen Politik

Die »Freiburger Schule« der Nationalökonomie gilt als ein wichtiger Wegbereiter der sozialen Marktwirtschaft, wie sie in der Bundesrepublik nach dem Zweiten Weltkrieg vertreten wurde. Als tatsächlicher Vater und »Erfinder« der sozialen Marktwirtschaft gilt Alfred Müller-Armack. Ludwig Erhard hat sie aber politisch durchgesetzt. Die »Kölner Schule« um Alfred Müller-Armack vertrat die Ansicht, dass die »Wirtschaft als Dienerin der Menschlichkeit« sich in den Dienst von überwirtschaftlichen Dingen und Werten wie das Menschliche und das Kulturelle zu stellen habe. In der praktischen Konsequenz gelte es, durch politische Rahmenbedingungen einen funktionierenden und für alle Menschen nützlichen Wettbewerb zu sichern.

Die Produktionsfaktoren

Die Hard Facts: Arbeit ist der Wertschöpfungsbeitrag des Mitarbeiters. Kapital ist das angelegte oder anlagewillige Geld. Der Grund und Boden wurde im Kapitalismus entweder durch den Umweltverbrauch oder bei Banken durch das Anlagekapital ersetzt.

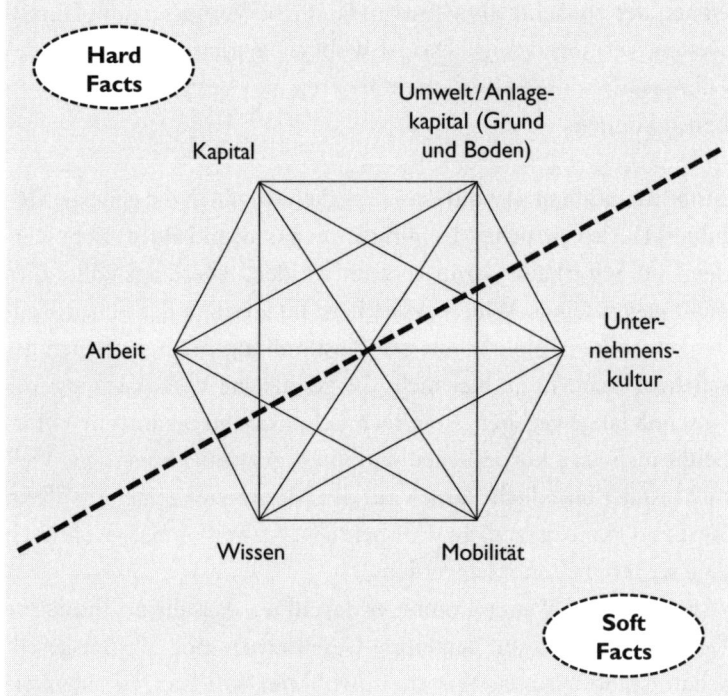

Abbildung 2: Die Produktionsfaktoren

Die Soft Facts: Unternehmenskultur meint die Art und Weise des Miteinander-Umgehens. Der moderne Kulturbegriff wurde von Johann Gottfried von Herder (1744–1803) formuliert. Er meinte damit eine lebendige (beginnende, sich entfaltende und endende) Gestalt eines Sozialgebildes. Unternehmenskultur umfasst Umgangsformen, die in einem Unternehmen in besonderer Weise gepflegt werden: Welche Leistungen und Fachkompetenzen, welche Kommunikationsformen, welches Konfliktverhalten, welche Tugenden kennzeichnen das Unternehmen nach innen und außen?

Wichtig ist dabei die Tatsache, dass Unternehmenskultur die Beachtung ethischer Normen erfordert. Besondere Bedeutung hat hier der Aufbau von Sympathie- und Vertrauensfeldern. In einer sittlich motivierten Unternehmenskultur ist nur derjenige zum Führen geeignet, der zunächst als selbstverständliche Voraussetzung Durchsetzungsvermögen zeigt. Das ist wohl ein zeitloses Instrument des Führens. Er sollte zusätzlich motivieren und Vertrauensfelder aufbauen können.

Mobilität umfasst sowohl die körperliche als auch die geistige Mobilität. Die körperliche Mobilität kann passiv und aktiv erlebt werden. Ein Mitarbeiter kann versetzt werden. Allerdings sollte dies nicht gegen seinen Willen geschehen. Im Zeichen der neuen Redlichkeit sollte Mobilität nur mit Zustimmung des Betroffenen geschehen. Gemeint ist hier nicht die gesetzliche Voraussetzung, die ist schon lange gegeben. Rein rechtlich betrachtet, kann ein Mitarbeiter nicht zur körperlichen Mobilität gezwungen werden. Vielmehr ist der unredliche Druck auf den Mitarbeiter gemeint: »Wenn Sie diese Chance jetzt nicht wahrnehmen, bezweifle ich, dass Sie noch eine weitere bekommen werden …«

Beim Faktor Wissen kommt es darauf an, dass die postmoderne Gesellschaft, also die derzeitige Gesellschaft, eine Wissensgesellschaft ist. So wird das Wissen, obwohl nur Soft Fact, zu einem erheblichen Produktionsfaktor. Es ist nicht das reine Informationswissen gemeint, das man durchaus über den Computer oder das Internet beziehen kann, sondern das für konkrete unternehmerische Situationen verarbeitete Wissen. Es gilt das Wissen zu aktivieren, mit dem man in der Lage ist, Unternehmensprobleme zu lösen. Diesen Faktor ruinieren derzeit viele Unternehmen. Gleichwohl soll nicht verschwiegen werden, dass es, wenn man in einem System bleibt (zum Beispiel Industriegesellschaft) wohl immer des Wissens bedurfte, um beispielsweise zu produzieren. Es geht also um den Anteil des Produktionsfaktors Wissen an der Wertschöpfung. Der ist heute sehr viel bestimmender als früher. Das Gleiche gilt auch für den Anteil der Dienstleistungen. Ich bin mir jedoch gewiss, dass sowohl eine Wissensgesellschaft mit ihrer Überbetonung des reinen Sachwissens als auch eine Dienstleistungsgesellschaft allein nicht lebensfähig sind. Die Frage ist, bedenken dies Unternehmen?

Wenn man den Namen Machiavelli in die Runde wirft, dann kommt oft der Spruch »Der (politische) Zweck heiligt die Mittel«, mit dem man die Hauptaussagen seiner Analysen verkürzt zusammenfasst, obwohl Machiavelli dies nie geschrieben hat. So ähnlich ist es wohl auch bei Francis Bacon mit seinem »scientia est potentia«. Im Kontext gelesen muss es eher mit »Macht des Wissens« verstanden werden. Berücksichtigt man die Zeit, in der Bacon lebte (1561–1626), dann liegt Bacon wohl auch näher an der etymologischen Bedeutung des Wortes Macht als wir heute. Macht als Können, Fähigkeit oder Befähigung zur praktischen Nutzanwendung. Also übersetzen wir doch »scientia est potentia« einfach mit »Wissen als Befähigung zum Handeln«. Damit wäre dann auch der Teilaspekt, Unternehmensprobleme lösen zu können, abgedeckt. Aber auch hier gilt, dass dies viel zu wenig von Unternehmen bedacht wird.

Durch Freisetzungsbestrebungen verlieren sie erhebliche Anteile des Wissens, das für das Unternehmen überlebensnotwendig ist. Viele Mitarbeiter, die die meiste Zeit ihres Lebens in einem Unternehmen verbracht haben, nehmen große Mengen ihres Wissens unwiederbringlich mit. Die Überbetonung der Hard Facts und Vernachlässigung der Soft Facts in nicht wenigen Unternehmen kann durchaus den Unternehmensruin beschleunigen, denn nur eine Allokation aller sechs Produktionsfaktoren lässt ein Unternehmen dauerhaft erfolgreich sein.

Die Unterschiede zwischen Deutschland und den USA

Die Amerikaner haben derzeit im Vergleich zur Bundesrepublik die marktgerechteren Steuergesetze, Arbeitsgesetze, Subventionsgesetze und Sozialgesetze. Die Bundesrepublik Deutschland hat derzeit einen Vorteil in drei Punkten:

1. eine gute Infrastruktur,
2. hoher sozialer Frieden,
3. eine relative Dominanz der Politik über die Wirtschaft.

Die Einhaltung der Gesetze kann von staatlicher Seite durchgesetzt werden. Es gilt also nur noch, die Sicherheit nach innen zu gewährleisten, nach außen ist ein OECD-Land kaum gefährdet. Es ist unwahrscheinlich, dass Luxemburg Schweden angreift oder die Schweiz Lichtenstein besetzt.

Die Transaktionskosten

Die entscheidende Frage ist, ob Transaktionskosten dazukommen. Der Staat hat nach Jean-Jacques Rousseau (1712–1778) die Funktion, die Transaktionskosten zu senken. Daher bezieht der Staat seine Rechtfertigung. Transaktionskosten sind Kosten, die bei der Durchsetzung von Vertragsrechten gleich welcher Art entstehen. Karl Marx übernahm genau diese Theorie. Der Staat habe die Funktion, das Gemeinwohl zu mehren. Dagegen stehen die Engländer (John Locke bis David Hume, Anthony Ashley Cooper, 3. Earl of Shaftesbury et cetera), die die Meinung vertraten, der Staat habe die Aufgabe, nicht das Gemeinwohl zu mehren, sondern schweren Schaden vom Volk abzuwenden. Die Gemeinwohlmehrungstheorie ist eine nur ideologisch begründbare Theorie, da es keine allgemein gültige Definition von Gemeinwohl gibt. Marxisten definieren es anders als Liberale, Kapitalisten et cetera. Die Gemeinwohltheorie führt nun dazu, dass sich das Gemeinwohl früher oder später nicht mehr finanzieren lässt. In der Sowjetunion war das Gemeinwohl ideologisch nach Karl Marx definiert. Bei uns zieht sich politisch eine liberale wie marxistische Definition durch alle Parteien. Die PDS ist viel liberaler als angenommen und die CDU/CSU viel marxistischer in ihrer Definition von Gemeinwohl als vermutet. Die Parteien wissen nicht, dass sie zum guten Teil Marxisten, und die linken Parteien wissen nicht, dass sie zum guten Teil liberal sind. So entsteht die politische neue Unredlichkeit.

Die Politik begeht den Fehler anzunehmen, dass sie noch in soziale Systeme hineinoperieren kann, deren Komplexität jedoch so groß ist, dass unsere Rationalität sie nicht beherrschen kann.

Friedrich August von Hayek (1899–1992) meinte, dass wir soziale Systeme von so hoher Komplexität nicht mehr durch Reduktion der Komplexität im Modell erfassen können. Beim Versuch der Modellierung fehlen immer wesentliche Parameter, sodass der Eingriff in die Ökonomie zu unvorhersehbaren Folgen führt. Schon die Nationalökonomien sind nicht mehr beherrschbar, geschweige denn eine Weltwirtschaftsordnung.

Die globale Ökologie

Das wesentliche Problem ist, dass bei der Globalisierung die Ökologie gegenwärtig keine Rolle spielt. Und genau das bedeutet die Gefährdung des gesamten Prozesses. Wenn die Ökologie nicht globalisiert wird, dann wird der »Point of no Return« endgültig dann erreicht, wenn China und Indien industrialisiert sind. Der Umweltgipfel der Vereinten Nationen in Rio de Janeiro 1992 ist leider ohne ernsthafte Folgen geblieben. Das Interesse an ökologischen Fragen nimmt bei den Unternehmen rapide ab, obwohl sie immer wichtiger werden.

Der Umwelt kann sich bisher jedes Unternehmen beliebig bedienen, obwohl Umwelt ein Wirtschaftgut geworden ist, das keiner bewirtschaftet. Man sollte auf Produkten den jeweiligen Umweltverbrauch deklarieren. Beim Auto zum Beispiel ist nicht nur der Benzinverbrauch Umweltverbrauch, sondern auch die Herstellung des Autos verbraucht Umwelt.

Daher wäre es sinnvoll, wenn alle Firmen eine Externalitätenbilanz erstellten, die auch den Umweltverbrauch berücksichtigt. Als Externalitäten bezeichnet man positive oder negative Wirkungen der Produktion eines Unternehmens auf andere Wirtschaftssubjekte, die keine reinen Preiseffekte sind.

Positive Externalitäten sind zum Beispiel Löhne, die Versorgung einer Region mit Liquidität, Steueraufkommen.

Negative Externalitäten sind zum Beispiel die Frühverrentung (hier werden Kosten an die Gemeinschaft abgegeben) oder eben der Verbrauch an Umwelt.

Heute hat das Unternehmen den größten Vorteil, das die meiste Umwelt verbraucht und dadurch Kapital einspart. Wir müssen dahin kommen, dass wir statt der drei Produktionsfaktoren Arbeit, Kapital, Grund und Boden in Zukunft Arbeit, Kapital und Umweltverbrauch berücksichtigen (vgl. Abbildung 2).

Wir sollten im Sinne einer neuen Redlichkeit dahin kommen, dass die Umwelt so teuer wird, dass jedes Unternehmen sich überlegt, ob es den Umweltverbrauch nicht durch Kapital oder Arbeit substituiert.

Die Kosten für den Umweltverbrauch werden bestimmt, indem man die Kosten für die Rückgängigmachung des Umweltverbrauchs ermittelt. Dadurch besitzt man prinzipiell eine Quantifizierung des Umweltverbrauchs. Wenn das konsequent umgesetzt wird, werden sich manche Unternehmen überlegen, ob sie den Umweltverbrauch nicht durch Kapital ersetzen.

Eine intakte Umwelt gehört der ganzen Menschheit. Der Umweltgipfel der UN in Rio de Janeiro 1992 war der erste Versuch, auf der globalen Ebene Lösungen für die Umweltproblematik zu finden. Zu seinem Misslingen trugen vor allem die USA bei. In Rio wollte man beschließen, die Umweltbelastung durch die industrialisierten Staaten zu besteuern und diese eingezahlten Mittel an die umweltverbrauchenden Staaten der Dritten Welt zu zahlen.

Umwelt ist bereits so sehr verbraucht, dass im Mittleren Westen der USA oder in Kenia große Landstriche durch den Einsatz von Monokulturen und Pestiziden tot sind.

Der größte Engpass wird der Trinkwasserhaushalt in Ländern der Dritten Welt werden. In fast allen Drittweltländern ist das Trinkwasser nach WHO-Kriterien nicht mehr trinkbar.

Es existieren derzeit drei Modelle, wie der Umweltverbrauch und die Einhaltung von Normen bei einer Globalisierung kontrolliert werden könnten:

1. Eine allgemein verbreitete Moral übt die Kontrolle aus (Roman Herzog und andere).
2. Vorschlag der EU-Kommission: Eine Kommission in einem Drittewelt- oder Schwellenland, die in der Lage ist, Normen vorzugeben, die in nationale Gesetze überführt werden, übt die Kontrolle aus.
3. Eine Ökokratie: Bestimmte Mengen an Umweltverbrauch werden zugelassen und nach Höhe des BIP bezahlt.

Die Ökokratie birgt die Gefahr, dass es zu einer Ökodiktatur kommt, die militärisch überwacht werden muss. Nach dem Gesetz der Macht zöge die Ökodiktatur immer mehr politische Macht an sich. Sollte politischer Friede nur dann zu sichern sein, wenn wir einen Weltstaat haben, der mit relativ guter Truppenstärke in seinem Inneren Bürgerkriege niederschlagen kann? Vorläufer eines solchen Weltstaates sehen wir derzeit mit den USA im Umgang mit den Nachfolgestaaten des ehemaligen Jugoslawiens.

Wahrscheinlicher ist, dass die Globalisierung nur dann human gestaltet werden kann, wenn es gelingt, sie zu inkulturieren, also kulturspezifisch zu modifizieren. Das Normensystem könnte bei vorgegebenen Rahmenbedingungen an die jeweilige Kultur angepasst werden.

Chancen und Risiken der Globalisierung

Was die Globalisierung für den Einzelnen bedeutet, ist schwer abzusehen. Immer mehr Regionen und Nischen werden in das kapitalistische Wirtschaftssystem integriert und so lokale (und nationale) Selbstversorgungs- und Wirtschaftsräume aufgelöst. Transnationale Konzerne interessieren sich für »schwache Staaten«, das sind Staaten, die zu schwach sind, die Bewegungsfreiheit des Kapitals zu behindern, sie zu verlangsamen oder zu begrenzen. Sie sind unfähig zu einer autonomen ökonomischen Politik. Die Spannung zwischen kooperierenden Transnationalstaaten (etwa der EU) und dem neoliberalen Kapitalismus wird offenbar. Hier sollen – ohne jeden prophetischen Anspruch – einige Thesen formuliert werden.

1. In der Phase der industriellen Revolution konnten zahlreiche an- und ungelernte Arbeiter beschäftigt werden. Die kurze Episode einer Dienstleistungsgesellschaft (einigermaßen zutreffend realisiert in den USA) wird abgelöst durch eine Informationsgesellschaft (das heißt, die im Unternehmen Tätigen werden bezahlt nach ihrem Anteil an der Informationserzeugung, Informationsgewinnung und Informationsverarbeitung). Im verarbeitenden Gewerbe und in Banken werden also nur dann sichere Arbeitsplätze entstehen, wenn sie den Ansprüchen der Informationsgesellschaft gerecht werden. Das bedeutet jedoch Arbeitslosigkeit für viele, auch leitende Mitarbeiter. Die offene Arbeitslosigkeit in der Bundesrepublik von derzeit 4 772 082 (Stand Juli 2005 laut Bundesagentur für Arbeit) wird also langfristig noch erheblich ansteigen. Soziale Netze der bisherigen Struktur werden kaum alle auffangen. Die Massenarbeitslosigkeit führt also zu einer Massenverarmung und der Zunahme von »lokal Armen«.

2. Infolge der Globalisierung der Ökonomie (der ökonomischen Basis also) muss es zu einer Neuordnung des politischen, sozialen, kulturellen Überbaus kommen. Zunächst einmal des politischen: Die ökonomisch global und irreversibel aneinander gebunden nationalen Volkswirtschaften werden sich Nischen suchen, um sich Wettbewerbsvorteile zu verschaffen. Um erhebliche Marktverwerfungen zu verhindern, werden alle Staaten, die von der ökonomischen Globalisierung erfasst sind, ihre Sozial-, Arbeits-, Umwelt- und Steuergesetzgebung aneinander anpassen. Da das soziale Netz in der BRD bisher vergleichsweise viele – sozial Schwache – gesetzlich auffängt, wird das mit der Globalisierung vieler Rechtsbereiche unmöglich werden. Es entsteht ein Gebiet, das von unverhältnismäßig vielen »lokal Armen« besie-

delt wird. Bisherige Wohlfahrts- und Sozialstaaten wie die BRD geraten in eine Abwärtsspirale. Während die Ökonomie transnational denkt und sich so nationalstaatlicher Kontrolle entzieht, bedeutet eine transnationale Wirtschaft für diese Staaten wachsende Arbeitslosigkeit und Armut, wenn sie nicht nationalstaatlich aufgefangen werden können. Es ist aber fraglich, ob die bestehenden sozialen Netze noch finanzierbar sind angesichts verringerter Steuereinnahmen. (Arbeitslose und transnationale Systeme zahlen keine Steuern.)

3. Es besteht die Tendenz, Arbeit in Regionen zu exportieren, die ökonomisch ertragreicher zu sein scheinen. Der globalisierende und in dieser Globalisierung untergehende Kapitalismus orientiert sich nahezu ausschließlich am Produktionsfaktor Kapital (Shareholder-Value). Dass er dabei die Verantwortung für die anderen betrieblich relevanten Faktoren vernachlässigt (Arbeit, Umwelt, Kreativität und Unternehmenskultur) scheint offensichtlich. Nur durch politische Regulatoren ließen sich diese Faktoren stützen. Da diese aber zunehmend dafür eingesetzt werden, Gesetze den globalen Bedingungen anzupassen, wird auch über diesen Mechanismus eine Region der »lokal Armen« gefördert.

4. Arbeit wird gemäß der Cobb-Douglas-Formel durch Kapital (durch die Hard Facts) substituiert. Der Aufwand für Arbeit wird im Kapitalismus möglichst klein gehalten, ebenso die Kosten für Umweltverbrauch. Also ist jeder Unternehmer im Nachteil, der für Arbeit und Umwelt höheren Aufwand hat.

Die Cobb-Douglas-Formel:

$$Y \text{ Optimum} = A^{\alpha} + K^{\beta}$$
$$\alpha + \beta + \gamma = 1$$

Y	=	Unternehmenserfolg
A	=	Arbeit
K	=	Kapital

Der Unternehmer versucht, die Kosten für Arbeit möglichst niedrig zu halten, Kosten für Umwelt herunterzufahren und dadurch Kapital zu maximieren. Und das weltweit. Die Formel lautet dann:

$$\downarrow A^\alpha + \uparrow K^\beta\ (+ \downarrow U^\gamma)$$

A = Arbeit
K = Kapital
U = Umwelt

Damit ist Kapital die Ressource, die langfristig am wenigsten kostet. In Ländern, in denen die Arbeit sehr billig ist, lohnt sich die Substitution durch Kapital nicht. Wenn darüber hinaus Umwelt ebenfalls billig ist, wird man sie gleichfalls billig nutzen.

Das Problem der westlichen Welt scheint die Frage zu sein, ob sie wettbewerbsfähig bleiben kann, falls es nicht gelingen sollte, auch die Umwelt als freies Gut zu nutzen. Und, falls die Arbeit zu teuer werden sollte, diese durch Kapital zu substituieren. Das bedeutet, Arbeit freizustellen, wo es eben geht. Und wo es nicht geht, Arbeit zu exportieren.

So hatte, trotz aller nachvollziehbaren Empörung, Herr Rexrodt aus dieser Sicht Recht, als er die These vertrat, dass die Kündigung von Arbeitnehmern in Deutschland zu schwer gemacht wird. Er reichte am 11. März 2003 gemeinsam mit seinen Parteikolleginnen und -kollegen im Bundestag den Antrag ein, Rahmenbedingungen für einen funktionsfähigen Arbeitsmarkt zu schaffen. Darin bemängelt er unter anderem den »kontraproduktiven Kündigungsschutz durch weitreichende arbeitsrechtliche Vorgaben und ihre restriktive Auslegung und Erweiterung durch die Arbeitsgerichte« und forderte in dem gleichen Antrag: »Das Kündigungsschutzrecht muss den arbeitsgerichtlichen Realitäten angepasst und deshalb modernisiert werden.«[4] Die Nationalökonomie wird dadurch belastet, dass der Gesetzgeber nicht jede beliebige Substitution der teuren Arbeit durch Kapital zulässt, und auch nicht jede beliebige Nutzung der Umwelt gestattet. Daher wandern Unternehmen in Länder ab, in denen dies erlaubt ist. Die Cobb-Douglas-Formel ist insofern wichtig, als der Kapitalismus versucht, das Optimum von Y zu erreichen. Unternehmen versuchen daher so weit als möglich, Arbeit durch Kapital zu ersetzen. Wenn Maschinen die Arbeit von Menschen übernehmen können, geschieht das. So kommt der globale Kapitalismus mit immer weniger Arbeit aus – vor allem in den Bereichen, in denen sich neue Felder der Gewinnproduktion eröffnen. Die Arbeitnehmer und die sie vertretenden Organisationen verlieren immer mehr an Einfluss und Bedeutung. Dadurch nimmt die Ungleichheit neue Formen an: Erwerbstätige und Arbeitslose werden zu verschiedenen Klassen. Die Arbeitslosigkeit ist kein individuelles (oft nur episodisches) Schicksal mehr, sondern wird zu einem gesellschaftlichen Strukturelement. Zudem wird sich – wie gesagt – die Art der Arbeitslosigkeit ändern, weil in den Produktionsformen der ersten (durch Menschen betriebene Maschinen) und zweiten Industrialisierung (durch Energie betriebene Maschinen) auch ungelernte und angelernte Arbeit ihren Ort hatte, nicht aber in der dritten (informatorischen).

Die Arbeitslosenproblematik, die wir in der westlichen Welt haben, entsteht dadurch, dass hier präzise nach der Cobb-Douglas-Formel die Arbeit durch Maschinen ersetzt wurde.

Nun ist die Frage, wie man zukünftig im Sinne der neuen Redlichkeit das Problem der Arbeit lösen könnte. Zunächst sollte man die Cobb-Douglas-Formel um den Faktor Umwelt erweitern. Es geht dann also nicht mehr darum, Arbeit durch Kapital zu ersetzen, sondern Umweltverbrauch durch Kapital oder Arbeit zu ersetzen. Wenn es gelingt, Umwelt durch Kapital oder Arbeit zu ersetzen, erreicht man zwei Dinge: Erstens wird das reine Ersetzen der Arbeit durch Kapital verhindert, und zweitens wird die Umwelt zu einem Produktionsfaktor, den man, wenn möglich, durch Arbeit oder Kapital ersetzt. Das setzt nun voraus, dass der Umweltverbrauch besteuert wird. Der gerechte Preis für den

Umweltverbrauch wäre dann erreicht, wenn dieser Preis so hoch
wäre, dass ein Unternehmen sich ernsthaft überlegen muss, ob es
nicht besser seinen Umweltverbrauch durch Kapital oder Arbeit
ersetzt. In einer nachmodernen Gesellschaft könnte dies so aussehen, dass man Unternehmen CO_2-Gutscheine verkauft, die
zwischen den Unternehmen handelbar sind. Erste Anfänge sind
bereits gemacht (zum Beispiel das Emissionsgesetz). Trotzdem
gelingt es derzeit noch nicht, den Schutz der Umwelt über Be-
grenzungen zum Umweltverbrauch in den Griff zu bekommen.
Ein Modell, das Umweltverbrauch besteuert, erscheint erfolgver-
sprechender, da man den Umweltverbrauch des Unternehmens
messen kann: Der Verbrauch eines Unternehmens an Kohle, Gas,
der Ausstoß von Stickoxid und Lärm, der unnötige Verbrauch
von Grund und Boden kann gemessen werden.

5. Es müssen aber Menschen zu Gewinnern der ökonomischen Globalisierung werden, denn Spiele, die nur Verlierer kennen, sind
nicht rational. Nun ist zum einen zu sagen, dass autodynamische
Prozesse keineswegs jenen Regeln gehorchen, die wir als »rational« bezeichnen. Es mag sein, dass der Kapitalist alten Stils, dessen wichtigste Beschäftigung im Couponschneiden besteht, wie-
derkommt. Er wäre dann unter günstigen Umständen Gewinner.
Wahrscheinlicher aber ist, dass mit der Globalisierung (wie Marx
es vermutete) der Kapitalismus in seine letzte Phase eingetreten
ist, die es ihm erlaubt – wenigstens vorübergehend – dem anla-
gewilligen Kapital eine gute Rendite zu sichern.

6. Es kann so weit kommen, dass die Verbindung zwischen globalisiert Reichen und lokalen Armen zerreißt, weil zwischen dem Oben
und Unten keine Solidarverpflichtungen mehr bestehen und die
gesellschaftlichen Beziehungen abbrechen. Die Arbeitslosen haben, anders als die Arbeiter des 19. Jahrhunderts (»Alle Räder stehen still, wenn dein starker Arm es will!«), ihr Machtpotenzial
eingebüßt. Ihnen bleibt, wenn es ihnen gelingt, sich zu assoziieren,

nur die nackte Gewalt. Sie wird die politischen, ökonomischen und sozialen Strukturen von Gesellschaft erheblicher verändern als die organisierten Arbeitnehmer im 19. Jahrhundert.

7. Im Gegensatz zum Kapitalismus mit ausgebeuteter Arbeit bringt der Kapitalismus ohne Arbeit keine Utopie hervor. Im Kapitalismus der ausgebeuteten Arbeit entstanden mannigfaltige utopische Entwürfe – am einflussreichsten waren solche von Sozialismus und Kommunismus (etwa im Marxismus). Dem Kapitalismus ohne Arbeit fehlen bislang ähnliche Utopien. Damit kommen Hoffnung und Fantasie abhanden, so entsteht kein neues politisches Subjekt (etwa eine schlagkräftige Organisation der Arbeitslosen).

Kapitel 3

Die neue Unredlichkeit von Ideologien und Dogmen

Jede soziale Gruppe oder Kultur folgt bestimmten Leitbildern, Ideologien, Dogmen, die der Erreichung ihrer Ziele dienen sollen. Ein solches Leitbild ist unredlich, wenn es die folgenden Bedingungen erfüllt:

- Es muss dogmatisch sein.
- Es muss empirisch ungeprüft sein, nicht verifiziert sein. (Die Validität fehlt.)
- Es muss Menschen nach ungerechten Prinzipien selektieren (zum Beispiel im Falle mancher Massenentlassungen).
- Es muss verlogen sein.

Dogma bedeutet im Altgriechischen Meinung, Verordnung, Lehrsatz und Herrlichkeit. Ein Dogma ist immer grundsätzlich und nicht verhandelbar. Interessant ist die neugriechische Bedeutung. Hier bedeutet *dogmatikos* »engstirnig«, »unkritisch« oder »verbohrt«. Erst in der Neuzeit hat der Begriff Dogma einen Bedeutungswandel erfahren. In der Antike und im Mittelalter war Dogma ein positiver Begriff. Gemeint war damit Eindeutigkeit und Klarheit. Heute wird mit dem Begriff Dogma eher die fehlende Bereitschaft verbunden, seine Meinung kritisch infrage stellen zu lassen.

Rudolf Virchow (1821–1902) siedelt dogmatisches Denken eher im kirchlichen Raum an: »Jeder Fortschritt, den eine Kirche in dem Aufbau ihrer Dogmen macht, führt zu einer ... Bändigung des freien Geistes; jedes neue Dogma ... verengt den Kreis des freien Denkens... Die Naturwissenschaft umgekehrt befreit mit jedem

Schritte ihrer Entwickelung ... Sie gestattet ... dem Einzelnen in vollem Maße wahr zu sein.«[5] In heutiger Zeit gibt es einige Dogmen, die nicht infrage gestellt werden dürfen. Rocco Buttiglione, der italienische Europaminister, meinte im Dezember 2004 in München: »Das Dogma ›Es gibt nur eine Wahrheit – die, dass es keine Wahrheit gibt‹ wird heute auf dem Kontinent ›inquisitorisch‹ durchgesetzt.«[6] Einige Dogmen, die kaum jemand redlich infrage stellen darf, sind heute unter anderem:

- Demokratie ist die einzig sinnvolle Form des politischen Miteinander-Umgehens.
- Durch die Privatisierung öffentlicher Dienstleistungen werden diese billiger und effizienter.
- Eine möglichst frühe Einschulung verbessert generell die Startchancen ins Leben.
- Der Fortschritt lässt sich nicht aufhalten.
- Die Erfahrungen früherer Generationen helfen uns bei der Lösung aktueller Probleme kaum, weil heute alles anders ist.
- Die Emanzipation hat die Frauen glücklicher gemacht.
- Über Religion spricht man nicht; Religion ist Privatsache.
- Die Schweiz muss sich früher oder später der EU anschließen.
- Der französischen Revolution verdankt die Menschheit die Werte von Freiheit, Gleichheit und Brüderlichkeit.
- Heute sind die Menschen doch ein Stück weiter und gescheiter als damals im finsteren Mittelalter.
- Die Wertfreiheit der Wissenschaft ist grundsätzlich positiv zu beurteilen.
- Stalin hat die guten Ideen Lenins pervertiert.
- Letztlich wollen alle das Gute.
- Mathematik ist unfehlbar.
- Dogmen sind grundsätzlich abzulehnen (das allerletzte Dogma).

Dogmatisch sein bedeutet, ein Ideensystem absolut zu setzen. In jedem Dogma steckt ein verlogener Kern. Der verlogene Kern ist dadurch gegeben, dass etwas absolut gesetzt wird, das nicht absolut ist. Im Dogma steckt der Unsinn, seine Gewissheiten als Wahrheiten zu behaupten.

Das dogmatische, kollektive Elitebewusstsein

Viele US-Amerikaner haben ein ausgeprägtes Elitebewusstsein, sie halten ihre Nation für etwas Besseres als die übrige Welt. Dieses dogmatische Elitebewusstsein kommt ohne jeden Beweis aus. Es reicht die Behauptung, etwas Besseres zu sein. Anders das Leistungselitebewusstsein: Ein Leistungselitebewusstsein habe ich, wenn ich der begründeten Ansicht bin, in bestimmten Dingen besser zu sein als andere Menschen. Das lässt sich allerdings jederzeit durch einen Leistungsvergleich überprüfen. Ein weiteres Beispiel für dogmatisches, kollektives Elitebewusstsein bieten die Israelis jüdischen Glaubens. Sie halten sich ideologisch für etwas Besseres als alle anderen Menschen, nicht nur für etwas Besseres als die Palästinenser. Diese Eliteideologie wird gegenüber den Palästinensern nur besonders deutlich, weil die Palästinenser auf demselben Territorium leben. Woher kommt dieses kollektive Elitebewusstsein? Das wird im jüdischen Denken besonders deutlich bei der Unterscheidung der Gottesbilder »Eli« und »Jahwe«. Während Eli in der jüdischen Vorstellung der Schöpfergott ist, der alle Menschen ohne Unterschied erschaffen hat, ist er als Jahwe zum Gott des Exodus geworden, und damit zum ausschließlich für Juden bestimmten Nationalgott. Weil aufgrund der Verheißungen Jahwes aus dem jüdischen Volk der Messias hervorgeht, der der ganzen Welt Heil bringt, sind sie das messianische, das auserwählte Volk, also etwas Besonderes.

Weiter gehören zu den unredlichen Dogmen:

- der Jugendlich-Erfolgreiche,
- der Shareholder-Value,
- der Wert der Arbeit,
- die Fusionen.

Das Dogma des Jugendlich-Erfolgreichen

Eine besondere Unredlichkeit liegt darin, dass die Selektion von Menschen nach dogmatischen Prinzipien ungerecht ist. Die Nazis zum Beispiel haben das »tip, top, tadellos«[7] als Eigenschaft genommen. Es gab ganz wenige alte Nazis. Die Uniformträger waren meistens jugendlich oder im mittleren Alter. Die Einführung der Jugenddienstpflicht am 25. März 1939 führte zur Zwangsmitgliedschaft der jungen Menschen. Der Bund Deutscher Mädel, das BDM-Werk »Glaube und Schönheit« sowie auch die Kinderlandverschickung zeigen deutlich, wie sehr die Nazis dogmatisch auf die Jugend setzten. 1935 verboten die Nazis sogar alle anderen, nicht nationalsozialistischen Jugendorganisationen. Mit dem Gesetz über die Hitlerjugend vom 1. Dezember 1936 wurde dem Reichsjugendführer der NSDAP die Erziehung der gesamten Jugend übertragen.[8] Im Marxismus wurde ebenfalls dogmatisch selektiert. Hier war der Arbeitsamste der Idealtyp. Der Marxismus bewertete den Arbeitsamsten nicht von der Wertschöpfung her, sondern es war derjenige, der am meisten arbeitete. Bei uns ist es der Jugendlich-Erfolgreiche, der Yuppie.

Die neue Unredlichkeit sorgt dafür, dass der Trend zur Aufwertung der Jugend trotz dieses Wissens immer noch eher zu- als abnimmt. Entscheidend ist in einem Unternehmen jedoch nicht das Alter, sondern die Frage, wer besonders gut zur Wertschöpfung beiträgt. Die Frage ist: Wer leistet aufgrund seiner Erfahrung, seines Umgangs mit den Kunden, mit dem Produkt, mit den konkreten Bedürfnissen innerhalb und außerhalb des Unternehmens einen größeren Beitrag zur Wertschöpfung? Bei dieser Betrachtung schneiden die älteren Menschen keineswegs schlecht ab. Entlassen werden jedoch immer eher die älteren Menschen. Dadurch berauben sich Unternehmen eines großartigen Potenzials.

Offensichtlich ist dieser Trend in der Bundesrepublik stärker als in anderen Ländern. In Schweden waren laut Bundesarbeitsblatt 4-

2005, das sich auf die OECD beruft, 68,3 Prozent der 55 bis 64-jährigen erwerbstätig, in der Bundesrepublik nur 38,4 Prozent. Damit stehen wir an siebter Stelle der Industrienationen, denn auch die Älteren in den USA, in Japan, den Niederlanden, der Schweiz, Großbritannien, Dänemark, Kanada und Spanien schneiden hier besser ab als wir.[9] Ganz vorn spielen wir allerdings mit, wenn es um den Anteil der arbeitslosen Alten geht. Im Jahr 2004 war ein Viertel der Arbeitslosen in Deutschland (mehr als 1 Million) über 50, das heißt, die Arbeitslosenquote ist in dieser Altersgruppe mehr als doppelt so hoch (fast 25 Prozent) wie im Durchschnitt (etwas über 10 Prozent). Menschen über 50, die ihren Arbeitsplatz verloren haben, haben nur noch eine Chance: Sie wechseln mit 58 vorzeitig ins Rentnerdasein und stehen so dem Arbeitsmarkt nicht mehr zur Verfügung. Der Datenreport 2004 der Bundeszentrale für politische Bildung, herausgegeben vom Statistischen Bundesamt, weist in seiner zweiten Ausgabe 483 300 Arbeitslose aus, die 55 Jahre oder älter waren. Das sind zwar nur rund 10 Prozent der Erwerbslosen, jedoch ist diese Zahl ungenau. Wer älter ist als 58 Jahre, kann den § 428 des Sozialgesetzbuches in Anspruch nehmen. Personen aus dieser Altersgruppe beziehen dann zwar Lohnersatzleistungen, werden jedoch nicht als arbeitslos registriert, wenn sie für eine Arbeitsvermittlung nicht mehr ganz zur Verfügung stehen. Davon haben im Jahre 2003 rund 357 000 Bürger Gebrauch gemacht. Die müssten natürlich zu den 483 300 hinzu gezählt werden. Im Dezember 2004 waren von den 30- bis 50-jährigen 11 721 086 beschäftigt. In den folgenden Altersgruppen sinkt die Zahl rapide. Die Altersgruppe der 50- bis 65-jährigen stellt nur noch 5 632 037 Erwerbstätige. Und in der Gruppe der 60- bis 65-jährigen finden sich nur noch 781 012 Erwerbstätige.[10] Nur noch jeder vierte Arbeitnehmer in Deutschland geht regulär erst mit 65 Jahren in den Ruhestand. Das ist auch volkwirtschaftlich höchst problematisch, da die Zahl der Personen im erwerbsfähigen Alter jährlich um rund 150 000 sinkt. Hinzu kommt ein weiteres Problem: Auch ältere Arbeitslose müssen (nach Hartz IV) erst ihr Vermögen, das gewisse Freibeträge übersteigt, aufbrauchen, bevor sie Anspruch auf Arbeitslosengeld II haben. So verschärft der Gesetzgeber die schwierige Situation der älteren Arbeitnehmer neben der psychischen Belastung auch noch durch finanzielle Belastungen. Laut der Nürnberger Bundesagentur für Arbeit gilt der ältere Arbeitnehmer als Risikofaktor für den Arbeitgeber. Sicher gibt es Ausnahmen, wie den Automobilzulieferer Brose aus dem oberfränkischen Coburg. Er stellt gern gezielt ältere, erfahrene Kräfte ab 45 Jahren aufwärts ein. Als Brose 2003 acht Stellen zu besetzen hatte, war die Resonanz auf die Stellenanzeige überwältigend: 1400 Bewerber wollten die Jobs.

Meist jedoch werden Ältere nicht eingestellt, sondern entlassen. Die Methoden, um ältere Mitarbeiter loszuwerden, sind teilweise rüde oder sogar kriminell. Das Landgericht Aurich zum Beispiel hatte im August 2000 entschieden, dass es zum Prozess gegen einen früheren Leiter der Telekom-Niederlassung in Aurich kommen sollte. Dem Manager wurde Betrug vorgeworfen. Er soll Mitte der neunziger Jahre an der Frühpensionierung von 60 Beamten »mitgewirkt haben, ohne dass die Voraussetzungen dafür vorlagen«. Was war passiert? Die Telekom und die Post hatten im Zuge der Privatisierung Beamte in großem Stil wegen Dienstunfähigkeit vorzeitig in den Ruhestand geschickt. Das war ziemlich leicht. Eigene Betriebsärzte konnten (sogar gegen den Willen des Betroffenen) einen Mitarbeiter dienstunfähig schreiben. Zwischen 1995 und 2001 waren das mehr als 70 000 Beamte. 2001 waren stolze 98 Prozent der Frühpensionäre dienstunfähig. Der Vorteil der Dienstunfähigkeit war ein besonderer: Die Telekom und die Post brauchten diese Beamten nicht mehr zu besolden und durften sozusagen als Belohnung dafür nur noch für ein Drittel der Alterszahlungen aufkommen. Wer zahlte den Rest? Der Steuerzahler. Dem Finanzministerium entstanden aus diesen Fällen Zusatzkosten von rund 8 Milliarden Euro.

Ganz anders sieht das bei unseren europäischen Nachbarn aus. Das englische Versicherungsunternehmen Halifax stellte fest, dass die Abschlüsse der Mitarbeiter über 50 Jahren um 130 000 Pfund

(211 512 Euro) über dem Unternehmensschnitt lagen. Das Unternehmen setzte verstärkt auf ältere Mitarbeiter. Die Folge war: Das Unternehmen sparte rund 7 Millionen Pfund, das bedeutete eine Senkung der Integrationskosten von 5 000 bis 8 000 Pfund jährlich bei Rekrutierungs-, Trainings- und Bleibeprämien. Das amerikanische Unternehmen Nationwide erlitt 1987 im Zusammenhang mit der Fusion mit der Anglia Building Society durch die Entlassung von Mitarbeitern einen großen Verlust an Know-how. Das hatte verheerende Auswirkungen auf die interne Zusammenarbeit. Die Mitarbeiter suchten reihenweise das Weite. Das Unternehmen führte daraufhin eine Generationenbalance ein, um wieder Stabilität zu erreichen und durch die Aufhebung von Altersbarrieren die Chance auf die Gewinnung der besten MitarbeiterInnen sicherzustellen. Das Ziel war eindeutig, daraus Wettbewerbsvorteile erzielen zu können. Seit 1991 gilt Nationwide in den Staaten als bestes Unternehmen, wenn es um Gleichbehandlung und Altersgerechtigkeit geht, und ist ein Gründungsmitglied des EFA (Employers Forum on Age). Der Nutzen für Nationwide war vielfältig:

- Das Personalangebot wuchs durch den Abbau der Altersgrenzen.
- Das Image am Personalmarkt verbesserte sich. Nationwide wurde unter die 30 besten Arbeitgeber der USA eingereiht.
- Die Fluktuation ging auf 4 Prozent (Anglia Building Society 10,3 Prozent) zurück.
- Die Leistung wurde bei 93,3 Prozent der MitarbeiterInnen unter 25 und bei 97,7 Prozent der MitarbeiterInnen insgesamt als gut oder exzellent eingestuft.

Es gibt eine Leistungspyramide, deren Gipfel etwa bei 50 Jahren liegt. Bis dahin gibt es einen Anstieg an Leistungsfähigkeiten in verschiedenen Bereichen. Danach fällt die Leistungsfähigkeit insgesamt ab und wird nicht mehr durch andere Leistungsbereiche kompensiert. Die Gründe sind die mangelnde geistige Beweglichkeit der mehr als 50-Jährigen und die Verweigerung, Neues zu akzeptieren. Die Wertschöpfung bei 50-Jährigen liegt noch etwa so hoch wie bei 30-Jährigen. Mit 60 Jahren ist die Wertschöpfung immer noch etwa so hoch wie bei 25-Jährigen. Die Freisetzung von älteren Mitarbeitern ist also äußerst dumm, denn damit riskiert ein Unternehmen die menschlichen Beziehungen, die ein älterer Mitarbeiter aufgebaut hat. Diese Beziehungen sind ökonomisch sehr relevant, da sie in Jahrzehnten gewachsen sind. Wer diese Beziehungen riskiert, muss enorme Summen investieren, um sie durch junge Mitarbeiter wieder gleichwertig aufbauen zu können.

Die Industriellenvereinigung in Österreich, die Arbeiterkammer Wien, der Österreichische Gewerkschaftsbund ÖGB und die Wirtschaftskammern in Österreich sehen dies übrigens ähnlich. In Österreich wurde durch die Initiative »Arbeit & Alter« bei einem Vergleich zwischen mehreren Filialen eines Unternehmens festgestellt, dass in der Filiale, in der ältere Mitarbeiter gezielt gefördert und eingesetzt wurden, die Ergebnisse insgesamt besser waren als in anderen Filialen. Die älteren Mitarbeiter boten folgende Vorteile:

- 18 Prozent höhere Gewinne,
- 6-mal niedrigere Fluktuation,
- 39 Prozent weniger Abwesenheitszeiten,
- verbesserte Bewertung des Services durch Kunden,
- höhere Kenntnisse und Fähigkeiten.

(Aus: Arbeit & Alter: B & Q-Programm: »Work-Life-Balance« – Erfahrung und soziale Kompetenz gegen Jobhopping)

Wir haben in Deutschland offensichtlich noch viel zu lernen.

Die Unredlichkeit der herrschenden Vorgehensweisen liegt im dahinterstehenden Dogma begründet: »Die Jugend ist prinzipiell fitter als das Alter.« Das stimmt sicher für die rein körperliche Betätigung. Von der körperlichen Fitness jedoch automatisch auf die geistige Fitness zu schließen, ist unredlich. Es ist für ein Unternehmen sicher unsinnig zu sagen: »Jemand, der 100 Meter schneller läuft als ein anderer Mitarbeiter, ist auch sonst in allen anderen Dingen besser als sein Kollege.« Ich mache damit also einen falschen Schluss zur Grundlage meines Handelns – zur dogmatischen Grundlage, insofern ich auf eine Überprüfung dieser Grundlage verzichte. Die Annahme, dass das Vorhandensein einer Fähigkeit automatisch auch das Vorhandensein einer anderen Fähigkeit bedeutet, ist unredlich. Wenn etwa Boris Becker ein hervorragender Tennisspieler war, bedeutet dies nicht automatisch, dass er die politische Situation der Hamburger Hafenstraße ebenso gut beurteilen konnte wie die Qualität eines Tennismatchs.

Die Entmenschlichung des Menschenbilds

Hinter dem Jugendkult steckt eine tiefgehende Entmenschlichung des Menschenbilds. Das Menschenbild wird funktionalisiert. Der Mensch wird nach der Brauchbarkeit in einer bestimmten Funktion bewertet. Und das nicht einmal individuell, sondern nach den Zuschreibungen, die in unserer Kultur zum Beispiel für bestimmte Altersgruppen gelten. So kommt es im Regelfall, Ausnahmen gibt es sicher, dazu, dass der Mensch ab 57 nicht mehr beschäftigt wird. Er gilt als senil und verkalkt, Alzheimer in Anfängen erkennbar. Solch ein Menschenbild zu haben, und sich nicht darüber im Klaren zu sein, dass dies nur ein Bild, ein Konstrukt ist, ist auch ein Stück neue Unredlichkeit. Das schließt andererseits aber nicht aus, dass es durchaus sittlich verantwortete Entscheidungen geben kann, infolge derer auch ein älterer Mitarbeiter entlassen wird. Die sittliche Verantwortung drückt sich dann jedoch in einer verantworteten Güterabwägung aus. Genau diese ist aber oft zu vermissen.

Der Jugendkult ist, wie schon erwähnt, in seinen Konsequenzen ebenfalls ein Teil der neuen Unredlichkeit. Es ist absolut töricht, zwei Trainees einzustellen, die die typischen Anfängerfehler begehen, für deren Aus- und Weiterbildung mehrere 100 000 Euro auszugeben und dafür einen älteren Mitarbeiter mit 50 000 Euro in die Frühverrentung zu schicken. Das Thema der Frühverrentung war einmal von der Politik gewollt, um so Neueinstellungen zu ermöglichen! Dann wurde es dem Staat zu teuer. Die Gewerkschaften pochen heute noch darauf, die Altersteilzeit tariflich zu verankern, was hier und da auch erfolgt ist. Glücklicherweise hat der Gesetzgeber hier eingegriffen. Konsequent und richtig wäre es sicher gewesen, dem Arbeitgeber allein die Kosten für solch ein Vorgehen aufzubürden. Interessanterweise gilt dies alles für Vorstandsetagen eher nicht. Im gehobenen Management hat man erkannt, dass Vorstände et cetera auch länger als bis zum 65. Lebensjahr arbeiten sollten, da ein längerer Nutzen des Erfahrungsschatzes, höhere Kontinuität in der Unternehmensführung und Vermeidung von Know-how-Verlust der Benefit sind. Zu bemängeln ist, dass dies offensichtlich für den »Arbeiter« im Industriebetrieb oder Mitarbeiter im mittleren Angestelltenbereich nicht zu gelten scheint.

Zu fragen ist auf der anderen Seite aber gleichzeitig, ob nicht auch der Altenkult, wie er zum Beispiel heute noch im Konfuzianismus praktiziert wird, unredlich ist. Der Konfuzianismus kennt keine Religiosität in unserem Sinne, sondern er ist ein Kult. Er wäre nur dann unredlich, wenn die Verehrung, der Respekt vor den Alten dogmatisch wäre, und das ist er sicher nicht. Dort muss jemand in aller Regel über 50 Jahre alt sein, bevor er eine verantwortungsvolle Führungsposition erhält. Bei Toyota kann man erst ab 47 Jahren General Manager werden. Es ist schon fragwürdig, anzunehmen, dass das Alter automatisch mit einer bestimmten Erfahrung korreliert. Sicher bietet der Alterungsprozess die Chance, mehr Erfahrungen zu sammeln als jemand, der jung ist. Nur der daran notwendigerweise gekoppelte Interpretationsprozess ist nicht zwingend eine Altersfrage. Das ist eher eine Frage des Intellekts, der Verarbeitungsbereitschaft, der Lernbereitschaft des Einzelnen. Derzeit ist es sicher schlimm, dass die Soft Facts (Wissen, kreative Fähigkeiten, geistige und physische Mobilität und Unternehmenskultur) zu wenig geschätzt werden. Allenfalls auf die physische Mobilität wird geachtet in dem Sinne, als der weltweite Einsatz eines Mitarbeiters eine Rolle spielen kann.

Der Shareholder-Value

Auch im Shareholder-Value ist eine Unredlichkeit zu finden, die implizite, verlogene Dogmen erkennen lässt. Die Lügen sind dabei oft sehr bewusst. Es handelt sich also nicht um Irrtum oder gar Dummheit, sondern um bewusste Unwahrhaftigkeit, wenn behauptet wird, nur die gerechte Bedienung des Kapitals sichere den Unternehmensbestand und/oder den Unternehmenserfolg.

Im Shareholder-Value ist der maximale Unternehmenswert das höchste zu schützende Gut. Das ist nackte Menschenverachtung, denn wenn ein Mitarbeiter dem Kapital nicht gleichberechtigt und gleichwertig gegenübergestellt wird, dann ist dieses Verhalten in höchstem Maße unredlich.

Hier wird ein System höher bewertet als die darin lebenden Menschen. So ist Shareholder-Value immer dann menschenverachtend, wenn nur das Kapitalinteresse, nicht das Mitarbeiterinteresse vertreten wird. Gerade bei Fusionen wird im Allgemeinen (trotz der Zustimmungspflicht von Betriebsräten und Gewerkschaften) nur das Kapitalinteresse, nicht jedoch das Mitarbeiterinteresse vertreten.

Die Unredlichkeit des Shareholder-Value besteht darin, dass bei den sechs Faktoren (Arbeit, Umwelt, Kapital Mobilität, Wissen, Unternehmenskultur), die für den Unternehmenserfolg alle wichtig sind, nur der Faktor Kapital als erheblich angesehen wird. Das könnte eine Form des erlaubten Aktienbetrugs sein. Menschen kaufen zum Beispiel Aktien von Unternehmen, von denen bei der Hysterie der »Fusionitis« heute unbekannt ist, ob es sie in drei Monaten noch geben wird. Aktien zu kaufen, ist in nicht wenigen Fällen heute eine Art Selbstmord. Wer weiß denn, wie lange manche Unternehmen noch bestehen? Der Neue Markt ist hier ganz allgemein zu nennen. Mit dem Versprechen einer hohen Dividende wurden Aktien im Kurs hochgetrieben. Dann haben die Unternehmenseigner ihre Aktien verkauft und sind anschließend Pleite gegangen. Die Eigner haben mit mehreren Millionen auf dem persönlichen Konto Insolvenz angemeldet. Das ist ökonomische Unredlichkeit. Es gibt sicher auch noch andere Formen der ökonomischen Unredlichkeit. Neben der Unredlichkeit des Neuen Marktes ist da noch eine überhöhte Zinsspanne von manchen Banken zu nennen. Die Strategie, nur großes Anlagegeschäft zu tätigen und sich vom Kleingeschäft zu trennen, indem man eine Unterbank gründet, war sicher nicht unredlich, sondern nur dumm, wie die Ereignisse um die Deutsche Bank und deren Bank 24 gezeigt haben. Dabei ist es aber ökonomisch unredlich, seine Kunden besonders unfreundlich zu behandeln, um sie loszuwerden.

Wir sind durch die Internationalisierung in eine Form hineingezwungen worden, die dem Manchesterkapitalismus entspricht. Die Idee des Manchesterkapitalismus oder Manchestertums war es, extremen wirtschaftlichen Liberalismus zu betreiben und keine staatlichen Eingriffe in der Binnenwirtschaft und vor allem Außenwirtschaft zuzulassen.

Der Wert einer Aktie sollte sich stärker am Unternehmenswert orientieren und weniger am Bilanzgewinn. Ein Unternehmen, das sich ausschließlich am Shareholder-Value ausrichtet, hat sich auch betriebswirtschaftlich nicht richtig organisiert.

Die Wertschöpfung in einem Unternehmen erfolgt nun einmal nicht durch das Kapital, sondern durch Menschen oder Maschinen. Kapital ist eine reine Produktionsbedingung. Das spricht sicher nicht gegen eine gerechte Bedienung des Kapitals. Im Shareholder-Value jedoch nur das Kapital als wertschöpfend zu betrachten, ist zutiefst unredlich.

Den Wert des Unternehmens zu steigern ist erforderlich, um den langfristigen Bestand zu sichern. Eine Wertsteigerung über dieses Ziel hinaus ist nicht sinnvoll. Die gerechte Bedienung des betriebsnotwendigen Kapitals beschränkt sich nicht nur auf die Dividende, die auf die Aktie ausgeschüttet wird. Dazu gehört auch das gesamte Anlagevermögen im Zeitwert, dazu gehören die Reserven. Hinzu kommt noch der Kauf von Umwelt.

Es kommt darauf an, sowohl das Kapital als auch den Faktor Arbeit gerecht zu bedienen. Was aber heißt »gerechte Bedienung des

Faktors Arbeit«? Arbeit ist nicht nach der Arbeitszeit zu entlohnen, sondern nach dem Wertschöpfungsbeitrag. Die Arbeitszeitentlohnung ist eine Erfindung der Gewerkschaften und in höchstem Maße unsinnig. Es kommt nicht darauf an, ob jemand 45 Stunden arbeitet, sondern wie viel er zur Wertschöpfung beiträgt. So ist es möglich, dass jemand in zwei Stunden genauso viel zur Wertschöpfung beiträgt, wie jemand anders in acht Stunden. Also kann er nach zwei Stunden nach Hause gehen, wenn sein Wertschöpfungsanteil nicht an ein Team gebunden ist. Der gerechte Lohn darf sich also nicht an der Arbeitszeit orientieren, sondern er muss am Wertschöpfungsanteil orientiert sein. Das, was hier Gewerkschaften tun, ist massiv ungerecht und unredlich. Unredlich scheint uns dabei, dass Gewerkschaftsführern all dies sicher bekannt ist. Es ist aber nicht opportun, dies auch zuzugeben.

Die Wertschöpfung ist auszumachen am Nachfragewert des erstellten Produkts. Der Preis richtet sich nach der Nachfrage. Es kann sein, dass in einem Produkt viel Arbeit steckt, die nichts wert ist, weil das Produkt nicht nachgefragt wird.

Wahrscheinlich verstehen wir in der Bundesrepublik den Shareholder-Value-Begriff anders als in den USA. In Deutschland meint Shareholder-Value überwiegend eine Verbesserung des Bilanzgewinns. Aber auch hier erleben wir, dass Unternehmen mit positiven Bilanzzahlen von sinkenden Börsenkursen begleitet werden. Nur dem an langfristigen Erfolgen interessierten Investor ist die Steigerung der Wertschöpfung wichtig. Die meisten Investoren sind von mittel- oder kurzfristigem Return-on-Investment getrieben. Der französische Volkswirtschftler Jean-Baptiste Say (1767–1832) hat schon Anfang des 19. Jahrhunderts (1803 in *Traité d'économie politique*) darauf hingewiesen, dass die Interessen des Kapitaleigners und die Interessen des Unternehmens, vertreten durch das Management, völlig verschiedene sind. Das Unternehmen will den Unternehmenswert verbessern. Und der Kapitaleigener will eine möglichst hohe Rendite auf das eingeschossene Kapital. Nach dem Sayschen Prinzip widersprechen die Interessen des Eigners den Interessen des Unternehmens. Wir haben momentan die etwas perverse Situation, dass die Unternehmenseigner und das Unternehmen dasselbe wollen. Shareholder-Value bedeutet laut Say das Ende eines jeden Unternehmens. Das war übrigens auch Karl Marx (1818–1883) bekannt. Bei der Bewertung eines Unternehmens ist der Bilanzgewinn wahrscheinlich das aussageloseste Instrument überhaupt. So kann die Wertsteigerung dazu dienen, den Aktienkurs in die Höhe zu treiben und den Bilanzgewinn zu vergrößern und damit ein Unternehmen auf Dauer ruinieren. Eine Beteiligung des Spitzenmanagers an der Wertsteigerung im Sinne einer Prämie erscheint somit unredlich, da hier eindeutig die Interessen des Kapitaleigners mit den Interessen des Unternehmens heftig kollidieren. Sind Herr Ackermann oder irgendein Vorstand dazu angetreten, den Unternehmenswert zu steigern oder den Kapitalertrag? Im Sinne eines gut verstandenen Managements sollten die Vorstände antreten, um den Unternehmenswert zu steigern. Und der lässt sich nun einmal nur durch Wertschöpfungsbeiträge optimieren. Vor diesem Hintergrund wäre zum Beispiel eine Prämie dann unredlich, wenn die Wertsteigerung und nicht die Wertschöpfung Grundlage dafür ist.

Die Crux ist hier das reine Shareholder-Value-Denken. Ob dabei die Unternehmenskultur oder letztlich das Unternehmen vor die Hunde geht, ist oft gleichgültig. Ein Unternehmen, das sich ausschließlich am Shareholder-Value ausrichtet, hat sich auch betriebswirtschaftlich nicht richtig organisiert. Daher muss sich zum Beispiel ein Herr Ackermann von der Deutschen Bank fragen lassen, inwieweit sein Beitrag zur Wertsteigerung durch einen Beitrag zur Wertschöpfung zustande gekommen ist.

Am Neuen Markt konnte ein Unternehmen einen Aktienwert von 1 Million Euro haben und gleichzeitig 1 Million Euro Schulden haben. Wenn der Aktionär das merkt und sich von seinen Aktien trennt, dann hat das Unternehmen einen Aktienwert von 0 Euro und immer noch 1 Million Schulden. Die Beurteilung eines Unternehmens vom Aktienwert her hat mit dem Unternehmenswert nichts zu tun. Der Börsenwert des Unternehmens ist letztlich eine Art aktueller

Marktwert, der sich aus Angebot und Nachfrage der Aktien ergibt. Der Unternehmenswert wird erst relevant, wenn eine seriöse Bank dieses Unternehmen mit Krediten versorgen soll. Dann wird zunächst der Unternehmenswert, der Substanzwert, ermittelt. Sicher ist es generell so, dass man den Ertragswert ermittelt, vielleicht auch den Substanzwert oder eine Mischung aus beidem. Die Schwierigkeit bei der Ermittlung des Substanzwerts besteht darin, das immaterielle Vermögen (Was ist zum Beispiel eine Marke wert?) zu beziffern. Daher werden nach dem Stuttgarter Verfahren im Allgemeinen die materiellen Vermögenswerte angesetzt. Im Stuttgarter Verfahren wird der Wert vor dem Hintergrund des Vermögens und der Ertragsaussichten der Kapitalgesellschaft geschätzt. Das Bewertungsverfahren ist normiert, weil es eben keinen objektiven Unternehmenswert gibt.

Die Unredlichkeit besteht darin, dass der Aktienwert sich von dem Realwert des Unternehmens entfernt, selbstständig gemacht und vom Realwert abgelöst hat. Den Unternehmenswert mit dem Aktienwert gleichzusetzen, ist unredlich. Der Verkehrswert (der Substanzwert abzüglich der Schulden und Verbindlichkeiten) und der Aktienwert sind nicht mehr identisch. Nun wird von der Presse oft nur noch der Aktienwert (Börsenwert = Marktwert) dargestellt. Der wirkliche Unternehmenswert, der sich von der Langfristigkeit des Betriebsergebnisses herleitet (dieser Wert wird im Ertragswertverfahren ermittelt), wird nicht mehr berücksichtigt, ist sogar gleichgültig. Der Aktienwert ist heute ein weitgehend abstrakter Wert, der durch Spekulation manipulierbar wird. Die Unternehmen und die Medien benutzen diese Ablösung oft nur noch, um den Aktienwert hochzutreiben. Bei den Unternehmen ist einleuchtend, warum sie das tun, bei den Medien nicht so ohne weiteres. Das Medieninteresse ist eher mittelbar, denn von einem hohen Aktienkurs haben die Medien zunächst nichts. Sie haben jedoch etwas davon, wenn ihre Prognosen zutreffen. Damit gelten sie als kompetent. Je kompetenter sie wirken, desto mehr Anleger folgen ihrem Urteil. Das wiederum führt zu wirtschaftlichem Erfolg der Börsengurus. Nicht ganz unschuldig an dieser Entwicklung sind die Banken: Diese veröffentlichen zwar von den Fakten her zutreffende Verkaufsprospekte (es ist also nichts darin gelogen), diese sind jedoch durch Faktenauswahl und -präsentation so sehr geschönt, dass die Menschen Aktien aufgrund der Prospektaussagen kaufen. Eigentlich müsste man den Unternehmenswert vom Anlagevermögen, vom Umlaufvermögen und vom Markenwert her bestimmen, wobei außerdem die Passivseite der Bilanz betrachtet werden müsste, also Eigenkapitalquote, Eigenkapitalrendite et cetera.

Die Manager in wichtigen Unternehmen werden durch Optionen sogar animiert, diese Unredlichkeit mitzumachen. Die Deutsche Bank, wie vorher schon erwähnt, hat im Jahre 2004 Zahlungen von rund 60,5 Millionen Aktienanrechten im Wert von 3,1 Milliarden Euro als »Bleibeprämien« ausgelobt; 31 Prozent mehr als noch im Jahre 2002. Die Deutsche Bank wies darauf hin, dass Investoren diese Form der Entlohnung verlangen würden, da die Investoren dadurch ihr besonderes Interesse an steigenden Aktienkursen besonders gut gewährleistet sähen. Völlig unverständlich ist in diesem Zusammenhang allerdings die besondere Entlohnung von Claus Peter Müller von der Commerzbank im Jahre 2004, der trotz Milliardenverlusten der Bank eine Gehaltserhöhung von 13 Prozent erhielt. Wofür eigentlich?

Die Fusionen

Die Annahme, dass Unternehmensgröße die Beherrschung des globalen Marktes sichert, gehört zu den nicht angezweifelten Dogmen unserer Zeit. Die Unredlichkeit der Fusionen besteht darin, dass zunächst nur die Hard Facts eines Unternehmens berücksichtigt werden, nicht jedoch die Soft Facts.

Es ist sicher eine Folge der Globalisierung, dass dabei überwiegend die Hard Facts (Arbeit, Kapital, Umwelt) zählen. Soft Facts (Unternehmenskultur, Mobilität, Wissen) sind keine messbaren Größen.

Daher gelten sie als weniger bedeutsam. Werden sie jedoch vernachlässigt, dann gehen die meisten Merger schief. Es soll nicht verschwiegen werden, dass es auch vor der Globalisierung Merger gab. Die betriebswirtschaftlichen Überlegungen standen dabei im Mittelpunkt. Inzwischen haben zum Glück nicht wenige Unternehmen dazugelernt. Die Post-Merger-Aktivitäten zeigen dies.

Zwei Unternehmen können im Bereich der Hard Facts durchaus zusammenpassen – wenn die Soft Facts jedoch fahrlässig vernachlässigt werden, also nicht geprüft wird, ob diese gleichfalls zusammenpassen, führt dies zu unredlichen Handlungen in der Fusion. In der Fusion wird wieder jede Menge Arbeit vernichtet. Damit wird auch jede Menge Kapital vernichtet. Und dadurch wird auch im Bereich der Hard Facts Entscheidendes vernichtet. Die bisherigen Untersuchungen über das Gelingen von Fusionen haben gezeigt, dass zirka 75 Prozent aller Merger schief gehen. 12,5 Prozent der Unternehmen zeigen nach der Fusion keine bessere Bilanz als vor dem Merger, und nur 12,5 Prozent sind erfolgreicher als vor der Fusion. Es ist also zu fragen, ob diese 12,5 Prozent die leider so oft stattfindende Vernichtung von Karrieren, die Vernichtung so vieler Arbeitsplätze rechtfertigen können. Ohne Zweifel bedeuten Fusionen inzwischen nicht mehr automatisch Arbeitsplatzabbau. Einige Unternehmen vereinbaren mit ihren Betriebsräten, dass es nicht zu fusionsbedingten Kündigungen kommen wird. Diese Vereinbarungen sind sicher nicht geboren aus der Erfahrung, dass Fusionen zu mehr Arbeitsplätzen führen. Bei Fusionen gibt es zumindest Doppelbesetzungen im administrativen Bereich. Hinter nicht wenigen Fusionen steht die unredliche Überzeugung: »Verschmelzen kann man alles.« Ein typisches Beispiel ist die Verschmelzung von Karstadt mit Quelle, mit Neckermann, mit Starbucks, mit Runners Point und so weiter und so fort. Karstadt scheint 2004 nur haarscharf am Konkurs vorbeigeschlittert zu sein. Oft kann man sich des Eindrucks nicht erwehren, dass die Vorstände so mancher Unternehmen nur sich selbst und anderen beweisen wollten: »Wir können das. Wir sind die Größten.«

Die Unredlichkeit einer falsch verstandenen Ethik

Spätestens seit der Enron-Affäre im Jahre 2001 sind Redlichkeit und Ethik ein weltumspannendes Thema in der Wirtschaft. Enron wurden damals nicht nur betrügerische Bilanzmanipulationen vorgeworfen, das Management hatte sich auch noch während der Insolvenz persönlich bereichert. Im November 2003 verpflichtete die amerikanische Börsenaufsicht SEC (Security and Exchange Commission) daraufhin alle börsennotierten Unternehmen, einen »Code of Business Conduct and Ethics« zu implementieren.

In diesem »Code of Conduct« sind unter anderem Regeln für Interessenskonflikte und lauteres Geschäftsgebaren sowie die Verpflichtung von Mitarbeitern auf die Einhaltung solcher Regeln enthalten. Diese ethischen Standards sind in den USA rechtsverbindlich. Die Rechtsverbindlichkeit führt dazu, dass versucht wird, jeden möglichen Fall von nicht redlichem oder nicht ethischem Verhalten zu erfassen. So tauchen dann auch anzügliche Blicke oder ein Verhalten, das irgendwie anzüglich gedeutet werden kann, und ähnlicher Unsinn im »Code of Conduct« auf. Mitarbeiter werden durch den »Code of Conduct« aufgefordert, jede Form von tatsächlich stattgefundenem oder auch vermutetem Fehlverhalten ihrer Kollegen anzuzeigen. Notfalls sollen solche Anzeigen anonym erfolgen. Das riecht stark nach Gesinnungsschnüffelei.

Der Fall WalMart zeigt, dass sich das amerikanische Verständnis von redlich korrektem Verhalten in dieser Hinsicht vom europäischen oder deutschen Verständnis unterscheidet. WalMart hatte seinen amerikanischen »Code of Ethics« eins zu eins auf die Bundesrepublik übertragen. Ver.di wehrte sich, da einige dieser Ethikregeln zustimmungspflichtig sind. Vor dem Landesarbeitsgericht in Wuppertal kam es zu einem Beschluss, der einige der Ethikregeln von WalMart als grundgesetzwidrig brandmarkte. Es würden Persönlichkeitsrechte verletzt.

Der Ethikverband der Deutschen Wirtschaft e.V. kommentierte in einer Pressemitteilung vom 14. November 2005: »Der Beschluss, nach dem manche Ethikrichtlinien gegen unser Grundgesetz verstoßen, stellt für den EVW sicher, dass eine Gesinnungsethik in Unternehmen nichts verloren hat. Wer anzügliche Blicke oder sexuell deutbare Kommunikation als ethisch verwerflich brandmarken will, verkennt, dass jeder Blick und jede Art von Kommunikation extrem unterschiedlich interpretiert werden kann. Gesinnungsethik hat den erheblichen Nachteil, dass die Gesinnung eines Menschen nur ihm selbst bekannt sein kann.« Der Ethikverband bemängelte bei diesen Ethikregeln vier Punkte:

1. Je konkreter die Regeln, desto unsinniger sind sie.

Den Erfindern des jeweiligen »Code of Ethics« scheint der Unterschied zwischen materialen und formalen Regeln nicht klar. Materiale Normen regeln immer den konkreten Fall mit einer konkreten Handlungsanweisung. Formale Normen dagegen geben eine generelle Orientierung vor, die im konkreten Fall material ausgestaltet werden muss. Formale Normen haben den Vorteil, dass den Handelnden eine hohe Verantwortung für die konkrete Ausführung abverlangt wird, während materiale Normen dazu verführen, sich hinter der Einhaltung der Norm zu verstecken, für den Fall, dass der Erfolg ausbleibt.

2. Ethik darf nicht missbraucht werden.

Die bisher bekannten Benimmregeln des »Code of Conduct« oder »Integrity Code« oder »Business Conduct Guideline« werden von verschiedenen Unternehmen missbräuchlich als »Ethik-Kodex« bezeichnet. Bei genauerer Untersuchung solcher Benimmregeln stellt sich heraus, dass fast willkürlich informelle Unternehmenskultur (»Wie macht man das bei uns?«) zur Ethik hochstilisiert wird. Hier ist zu befürchten, dass Mitarbeiter in ihrem Verhalten so stark normiert werden, dass für ihre Persönlichkeit kein Platz mehr bleibt. Die Gefahr der ethischen Gleichmacherei besteht.

3. Denunziantentum wird unterstützt.

In manchen Ethikrichtlinien werden Mitarbeiter angeregt, ihre Vorgesetzten, Kollegen und Mitarbeiter zu bespitzeln. Besonders schlimm ist es, dass sogar anzügliche Blicke gemeldet werden sollen. Der EVW begrüßt hier ausdrücklich den Beschluss des Landesarbeitsgerichts. Wer entscheidet, ob ein Blick anzüglich war oder nicht? Es steht Behauptung gegen Behauptung. Der Angeklagte kann in solch einem Fall kaum nachweisen, dass er sich ethisch korrekt verhalten hat. Für den EVW besteht die Gefahr, dass missliebige Mitarbeiter unter dem Deckmantel des ethischkorrekten Verhaltens dem Mobbing preisgegeben werden.

4. Die Menge der Regeln ist nahezu unendlich, beliebig und auf deutsche Verhältnisse nicht übertragbar.

Bei Entwicklung von materialen Regeln ist es nahezu unmöglich, sämtliche Fälle ethisch korrekten oder unkorrekten Verhaltens zu ermitteln. Amerikanische Vorstellungen von sozialverträglichem Miteinander sind andere als europäische oder deutsche. Diese eins zu eins auf unsere Verhältnisse zu übertragen, führt zu einer sozialunverträglichen Umgangsform. Ethische Regeln müssen entweder kulturübergreifend sein (was amerikanische Ethik-Kodex-Vorstellungen nicht sind) oder kulturspezifisch sein (also aus der jeweiligen Kultur heraus selbst entwickelt werden). Damit sind sie nicht übertragbar.

Wie aber kann es zu solchen Regeln kommen, die für uns nach Gesinnungsethik riechen? Dazu muss man das amerikanische Informationsverhalten verstehen. Die Rechtsprechung in den Vereinigten Staaten beruht auf dem »Case Law«, einem aus dem 12. Jahrhundert stammenden Verständnis, nach dem ein »Urteil nach Überzeugung« gefällt werden soll. Gleichzeitig gibt es in den Vereinigten Staaten die »Class Actions«, die Sammelklagen, die dem Einzelnen mehr Macht bei einer Prozessführung verschaffen. Zusätzlich gibt es den »Freedom of Information Act«, der es jedem amerikanischen Bürger erlaubt, jede Information zu verlangen, die er gerne hätte. So ist es möglich, einen Politiker aufzufordern, seine Tankquittung vom 13.2.1964 einem x-beliebigen Bürger vorzulegen, wenn dieser es denn so möchte.

Diese Informationsfreiheit war es, die in den USA zu immer präziseren Regeln für den Benimm einer öffentlichen Person führte. Es ging dabei nicht nur um die Vermeidung von Interessenskonflikten, sondern vor allem auch um die Vermeidung des Anscheins von Interessenskonflikten. Damit landete die amerikanische Business-Ethik bei der Gesinnung. Heute haben fast 90 Prozent der amerikanischen Firmen einen solchen »Code of Ethics«. Der Chairman von Textron (rund 43 000 Mitarbeiter, in 40 Ländern der Welt vertreten und rund 10 Milliarden US-Dollar Umsatz), Lewis B. Campbell, zum Beispiel verlangt in den »Richtlinien für das Verhalten im Geschäftsleben«, diese Richtlinien »zu lesen und diese ohne Einschränkung zu befolgen«. In den Richtlinien Textrons heißt es auch, dass alle tatsächlichen oder scheinbaren Interessenskonflikte zu melden sind. Die Richtlinien verpflichten auch, den Anschein eines Interessenskonflikts zu vermeiden. Belästigungen aller Art sind verboten. Vorgesetzte sollen das Thema wechseln, wenn eine Bemerkung unangemessen ist. Aufwändige Bewirtung und unangemessene Unterhaltung sollen vermieden werden. Interessant ist, dass alle Mitarbeiter weltweit diese Richtlinien befolgen müssen, »auch wenn sie nicht den üblichen einheimischen Praktiken entsprechen.« Diese Richtlinien werden jedem Mitarbeiter übergeben. Er muss unterschreiben, dass er sie einhalten muss, dass er sich, sobald er einen Verstoß gegen diese Richtlinien vermutet, an den Vorgesetzten, den Ethikrichtlinienbeauftragten oder die Rechtsabteilung Textrons zu wenden hat und dass er »dem Unternehmen alle derzeit oder zukünftig vermuteten und bekannten Verstöße gegen Textrons Richtlinien für das Verhalten im Geschäftsleben melden muss.«[11]

Das ist schon kurios. Wenn man jedoch bedenkt, dass amerikanische Unternehmen mit solchen Ethikregeln versuchen, aufwändigen Prozessen aus dem Weg zu gehen, wird es eher verständlich. Manchmal kommt es aufgrund der amerikanischen Rechtslage zu für uns völlig unverständlichen Entscheidungen.

Der CEO von Boeing zum Beispiel, Harry Stonecipher, musste am 7. März 2005 das Unternehmen verlassen, weil er eine Liebesbeziehung zu einer weiblichen Führungskraft begonnen hatte. Seine Kollegin gehörte weder zu seinem Bereich noch war er ihr gegenüber weisungsbefugt. Aber die Ethikrichtlinien von Boeing schrieben nun einmal vor, dass ein Mitarbeiter keine Liebesbeziehung zu einer Kollegin oder einem Kollegen unterhalten darf. Würde eine solche Regel auch bei uns gelten, dann hätte Herr Schrempp DaimlerChrysler schon vor Jahren verlassen müssen, denn seine Frau war dort Sekretärin.

Es wird nicht leicht sein, eine Ethikhysterie in Europa zu verhindern. Wenn Justitia sich mehr als bisher der Redlichkeit bemächtigt, dann werden wir sehr gut aufpassen müssen, dass redliches Bemühen, also eine redliche Absicht, auch unbedingt an redliche Kompetenz gekoppelt werden muss.

Die neue Unredlichkeit aller Ismen

Marx hat sich sicher vertan in dem von ihm beschriebenen Kapitalunterschied zwischen Kapitalismus und Sozialismus. Er traf nicht den Punkt. Das Problem bei diesem Kapitalunterschied ist, dass wir offensichtlich unfähig sind, zwischen Geld und Kapital zu unterscheiden. Kapital ist Geld, das anlagewillig oder bereits angelegt ist. Im Kapitalismus wird Kapital (also angelegtes oder anlagewilliges Geld) verwendet, um Geld zu produzieren. Geld wird zum Selbstzweck. Karl Marx hatte ein Unternehmen noch definiert als gesellschaftliche Veranstaltung zur Produktion disponiblen Kapitals, nicht Geld! In seinem (dem »alten«) Sozialismus wurde das angelegte produktive Kapital verwendet, um sich zu vermehren, also um es wieder anzulegen als produktives Kapital. Der »alte« Sozialismus ist der Meinung gewesen, dass er die einzige Gesellschaftsform sei, die den Stoffwechsel des Menschen mit der Natur in Ordnung halten könnte und der dominante Faktor die Arbeit sei. Der »neue« Sozialismus sieht die Faktoren Arbeit und Kapital gleichberechtigt. Der »neue« Sozialismus versucht nun, Geldbesitzer zu animieren, ihr Geld in Kapital zu verwandeln. Dazu ist aber offensichtlich niemand bereit. Viele soziale (die Bundesrepublik gehört sicher dazu) und sozialistische Staaten geben Geld aus, ohne dass es sich vermehrt, also zu Kapital wird. Das ist sicher genauso unredlich wie der Kapitalismus. Es ist wirklich zu überlegen, ob es heute »Ismen« gibt, die nicht in der Wurzel schon unredlich sind. Allen heutigen Ismen ist gemeinsam, dass sie sich für allein selig machend halten. Das lässt sie unredlich sein. Je mehr sich jemand auf Dogmen beruft, umso unredlicher wird er. Gleichgültig, welcher Richtung sie angehören: Ob es sich um die Dogmen des Leninismus, Dogmen der Cargo-Kulte oder auch des Katholizismus handelt. Sobald man sich in Dogmen flüchtet, ist man unredlich. Das Schlimme am Dogmatismus ist, dass die Verfechter ihm in der vollen Überzeugung anhängen, redlich zu sein. Zumindest redlicher zu sein, als diejenigen, die keine Dogmen kennen. Kennzeichnend für die alte Unredlichkeit war es noch, sich gegen Dogmen nicht aufzulehnen, sie für unumstößlich zu halten. Das Besondere an der neuen Unredlichkeit ist es, Dogmen zu pflegen, obwohl man sie anzweifeln könnte. Zum Beispiel das Dogma: »Globalisierung ist eine gute Sache.« Niemand fragt mehr danach, für wen eigentlich. So entsteht unredliches Handeln ohne das Bewusstsein, unredlich zu sein. Zum Beispiel bei Massenentlassungen, der Freisetzung von älteren Mitarbeitern, der Entvölkerung ganzer Landstriche, durch Akkumulation des Kapitals in immer weniger Händen. Die Kluft zwischen Arm und Reich wird immer größer. Auch der Umgang mit älteren Menschen ist in höchstem Maße unredlich. Sie werden eher ausgegrenzt, in Altenheime verfrachtet, der Vereinsamung preisgegeben. Es findet eine Desintegration der Alten statt.

Die neue Unredlichkeit der kirchlichen Dogmen

Ein weiteres Beispiel für Dogmatismus findet sich in der Idee »Normen und Regeln müssen unbedingt eingehalten werden«. »Normen und Regeln müssen beachtet werden« ist dagegen nicht dogmatisch. Die Neigung zur Dogmatik scheint allerdings hoch zu sein. Bei Normen und Regeln geht es meist weniger um die Beachtung als vielmehr um die konsequente Einhaltung. Das ist in höchstem Maße unredlich, weil es die vorherige Güterabwägung ausschließt. So halten nicht wenige Christen die zehn Gebote für beachtenswerter als an Güterabwägung ausgerichtete Handlungsnormen. Dabei übersehen solche Christen, dass die zehn Gebote nicht nur dogmatisch sind, sondern ausschließlich Grundlage der jüdischen Religiosität einer gewissen Oberschicht in der babylonischen Gefangenschaft wurden. Zu diesem Zeitpunkt sind sie entstanden und begründet worden mit dem Ziel, die Einheit des jüdischen Volkes sicherzustellen. Jesus hat zwar in seiner Bergpredigt mit Ausnahme des 7. Gebotes (Du sollst nicht stehlen!) alle Gebote substanziell neu ausgelegt, aber das scheint viele Christen nicht mehr zu interessieren.

Christ sein zu wollen, ohne Jesus folgen zu wollen, ist eine sehr verbreitete Form der neuen Unredlichkeit.

Auch in der Praxis der Kirche findet sich die neue Unredlichkeit, die katholische Kirche scheint ein Musterbeispiel dafür zu sein. Wer die Kirchensteuer bezahlt und wer kein Dogma der Kirche leugnet (da die Dogmen nicht sehr bekannt sind, werden sie auch nicht geleugnet), ist als Katholik sicher redlich. Nennt er sich aber Christ, ohne den Regeln Jesu folgen zu wollen, dann ist er unredlich. Gleiches gilt auch umgekehrt. Wer zum Beispiel aus der Kirche ausgetreten ist, alle Dogmen, insofern sie glaubensrelevant sind, akzeptiert (zum Beispiel, dass es Göttliches gibt und sich dieses als Liebe darstellt) und im Übrigen versucht, Jesus in Worten, Werken und Taten zu folgen, ist dann unredlich, wenn er sich als Katholik bezeichnet und sagt, die katholische Kirche sei die allein selig machende. Er ist aber redlich, wenn er sich als Christ bezeichnet. Albert Schweitzer wird das Zitat zugeschrieben: »Wer glaubt, ein Christ zu sein, weil er in die Kirche geht, irrt sich. Man wird ja auch kein Auto, wenn man in der Garage steht.« Menschen, die also behaupten, sie seien in irgendeiner Weise Christen und Katholiken zugleich, sind oft entweder unredlich, weil sie behaupten, sie seien Katholiken oder sie sind unredlich, weil sie behaupten, sie seien Christen. Man ist nicht ohne weiteres beides zugleich. Das gilt sicher für alle Konfessionen, auch für die Kombination Lutheraner sein und evangelisch sein oder ein Jude oder Christ sein und töten. »Du sollst nicht töten« lautet das fünfte Gebot; im *Alten Testament* war es das sechste Gebot. Das Gebot meint die Tötung eines Mitmenschen durch den Einzelnen. Im Hebräischen wurde das Wort »rasach« (»töten«) verwendet. Damit war nur ungesetzliches, willkürliches Töten gemeint. Das Gebot wendete sich also nicht gegen das Töten im Krieg oder die durch den Staat angeordnete Tötung, die Todesstrafe. Heute verstehen wir eher jegliche Tötung darunter, die sich gegen menschliches Leben richtet.

Das dualistische Denken der Neuzeit

Für den Zahnarzt ist der Zahn krank, nicht der ganze Mensch, beim Urologen ist die Prostata krank, nicht der ganze Mensch, beim Augenarzt ist das Auge krank, nicht der ganze Mensch. Es ist jedoch immer der ganze Mensch krank.

Es gibt ein sehr frühes Dogma, das im Konzil von Vienne (1311–1312) formuliert wurde: »anima est forma corporis«. Die Seele (lateinisch *anima*, griechisch *psyche*) ist die Form des Körpers, das, was den Körper organisiert, das formierende Prinzip des Körpers, der verschiedenen Organe. Die Seele organisiert dies zu einer Einheit. Das bedeutet: Wenn der Körper krank ist, ist auch die Seele krank. Der Arzt hat die Pflicht, sich neben dem Körper auch um die Seele zu kümmern, eben nicht nur eine Brust zu amputieren oder die Prostata herauszunehmen. Das kann er nur dann, wenn er mit dem Patienten ein Vertrauensverhältnis aufbaut. Die Seele ist eben nicht, wie das durchaus bei manchen kirchlichen Vorstellungen üblich ist, das, was aus dem Fenster fliegt. (Daher öffnen nicht wenige Nonnen das Fenster, wenn jemand gestorben ist.) Diese Form von Seele gibt es allenfalls im Glauben. Als Reales ist die Seele das formierende Prinzip, das den Körper als Einheit zusammenhält. Der Mensch ist erst dann tot, wenn das formierende Prinzip nicht mehr existiert, und nicht, wenn keine Hirnströme mehr vorhanden sind. Die Frage mag sein, wohin entschwindet die Seele? Mit der Seele ist es ähnlich wie mit einer Kerze, die in der Sonne steht und schmilzt. Nach dem Schmelzvorgang ist das formierende Prinzip der Kerze verschwunden.

Die Schulmediziner betrachten also sehr oft nicht den Menschen, sondern nur das kranke Organ. Es wird zum Beispiel vom Augenarzt die Fehlsichtigkeit eines Menschen behandelt. Dass dort jedoch ein Mensch sitzt, der wieder richtig sehen möchte, ist nicht so relevant. Das ist die Reduktion des Menschen auf seine einzelnen Funktionen. Damit handelt es sich um eine Form der neuen Unredlichkeit, nämlich den Verlust der Seele. Das Altertum und das Mittelalter wussten noch um die Bedeutung der Seele. Die Neuzeit hat daraus etwas gemacht, das flattern kann, in den Himmel kommt und den lieben Gott sieht oder so ähnlich. Das ging so weit, dass man meinte, das Entfleuchen der Seele messen zu können. Es gab Versuche, in denen sterbende Menschen gewogen wurden. Nachdem sie ihren letzten Seufzer getan hatten, waren sie leichter geworden. Wenn auch nur im Grammbereich. Aber dieses Leichterwerden des Menschen im Tod wurde als Hinweis verstanden, die Seele sei etwas Reales, das nun den Körper verlässt.

Die Schulmedizin wird sich dann wieder als redlich darstellen können, wenn sie den Menschen als Ganzes begreift und ihn nicht reduziert auf funktionierende Teile.

Es gibt aber auch andere Beispiele dafür, dass etwas, das zusammengehört oder sich gegenseitig bedingt, im westlichen Denken auseinander genommen, seziert wurde. Ein Bild zum Beispiel besteht aus einer Menge an Farben. Wenn mir nun eine Farbe nicht gefällt, dann kann ich diese Farbe ändern. Damit verändere ich jedoch gleichzeitig das Bild als eine Informationseinheit, als Ganzes. Das lässt sich nicht wiegen.

Dieses Denken kann zurückverfolgt werden bis zu Descartes, dem Begründer des rationalistischen Denkens (Cartesianismus). Er unterschied *res extensae* und *res cogitantes,* eine Objekt- und eine Gedankenwelt, Leib und Seele, Körper und Geist. Das seien zwei verschiedene reale Dinge, das ausgedehnte und das denkende Seiende. Das hat dazu geführt, dass wir in der Neuzeit Einheiten in Zweiheiten zerteilt haben. Im Zen-Buddhismus kam mit dem Tai (dem Firstbalken, ähnlich einem Haus mit einem Firstbalken) die Einheit als Zweiheit in die Welt. Dort galt noch diese Zweiheit als Einheit. Sie wurde nicht zerteilt in zwei verschiedene Dinge. Ein Oben benötigt ein Unten, um bestimmbar zu sein. Das Weibliche benötigt das Männliche und umgekehrt, um bestimmt werden zu können. Das eine war eben ohne das andere nicht denkbar. Damit war beides zusammen immer eine Einheit. So galt es immer, beides zu pflegen, und nicht einseitig zu sein. Das hat das Konzil von Vienne noch gemeint mit »anima est forma corporis«. Wenn ich das eine wegnehme, ist das andere auch nicht mehr bestimmbar. Die Neuzeit hat dies zerteilt. Wir denken überwiegend nur noch materialistisch. Der Arzt meint, etwas im Körper funktioniert nicht mehr, und das müsse er in Ordnung bringen. Einen Menschen jedoch wieder in Ordnung zu bringen, dadurch dass die körperliche Instanz in Ordnung gebracht wird, wird als höchste ärztliche Kunst angesehen. Dies ist der Zweck der ärztlichen Kunst. Das Zusammengehörende wird nicht mehr gesehen. Wichtig ist es, zu begreifen, dass eine Information nichts Materielles, sondern etwas Geistiges ist. Psychologen sehen sicher mehr die formierende Einheit, die Psyche. Deren Gefahr ist es, nicht mehr das physische Prinzip zu sehen. Es gibt eben nicht den Fall, dass nur eines krank ist. Es ist sind immer Körper und Seele/Psyche gleichzeitig betroffen. Der Mensch ist eine bio-psycho-soziale Einheit, betonen auch ganzheitlich arbeitende Mediziner heute wieder.

Kapitel 4

Die Unredlichkeit der Cargo-Kulte

Das Wesen von Cargo-Kulten

Das Verhältnis zum Göttlichen hat sich heute in ein Verhältnis zum Götzen verwandelt. Das sind die Cargo-Kulte. Die Cargo-Kulte fressen maskiert von innen unsere Religiosität auf. Es ist schon verwunderlich, wie sehr wir uns lustig machen über die Cargo-Kulte der Melanesier in Papua-Neuguinea, ohne unsere eigenen Cargo-Kulte zu bemerken. In Papua-Neuguinea begann der Cargo-Kult, von dort haben wir den Begriff übernommen.

Die Entstehung der Cargo-Kulte

Ein Ursprung des Cargo-Kultes liegt wahrscheinlich im 19. Jahrhundert im Mansren-Kult, der sich unter verschiedenen Anführern über Jahrzehnte hielt. Hier ging es um die Herrschaft der Glückseligkeit, die Mansren den Melanesiern verschafft hatte. Der Überlieferung nach habe er sein Volk aber im Zorn gen Westen verlassen und den Menschen dort Wohlstand gebracht. Im Westen lag traditionell das Totenreich. Von genau dort kamen dann die Weißen, bleich wie die Toten, und brachten den Melanesiern die ersehnten Güter. Dieser Reichtum musste von Mansren stammen.

Besonders intensiv entwickelte sich der Cargo-Kult, als die Europäer und Amerikaner in Neuguinea und Melanesien Stützpunkte gründeten. Auf den Flugzeugen stand »Cargo« (Fracht) und in den

Flugzeugen waren alle Güter dieser Welt. Diese Güter kamen vom Himmel und ohne jede Anstrengung. Da die Weißen aus dem Westen, dem Reich der Toten kamen, nahmen die Melanesier an, die Weißen hätten ihren Ahnen diese tollen Güter abgeluchst. Damit waren die Amerikaner und Europäer zunächst einmal nichts anderes als Betrüger. Weil die Bewohner Papua-Neuguineas gleichzeitig nichts vom Produktionsprozess mitbekamen, sondern nur das fertige Produkt erlebten, vermuteten sie, dass die Arbeit der Amerikaner und Europäer zur Herstellung der Güter aus geheimen Ritualen bestand. Diese Rituale waren: Telefonieren, das Ausfüllen von Schriftstücken, militärische Befehle, das Warten auf Flugzeuge. So nahmen nun die Melanesier an, wenn sie die gleichen Rituale befolgten, würde ihnen Mansren diese Luxusgüter schenken. Und so stellten sie Kisten auf, die sich auf geheimnisvolle Weise mit Cargo füllen sollten, sie bauten lebensgroße Flugzeuge aus Stroh, setzten sich aus Holz geschnitzte Kopfhörer auf, gründeten Kricketvereine mit strenger Hierarchie. Sie bauten Holzgewehre, stellten sich in militärischer Formation auf und warteten auf Cargo.

Cargo-Kulte in der westlichen Welt

Auch die westliche Welt kennt inzwischen den Cargo-Kult. Wir bekommen immer weniger vom Herstellungsprozess mit. Der Strom kommt aus der Steckdose. Die Waren werden fertig verpackt präsentiert. Und sie sind immer verfügbar. Nachschubprobleme gibt es nicht. Geld ist ebenfalls kein Problem, bezahlt wird mit Kreditkarte. An vielen Stellen müssen wir anscheinend nur bestimmten Ritualen folgen, um das Gewünschte (Cargo) zu erhalten.

Ein bezeichnendes Beispiel für den Cargo-Kult war wohl auch der Neue Markt. Geld vermehrte sich auf wundersame Weise und hatte mit dem Unternehmenswert nichts mehr zu tun. Wer sich an dieser Hysterie nicht beteiligte, war einfach nur zu blöd zu erkennen, dass man für Geld nicht mehr arbeiten musste. Die Arbeit übernahm der Cargo-Götze »Neuer Markt«.

Der Cargo-Kult ist auch unter Managern verbreitet. Wenn Manager schon einem Kult frönen, dann dem Cargo-Kult. Manche Manager sind entsetzt, wenn sie die Geschichte des Cargo-Kultes erfahren. Der Sprung nach Europa ist sicher erstaunlich. In der BRD beginnen die Cargo-Kulte bereits beim Sozialhilfeempfänger. Anstelle der religiösen Akte übernimmt die Werbung in Cargo-Kulten deren Funktion. Werbung wird zum religiösen Akt. Der Staat übernahm und übernimmt für jeden Bürger die ökonomische Verantwortung. Zumindest gaukelt er dem Bürger das vor. Das geschah über den Cargo-Kult, zu den Ritualen gehören Ämtergänge und das Ausfüllen von Formularen.

Cargo wird zum Gott und die Werbung ist der religiöse Kult. Cargo-Kult steht gegen alles, was im klassischen Sinne theistisch oder atheistisch ist. Die Cargo-Kulte weiten sich in unserem Kulturraum, in dem sich nicht alles über den Konsum definiert, auch auf andere Gebiete aus. Praktisch alles, was Menschen oder Menschengruppen erstrebenswert erscheint, kann zum Cargo werden. Man muss dann nur noch die Rituale ausmachen, mit deren Hilfe es zu erlangen ist.

Cargo-Kulte existieren auf verschiedenen Ebenen:

- persönlich,
- in der Familie,
- sozial,
- im Unternehmen,
- gesamtwirtschaftlich,
- in der Politik.

Die persönlichen Cargo-Kulte

Der verbreitetste persönliche Cargo-Kult ist sicher die Konsumabhängigkeit. Die Frage ist, wovon man im Gebrauch abhängig werden kann. Nicht damit gemeint sind die klassischen Suchtkrankheiten, wie Alkoholismus oder Nikotinabhängigkeit. Diese gehören zu den alten Cargo-Kulten. Bei den neuen Cargo-Kulten ist man zum Beispiel abhängig von der Ausstattung einer Wohnung, von Kleidung, vom Auto, weil man meint, dadurch Status und Prestige zu erlangen. Der Werksleiter eines großen Handelskonzerns stieg auf zum Vorstand. In dieser Position trennte er sich von seiner Frau. Sie passte nicht mehr zu seinem Status. »Ich muss in dieser Position auch repräsentieren. Meine Frau ist da nicht mitgewachsen«, war sein Argument. Ansonsten hatten sich die beiden nicht auseinander gelebt, wie er glaubhaft versicherte. Auch der Prestigekonsum gehört zum Cargo-Kult. Wenn es mir nur noch bei »meinem Italiener« schmeckt oder der Rotwein nur dann mundet, wenn es sich um einen 47er Cheval Blanc handelt, dann betreibe ich Cargo-Kult. Oder es muss mindestens ein Daimler sein, sonst mag ich nicht Auto fahren. Wenn ich schon Jaguar fahre, dann nur den teuersten mit der Jaguarfigur auf der Kühlerhaube.

Der Cargo-Kult der Familie

Es gibt Familien, die ein ausgesprochenes elitäres Bewusstsein haben und dieses Bewusstsein wie einen Gott anbeten. Das gilt nicht nur für den Adel, das gilt auch für bürgerliche Familien. Der Vizepräsident eines großen, internationalen Consultant-Unternehmens ist verheiratet mit einer Ärztin. Auf die Frage, in welchem Fachgebiet sie denn arbeite, meinte sie: »Chirurgin, was denn sonst? Wenn schon Ärztin, dann natürlich Chirurgin. Ich will meinem Mann doch ebenbürtig sein!« Das ist familiäres Cargo. Zum familiären Cargo-Kult gehört sicher auch die Überzeugung, dass nur Erwerbsarbeit etwas wert ist. Wer das Geld bringt, hat das Sagen. Der Geldverdiener wird angebetet. In manchen Familien gilt der Junge mehr als ein Mädchen. Die besseren Schulnoten lassen das Kind wertvoller sein als seine Geschwister. Dazu gehört auch das Ausspielen der Kinder gegeneinander. »Nimm dir ein Beispiel an deinem Bruder.« Zum Cargo-Kult gehören auch bestimmtes Verhalten innerhalb und außerhalb der Familie, eine bestimmte Stellung, ein bestimmtes Aussehen und die Mode der Frau innerhalb der Familie. Die Heirat hatte hier unter Umständen mit Liebe nicht allzu viel zu tun, sie sah halt sehr gut aus. Der Mann konnte sich mit ihr schmücken und sie kann sich benehmen. So hat der Mann etwas in seiner Position vorzuweisen. Die Frau wird zum Statussymbol, zur Ware. Auch eine besonders luxuriöse Wohnung kann Cargo-Kult sein.

Die sozialen Cargo-Kulte

Dazu gehören Gruppen, die ein bestimmtes Produkt oder einen bestimmten Fetisch oder eine bestimmte Ideologie zur Identitätsbildung benötigen oder benutzen. Auch die Einschränkung, nur noch den Umgang mit Menschen zu pflegen, die den gleichen Cargo-Kult wie ich selbst pflegen, gehört zum Cargo-Kult.

Die Cargo-Kulte als Ideologie

Zu den sozialen Cargo-Kulten gehört sicher auch der dogmatische Glaube an die Demokratie. Demokratie sei die einzig akzeptable Form des politischen Miteinanderumgehens. Sicher kann es vorkommen, dass ein Einzelner unsere Form der Demokratie aus ehrenhaften Gründen kritisiert, die breite Öffentlichkeit und die Medien – zumal die ernst zu nehmenden tun dies nicht. Dabei gehen wir schon lange nicht mehr demokratisch miteinander um. Die Gesetze werden von der Ministerialbürokratie erlassen und dann durch die Fraktion verabschiedet. Alles andere ist eher überflüssig. Ein weiterer Punkt ist, dass der Bundesrat aus Vertretern der Exekutive (Landesregierungen) besteht, jedoch legislative Funktion hat. Der Bundesrat kann die Legislative weitgehend bestimmen. Nicht durch Vorschläge, sondern durch sein Vetorecht. Dadurch erleben wir eine Herrschaft der Exekutive und nicht der Legislative. Im öffentlichen Bewusstsein ist der Glaube an die Demokratie im Sinne der Cargo-Kulte ein Fetisch, der nicht Gegenstand des öffentlichen Diskurses ist.

Auch der Glaube daran, dass die Marktwirtschaft die einzige und beste Wirtschaftsordnung sei, und der Glaube an die Herrschaft des Kapitals gehören zum sozialen Cargo-Kult. Beides darf und wird nicht ungestraft ernsthaft infrage gestellt.

Die Cargo-Kulte der Mode und der »Schönheitsideale«

Hierher gehört die Verehrung und Nachahmung der Models, zum Beispiel Claudia Schiffer, Heidi Klum und ihrer jeweils aktuellen Nachfolgerinnen. Hier werden Schönheitsideale »angebetet«. Was ist angesagt, was ist »in« – was verheißt das angestrebte Cargo, den Erfolg.

Die Cargo-Kulte bestimmter Sportarten

In den 1990er Jahren war es Tennis mit Steffi Graf und Boris Becker. Auch Franziska van Almsick gehörte zu den Sportidolen. Momentan ist es Michael Schumacher. Schumacher als Gott. In Kerpen, und nicht nur dort, hat das Wort von Michael Schumacher sicher mehr Gewicht als das Wort von Jesus.

Zum Cargo-Kult wird die Verehrung der »Idole«, wenn nur deren Erfolg und Status die erstrebenswerten Ziele (Cargo) sind. Dazu werden sie in ihren Ritualen nachgeahmt, so lange sie erfolgreich sind. Sobald sie nicht mehr erfolgreich sind – sucht »man« sich neue Leitbilder. Der tragische Irrtum ist zu glauben, dass die Frisur von David Beckham ihrem Träger einen Teil von dessen Erfolg und Status bringt (nicht einmal gut Fußball spielen können muss man dafür).

Die Cargo-Kulte der Musik

Bekanntestes Beispiel des Cargo-Kultes in der Musik, wenn auch auf dem absteigenden Ast, ist sicher Michael Jackson. Die Boygroup

Take That gehörte dazu und in deren Nachfolge Robbie Williams. Die weiblichen »Götter« sind wohl Britney Spears, Madonna, in Deutschland Gracia. Zur kultischen Verehrung dieser Stars gehört auch, dass ihr Fehlverhalten immer von der Masse entschuldigt wird, so lange sie erfolgreich sind.

Der Cargo-Kult des Glaubens an die Aussagekraft von Statistiken

Der Glaube an die Aussagekraft von Statistiken ist enorm. Zahlen scheinen eine magische Bedeutung zu haben. Viele Menschen vertrauen Statistiken in einer Weise, die nur noch als unredlich zu bewerten ist. Ständig werden Statistiken als Wahrheit betrachtet. Dabei unterliegt jede Interpretation (auch die einer Statistik) immer Interessen, der Möglichkeit eines Irrtums oder einer Täuschung. Der Irrglaube, Statistiken seien unbestechlich und damit wahr, führt zu kuriosen Falschauslegungen. Selbst Experten sind häufig nicht in der Lage, mit statistischen Informationen in angemessener Weise umzugehen.

Berühmt für seine Hinweise auf den unredlichen Umgang mit Statistiken ist Professor Gerd Gigerenzer. Im Jahr 2002 führte Professor Gigerenzer vom Berliner Max-Planck-Institut für Bildungsforschung eine Testreihe mit 27 an der Universität tätigen Juristen sowie 127 Jurastudenten in fortgeschrittenen Semestern durch. Die Teilnehmer sollten entscheiden, ob in einem Vergewaltigungsfall der Verursacher einer DNA-Spur nur als Tatverdächtiger infrage kommt und ob er tatsächlich der Täter ist. Ein Indizienbeweis also.

Gigerenzer benutzte für seine DNA-Statistik zwei unterschiedliche Präsentationsmethoden. Die statistische Information wurde einmal als abstrakte Wahrscheinlichkeit (zum Beispiel 0,1 Prozent) und einmal als natürliche Häufigkeit (zum Beispiel einer von tausend) vorgelegt. Wurde die Information in Wahrscheinlichkeiten kommuniziert, fanden nur 13 Prozent der Juristen und weniger als ein Prozent der Studenten die richtige Lösung. Wurde die Information jedoch in natürliche Häufigkeiten übersetzt, waren es 68 beziehungsweise 44 Prozent. Der Grund ist zweifach: Zum einen ist die Berechnung der Häufigkeit für uns einfacher, denn durch die Darstellung selbst verstehen wir die Zahlen. Der zweite Grund liegt in der Evolution unseres Gehirns und der Entwicklung unseres Denkens: Unser Verstand hat sich über die Jahrtausende an natürliche Häufigkeiten angepasst.

Auch bei den Schuldsprüchen variierten die Ergebnisse: Wurden die statistischen Werte des DNA-Gutachtens anschaulich in Häufigkeiten präsentiert, waren die Schuldsprüche vorsichtiger. Nur 32 Prozent der Juristen und 33 Prozent der Studenten hielten den Tatverdächtigen für schuldig. Als dieselben Ergebnisse dagegen in Prozentwerten angegeben wurden, stieg die Zahl der Schuldsprüche auf 45 Prozent bei den Juristen und 55 Prozent bei den Studenten. Für Gerd Gigerenzer ist das keine Überraschung. Würden statistische Berechnungen in Gerichtsgutachten nur noch als natürliche Häufigkeiten präsentiert, könnten Fehlurteile vermieden werden.

Gerd Gigerenzer veröffentlichte verschiedene Studien und Fälle 2002 in seinem Buch *Das Einmaleins der Skepsis. Über den richtigen Umgang mit Zahlen und Risiken*. Für den anerkannten Psychologen steht fest, dass 100-prozentige Gewissheit empirischer Unsinn ist, was eigentlich jedem vertraut sein sollte, der mit Statistik in verantwortungsvoller Weise umgeht.

Gerd Gigerenzer war es übrigens auch, der einem bayerischen Innenminister unredlichen Umgang mit Statistik vorwarf. (Leider erwähnt er nicht, welchem bayerischen Innenminister er diesen Vorwurf macht.) Der fragliche Innenminister hatte aus einem Zahlenwerk, welches deutlich dokumentierte, dass fast alle Heroinsüchtige früher Marihuana geraucht haben, unzulässigerweise abgeleitet, dass Marihuanaraucher unweigerlich heroinsüchtig werden. Mit dieser falschen Schlussfolgerung hatte der Innenminister auf die Gefahren des Drogenmissbrauchs hingewiesen und gefordert, dass Marihuana verboten bleiben sollte. Wer auch nur ein wenig mit Logik vertraut ist, weiß, dass man aus der Tatsache, dass es schwarze Schwäne gibt, nicht herleiten kann, dass alle Schwäne schwarz sind. Die Zahl der Marihuanaraucher ist um einiges größer als die Zahl der Heroinsüchtigen. Gleichgültig, wie man zu Marihuana steht, hier liegt unredlicher Umgang mit Statistik vor.[12] Interessant ist auch der Umgang mit Arbeitslosenzahlen. Unter Helmut Kohl wurden diese Statistiken bereinigt um alle Teilnehmer an Trainings und Fortbildungsmaßnahmen. Auch arbeitsfähige Sozialhilfeempfänger wurden nicht berücksichtigt. Jetzt (2005) werden arbeitsfähige Sozialhilfeempfänger, die infolge von Hartz IV das ALG II erhalten, mitgezählt. Aber Arbeitslose, die in den Optionskommunen betreut werden, fallen in den Arbeitslosenstatistiken der Bundesagentur für Arbeit unter den Tisch, wie das ZDF in der Sendung *Frontal 21* am 28. Juni 2005 bemängelte. Es gibt insgesamt 69 dieser Optionskommunen. In diesen Kommunen werden die Arbeitslosen direkt betreut. Die Bundesagentur für Arbeit nimmt die Arbeitslosen dieser Kommunen aber in ihre Statistik nicht mit auf. Derzeit sind das etwa 90 000 Arbeitslose. Dieser unredliche Umgang mit Zahlen hat noch eine Nebenwirkung. Wer in der Kommune als arbeitslos geführt wird, der muss sich auch bei der Jobvermittlung an seine Kommune halten. Die Bundesagentur für Arbeit weigert sich, diesen Arbeitslosen bundesweite Jobangebote zur Verfügung zu stellen. Der Arbeitsvermittler Detlef Grösch sagte dazu: »Sie gehören zur Sozialagentur, weil Sie Arbeitslosengeld II bekommen, und damit werden Ihnen auch keine Daten zu den angebotenen Jobs vermittelt«.[13]

Die Cargo-Kulte im Unternehmen

Besonders deutlich zeigt sich der Cargo-Kult im Shareholder-Value. Als Cargo-Kult kann sicher auch die reine Wachstumsideologie interpretiert werden. Ebenso die Minderung des Wettbewerbs, indem ich den Wettbewerber als Feind definiere, die Vernichtung von Wettbewerbern durch Feindaggressivität. Manche Formen einer Fusion gehören zum Typ der Vernichtung des Wettbewerbs. Auch die bewusste Abwerbung von besonders guten Mitarbeitern als Maßnahme, um den Wettbewerber zu schwächen, gehört hierher. Ein gutes Beispiel dafür stammt aus dem Sport. Bayern München kaufte in den siebziger Jahren den Spieler Kalle Del'Haye von Borussia Mönchengladbach. Für die Borussia eine deutliche Schwächung ihres Flügelspiels. Bei Bayern München verbrachte der Spieler Del'Haye die meiste Zeit passiv auf der Bank.

Zum Cargo gehört auch der Kampf um Eliten im Vertrieb, Marketing oder im Einkauf, wenn dieser Kampf zur Identifikationsstiftung wichtig ist. Man denke an den Einsatz von José Ignacio Lopez durch VW.

Und natürlich gibt es in Unternehmen ebenso wie in der Politik Beispiele von Machtbesessenheit. Fälle also, in denen die Macht zum erstrebenswerten Cargo wird, statt zu einer Möglichkeit, wirtschaftliche Ziele zu erreichen. Ein Beispiel mag die Fusion zwischen Daimler und Chrysler gewesen sein. Am 6. Mai 1998 besiegelten Jürgen Schrempp und Bob Eaton den »merger of equals«. Von »equals« konnte danach nicht mehr die Rede sein. Schrempp versprach sich noch für das Folgejahr allein bei den Synergieeffekten ein Potenzial von 2,5 Milliarden Mark. Man sprach von der Welt AG und der Nr. 1 in der Welt. Die Fusion unter Gleichen führte allerdings dazu, dass Eaton schon 2000 DaimlerChrysler verließ. Schrempp herrschte von nun an allein. Der nächste Chrysler-Chef, der gehen musste, war James Holden. Schon im November 2000 übernahm Dieter Zetsche den Job. Seine ersten Taten waren, 26 000 Stellen zu streichen und sechs Produktionsstätten zu schließen. Zwar ging es danach mit Chrysler aufwärts, der Aktienkurs fiel jedoch von 100 Euro kurz nach der Fusion auf etwa 30 Euro im Jahre 2003. Erholt hat er sich bisher noch nicht so richtig. Am 9. November 2005 stand der Kurs laut Dax um 13.04 Uhr bei Euro 42,44. Offensichtlich hatte sich hier jemand übernommen und die wirtschaftlichen Ziele von Daimler wahrscheinlich hinter seine persönlichen Ziele gestellt.

Zum Schluss dürfte es die wirtschaftliche Schieflage des Daimler Chrysler-Konzerns gewesen sein, die Schrempp selbst den Job kostete.[14]

Die Cargo-Kulte der Politik

Cargo-Kulte finden in der Politik insbesondere in der Machtbesessenheit, einschließlich der Formen von kollektiver Machtbesessenheit, ihren Ausdruck.

Die Machtbesessenheit

Die Macht wird zum Cargo. Jürgen Leinemann, *Spiegel*-Redakteur und Buchautor: »Seit vierzig Jahren beobachte ich nun Politiker aus nächster Nähe, sehe, wie die Macht sie verändert, wie sie sich einmauern in Posen von Kompetenz und Zuversicht, während die öffentliche Verachtung wächst.«[15]

Die Machtbesessenheit führt zu politischen Tricks, zu Beispielen, die an Unredlichkeit kaum zu überbieten sind. So weist etwa die CDU Saar in einem Artikel vom Dezember 2004 auf ihrer Homepage[16] auf folgenden Umstand hin:

»Eine bewusste Täuschung der Öffentlichkeit wirft der umweltpolitische Sprecher der CDU-Landtagsfraktion, Martin Karren, der SPD-Opposition in der aktuellen Diskussion um gentechnisch verändertes Saatgut vor. Martin Karren: ›Die Genossen sind dabei, die Bürgerinnen und Bürger im Land für dumm verkaufen zu wollen. Fakt ist, dass die rot-grüne Mehrheit im Bundestag vor genau einer Woche das neue Gentechnik-Gesetz gegen die Stimmen der Union verabschiedete. Dieses Gesetz lässt ausdrücklich den Anbau von gentechnisch verändertem Saatgut in der Landwirtschaft zu.‹ Der CDU-Umweltpolitiker erinnert in diesem Zusammenhang daran, dass es auch die rot-grüne Bundesregierung war, die am 15. Februar 2001 in Brüssel dafür votierte, dass gentechnisch verändertes Saatgut zum Einsatz kommen darf. ›Wer in Brüssel und Berlin ja und in Saarbrücken nein sagt, macht sich zum denkbar unglaubwürdigsten

Anwalt für eine gentechnisch freie Zone‹, unterstreicht der CDU-Abgeordnete. ›Dies ist vielmehr ein Beispiel dafür, wie unredlich und verlogen die Diskussion von Seiten der Genossen geführt wird.‹«

Ein weiteres Beispiel. *Die Welt* berichtete am 5. Juli 2004 unter dem Titel »PDS wirft Grünen in politischer Auseinandersetzung Unredlichkeit vor«:

»Nach dem Erfolg der Berliner Grünen bei der Europawahl verschärft sich der Ton im linken Lager. Die PDS droht, den Grünen die Freundschaft zu kündigen. Sie wirft der Öko-Partei Unredlichkeit in der politischen Auseinandersetzung vor, weil diese jede Mitverantwortung für die Politik der rot-grünen Bundesregierung leugne. Auch die Berliner SPD rügt das Verhalten ihres einstigen Koalitionspartners. Empört ist Rot-Rot vor allem über die Kritik der oppositionellen Grünen an unpopulären Maßnahmen des Senats, sofern ihm diese durch die Bundesregierung aufgezwungen würden. Sie versuchten den Eindruck zu wecken, als hätten sie mit diesen Entscheidungen nichts zu tun, empört sich PDS-Bürgermeister und Wirtschaftssenator Harald Wolf. Dabei hätten sie ihnen auf Bundesebene zugestimmt. Als bezeichnendes Beispiel nennt Wolf das Hartz-IV-Gesetz zur Zusammenlegung von Arbeitslosen- und Sozialhilfe, dessen ›nicht akzeptable‹ Konsequenzen Berlin ausbaden müsse. Die Grünen räumen zwar ein, dass die Hauptstadt und die neuen Bundesländer wegen fehlender Arbeitsplätze von den Regelungen besonders hart betroffen sind, unterstellen dem Senat aber zugleich Tatenlosigkeit. Ähnlich ist es mit der Kritik der Öko-Partei am geplanten Umzug des Bundesnachrichtendienstes (BND) auf das Gelände des früheren Stadions der Weltjugend in Mitte. Auch dort gibt der Landesverband aus Sicht der PDS vor, seine Hände in Unschuld zu waschen, obwohl die Bundes-Grünen das Projekt abgesegnet hätten. SPD-Landesgeschäftsführer Andreas Matthae warnt die Grünen vor möglichen Konsequenzen ihres Handelns. ›Wenn sie sich jetzt einen schlanken Fuß machen, wird ihnen das irgendwann auf die Füße fallen‹, sagt der ehemalige Vizeparteichef. Ein solcher ›Populismus‹ sei ›unverantwortlich‹, zumal die Grünen seit ihrem Wahlerfolg einen Führungsanspruch in Berlin anmeldeten.«

Und schließlich, als letztes Beispiel, ein Kommentar von Norbert Jänecke vom 12. März 1997, erschienen in der *WAZ*, Waltrop. Darin heißt es:

»Den Politikern am Ort scheint der Baustopp für die Bundesstraße B 474 n durch das Oberverwaltungsgericht Münster die Sprache verschlagen zu haben. Allein die SPD nimmt das Münsteraner Urteil zum Anlass, um öffentlich vorsichtig von einer Industrialisierung der Rieselfelder abzurücken. Vor Wochen schon gab SPD-Chef Dieter Steffan die Devise der Mehrheitsfraktion aus: Ohne den Bau der B 474 n keine Industrie-Ansiedlung.

Man gewinnt den Eindruck, als sei die Partei über den Richterspruch regelrecht erleichtert. Erspart er ihr doch im kommenden Wahlkampf harte Auseinandersetzungen mit einer starken Opposition gegen ihre Industrie-Pläne. Vehemente Gegner sind die Grüne Liste Waltrop, die Bürgerinitiative Grüne Lunge Rieselfelder und neuerdings der Waltroper Aufbruch. Denn der Bürgerliste um den Ex-CDU-Mann Theo Focke haben sich engagierte Teile der Grünen Lunge angeschlossen. Protestpotential gegen die Ansiedlung gibt es jedoch nicht nur außerhalb der Partei: Einer hundertprozentigen Gefolgschaft kann sich die SPD in ihren eigenen Reihen längst nicht sicher sein.

Das Schweigen der SPD zeugt jedoch auch davon, dass sich die Partei in Erklärungsnöten befindet. Hatten sie den Anwohnern der stark befahrenen Landstraße L 609 doch in Aussicht gestellt, spätestens die B 474 n sorge für die nötige Entlastung von den Verkehrsströmen. Genau das bezweifeln neben Verkehrsfachleuten nun auch die Münsteraner Richter. Tatsächlich soll die Bundesstraße zur Erschließung des Industriegebietes dienen. Das macht die unredliche Attacke des SPD-Kreisfraktions-Chefs Niggemeier gegen die Klöckner AG unmissverständlich klar. Allzu durchsichtig soll nun der Konzern – ein Kläger von vielen – als Schuldiger für eigene Fehler präsentiert werden.«

Die neue Unredlichkeit und die Machtbesessenheit von Behörden

Machtbesessenheit führt zu unredlichen Handlungen, die kaum noch erträglich sind. Vornehmlich dann, wenn Machtbesessenheit zu Behördenwillkür führt. Ein Fall, stellvertretend für unzählige Fälle, sei hier ausführlich dargestellt.

Beispiel: Entzug des elterlichen Sorgerechts

Der Fall wurde inklusive aller notwendigen Schriftstücke zu seinem Verständnis unter www.vergewaltung.de/Faelle/behoerde/hofmann

[24.10.2005] veröffentlicht. Er führte am 1. Oktober 1999 zu einem offenen Beschwerdebrief der betroffenen Mutter gegen das Jugendamt Lauterbach. Dieser gehörte zu einer Sammelbeschwerde gegen das Jugendamt Vogelsbergkreis, die von einer Anzahl von Eltern mit ähnlich gelagerten Fällen aufgesetzt worden war. Wir beziehen uns hier vornehmlich auf einen unveröffentlichten *taz*-Bericht von Heide Platen.

Ella Hofmann ist Witwe, lebt in geordneten Verhältnissen und hat einen Sohn, Angelo. Am 10. Januar 1998, er war elf Jahre alt, kam er mit einer Platzwunde am Kopf nach Hause. Er habe versucht, über das Garagendach in sein Zimmer zu klettern. Der Arzt musste kommen und ihn versorgen. Angelo sollte erst einmal das Bett hüten. Gegenüber der Garage befindet sich das Dorfgemeinschaftshaus. Dort waren am gleichen Tag Jugendliche eingebrochen und hatten Süßigkeiten und Getränke gestohlen. Als die Polizei am nächsten Tag den Fall untersuchte, wollte sich Angelo aus dem Staub machen. Seine Mutter dachte, er habe mit dem Fall zu tun, wolle einer Strafe ausweichen, und verbot ihm, sich zu verdrücken. Angelo war sauer. Daher wischte er seiner Mutter eins aus, indem er einen Streit zwischen ihr und seiner erwachsenen Halbschwester sowie deren Freund ausnutzte. Er fuhr zu seiner Halbschwester und erklärte, die Platzwunde an seinem Kopf habe er durch Schläge seiner Mutter erhalten. Er wolle von nun an bei seiner Halbschwester bleiben. Diese und seine Mutter begannen einen Streit um Angelo, in den die Behörden eingeschaltet wurden. Zwar versuchten der Ortspolizist und der Hausarzt, deeskalierend einzugreifen, es gelang ihnen jedoch nicht. Das Jugendamt holte Angelo ab. Er wurde an einen unbekannten Ort gebracht und der Mutter wurde am 15. Januar 1998 – nur fünf Tage nach dem Beginn der Ereignisse ohne Anhörung das Sorgerecht entzogen. Angelo wurde zunächst in einem Heim, später in einer Pflegefamilie untergebracht. Es kam so weit, dass der Mutter der Umgang mit ihrem Sohn gänzlich untersagt wurde. Die Mutter begann einen fast aussichtslosen, drei Jahre dauernden Kampf mit Behörden, Gutachtern, Ärzten, Staatsanwälten und Richtern. Was tatsächlich ursprünglich passiert war, spielte für die Behörden keine Rolle. Sie wurde als Querulantin hingestellt. Gesundheitliche Auskünfte wurden verweigert, Briefe, Geschenke, Bilder, Geld und Telefonkarten, welche sie Angelo geschickt hatte, unterschlagen, Kleidung und Spielzeug nicht weitergegeben, der Kontakt Angelos zu Schulfreunden oder Personen, die elf Jahre eine kontinuierliche und wichtige Rolle in Angelos Leben spielten, wurde vom Jugendamt unterbunden. Interessanterweise erlaubte das Jugendamt durchaus einen persönlichen Kontakt Angelos zu seiner Halbschwester. Frau Hofmann dagegen durfte ihrem Kind nicht einmal telefonisch zu Geburtstagen gratulieren oder ihm frohe Weihnachten wünschen. Ihr wurden Nikolausgeschenke im nächsten Frühjahr ungeöffnet vom Jugendamt zurückgegeben. Angelo wurde sehr einseitig über die Vorgänge unterrichtet. Er zweifelte an seiner Mutter. Darin wurde er tatkräftig von den Pflegeeltern, vom Jugendamt und von Psychologen unterstützt. Er glaubte, seine Mutter sei Schuld daran, dass er nicht mehr nach Hause dürfe, sie wolle ihn nicht mehr, habe ihn bei der Polizei angezeigt, den Freund der Halbschwester schon ins Gefängnis gebracht. Nichts davon stimmte, aber das sagte ihm niemand, ganz im Gegenteil. Vielleicht würde das Drama noch heute andauern, wenn Angelo nicht nach drei Jahren von seiner Pflegefamilie fortgelaufen wäre. Er hatte dort gelitten, war geschlagen, im Haus eingesperrt und oft alleingelassen worden. Er wollte dort nicht bleiben und auch nicht in ein Heim abgeschoben werden. Der inzwischen 14-jährige schlug sich bis zu seinem Heimatort durch. Nach vier Tagen kam er dort an, müde, hungrig und krank. Heimlich schlich er in sein altes Kinderzimmer, aß ein wenig, nahm ein paar Sachen mit und verschwand wieder, da er immer noch annahm, seine Mutter sei für alles, was mit ihm passiert war, verantwortlich. Angelo wurde von der Polizei aufgegriffen. Das Blatt wendete sich erst, als Ella Hofmann vor dem Amtsgericht das Recht erstritt, ihrem Sohn sagen zu dürfen, dass nicht sie die treibende Kraft für seine Verschleppung war, dass sie immer für ihn gekämpft hatte. Erst jetzt konnte sie ihm sagen: »Ich habe dich nicht angezeigt!« Angelo sichtete nun die Gerichtsakten und Briefe, die mittlerweile Dutzende Ordner füllten. Er war erschüttert:»Die haben mich jahrelang belogen!« Nach diesem Besuch weigerte er sich, seine Mutter wieder zu verlassen. Ella Hofmann wandte sich an die Öffentlichkeit. Angelo durfte endlich wieder zu Hause bleiben. Heute erzählt Angelo seine Sicht der Dinge: Er habe sich damals eigentlich nichts dabei gedacht, als er den Streit zwischen Mutter und Halbschwester für seine Zwecke missbrauchte:»Ich wollte eigentlich nur eine Weile meine Ruhe haben«. Und er sagt auch:»Ich habe nicht gewusst, dass ich für immer weg sollte.« Jugendamtsmitarbeiter hätten ihn damals überredet, mit ihnen zu gehen.»Die haben mir immer nur Mist erzählt!« Und:»Ich habe gedacht, meine Mutter will mich nicht mehr.« Ella Hoffmann hat in der Zwischenzeit herausgefunden, dass im Vogelsbergkreis rund 300 Kinder ihren Eltern weggenommen wurden. Eine erschreckend hohe Zahl. Ella Hoffman sieht die Ursache dafür in der Arbeitsweise einer Mitarbeiterin des Jugendamtes Lauterbach und einer Amtsrichterin. Gegen beide wurden Dienstaufsichtsbeschwerden und auch Strafanzeigen gestellt, noch bevor Angelo wieder nach Hause kam. Es gibt in diesem Fall noch eine ganze Reihe von Klagen und Strafanzeigen, es geht dabei um fehlerhafte psychologische Gutachten, die unberechtigte Weitergabe von Akten, Beweisunterdrückung, Prozessbetrug, Unterschlagung, Misshandlung Schutzbefohlener. Der Kindesrechtler und Diplom-Psychologe Professor Wolfgang Klenner sieht im Fall Angelo Hofmann grobe Fehler bei der Begutachtung des Kindes, die »zur Besorgnis Anlass geben«. Das ist reichlich mild ausgedrückt.[17]

Eine unrühmliche Ausnahme scheint der dargestellte Fall leider nicht zu sein, immer wieder schrecken Berichte von ähnlichen Fällen die Öffentlichkeit auf. Wolfgang Zeidler, Präsident des Bundesverfassungsgerichts von 1983 bis 1987, schrieb 1984[18]:

»In den konkreten Fragen ihres individuellen Lebensschicksals von meist existentieller Bedeutung begegnen die Menschen einer von der gnadenlosen Härte abstrakter Ideologien geprägten Rechtsordnung. So werden sie in ihrem ureigensten Privatbereich zum Spielball und Opfer des jeweils staatlich verordneten ›Zeitgeistes‹. Seine Richtigkeit hüllt sich in den trügerischen Mantel der Wahrheit mit Absolutheitsanspruch.«

Die neue Unredlichkeit der Gleichsetzung zwischen Juden und dem Staat Israel

Es gibt einen Unterschied zwischen Judentum und dem Staat Israel. In der Bundesrepublik tun wir das oft politisch in einen Topf. Wer etwas gegen den Staat Israel sagt oder schreibt, gilt als Antisemit. Es ist durchaus jüdische Tradition der orthodoxen und/oder ultra-orthodoxen Juden, zu sagen, der Staat Israel wird vom Messias gegründet, nicht von Menschen: »Erhoben und geheiligt werde sein großer Name in der Welt, die einst erneuert wird. Er belebt die Toten und führt sie zu ewigem Leben empor. Er baut die Stadt Jerusalem und krönt seinen Tempel in ihr. Er entfernt den Götzendienst von ihr und bringt den Dienst des Himmels wieder an seine Stelle [auf die Erde!]. Regieren wird [dann] der Heilige, gelobt sei er, in seinem Reiche und in seiner Herrlichkeit…«[19]

Einen Staat Israel ohne den erwarteten Messias zu gründen, scheint somit der jüdischen Tradition zu widersprechen, zumindest der Tradition der ultra-orthodoxen Juden. Sie halten die Errichtung des Staates Israel durch Menschen für ein Sakrileg, weil Menschen sich die Rolle Gottes angemaßt hätten. Aus diesem Grunde verweigern ultra-orthodoxe Juden auch den Wehrdienst. Sie berufen sich auf: »Ich, der Herr, euer Gott, habe Israel geschaffen… Auf den Bergen Israels will ich ein Volk aus ihnen machen unter einer Regierung« (Jesaja 43,15; Hesekiel 37,22).

Progressive Juden und viele Christen sehen dies völlig anders. Sie sehen im 1948 gegründeten jüdischen Staat »ein Zeichen für die Existenz des göttlichen Willens« und »die Verwirklichung eines prophetischen Versprechens«. Er sei »ein Beweis dafür, dass sich Gottes Versprechungen in der Bibel erfüllen«.[20]

Der Pastor Fritz May von der Arbeitsgemeinschaft Christen für

Israel e. V. meinte auf der Internet-Seite www.der-rupertigau.de[21]:
»Seit der Staatsgründung Israels sehen viele jüdische Repräsentanten in der Existenz des jüdischen Staates ›die Voraussetzung für das Kommen des Messias‹, ›den Beginn der Erlösung Israels‹ und ›eine Vorstufe zur Erlösung der ganzen Welt‹, ja sogar ›etwas Himmlisches‹. Wenn auch nicht alle Juden und Christen dies aus unterschiedlichen Gründen so sehen und beurteilen, so sollte doch unbestritten sein, dass das jüdische Staatswesen letztlich nicht auf Großmachtinteressen, Politik und Militärstrategien beruht, sondern auf Gottes Willen und Plan.«

Im zionistischen Ideal ist der Staat Israel das Modell für die zukünftige Welt, eine Welt, in der es kein Leid, sondern nur Gerechtigkeit und Frieden geben wird. Der Begründer und Architekt der zionistischen Bewegung, Theodor Herzl, wusste schon 1896 um die Brisanz des Territoriums von Palästina und die Bedeutung eines Judenstaates dort. In seinem Werk *Der Judenstaat* von 1896 geht er der Frage nach, wo ein solcher Judenstaat zu gründen sei. Er schrieb damals im allgemeinen Teil unter »Judenfrage Palästina oder Argentinien«: »…Palästina ist unsere unvergessliche historische Heimat. Dieser Name allein wäre ein gewaltig ergreifender Sammelruf für unser Volk. Wenn seine Majestät der Sultan uns Palästina gäbe, könnten wir uns dafür anheischig machen, die Finanzen der Türkei gänzlich zu regeln. Für Europa würden wir dort ein Stück des Walles gegen Asien bilden, wir würden den Vorpostendienst der Kultur gegen die Barbarei besorgen. Wir würden als neutraler Staat im Zusammenhange bleiben mit ganz Europa, das unsere Existenz garantieren müsste. Für die heiligen Stätten der Christenheit ließe sich eine völkerrechtliche Form der Exterritorialisierung finden. Wir würden die Ehrenwache um die heiligen Stätten bilden und mit unserer Existenz für die Erfüllung dieser Pflicht haften…«[22]

Juden hatten in einem islamischen Staat den Status von Schutzbefohlenen (Ahl ad-Dimma). Angriffe oder gar Pogrome wie im Westen galten den Muslimen als Sünde. Die Juden wurden entsprechend den Weisungen aus Qur'ân (Koran) und Sunna behandelt.

Der Prophet Muhammad hatte gesagt: »Wer einem Schutzbefohlenen [Nichtmuslim, der unter dem Schutz des islamischen Staates lebt] Leid zufügt, der hat mir [persönlich] ein Leid zugefügt.« Das Buch *Judentum – Schicksal, Wesen und Gegenwart* von Böhm und Dirks äußert über das Leben der Juden im Islamischen Staat Folgendes: »… Die Einstellung der Türken zu den Juden war im allgemeinen eine freundliche. Die Bevölkerung bestand in ihrer Mehrheit aus Muslimen, zur nicht-muslimischen Minderheit gehörten neben Juden und Samaritanern die christlichen Bekenntnisse und die Drusen. Diese Minderheiten waren vom Heeresdienst befreit und mussten für dieses Privileg eine jährliche Steuer von ihren Immobilien entrichten. In ihren kulturellen und religiösen Angelegenheiten waren sie autonom. Sie konnten sich in ihren Schulen ihrer eigenen Sprache bedienen und durften eigene Gemeindesteuern erheben. Sie besaßen eine eigene Gerichtsbarkeit, registrierten selbst ihren Personenstand und hatten das Recht, sich bei den verschiedenen Regierungsstellen durch gewählte Beauftragte vertreten zu lassen. Die Juden Palästinas schätzten sich dennoch glücklich, unter der neuen Herrschaft leben zu können…«[23]

Für die Muslime gibt es bis heute keine Verhandlungsgrundlage für den Staat Israel. Die Grundlage dieser Verweigerung von Verhandlungen ist, dass aus moslemischer Sicht dieser Staat durch die »Kolonialisation« in die islamische Welt hineingezwungen wurde, und nach wie vor keinerlei Recht besitzt, dort zu bestehen. Als der Sultan Abd ül-Hamid II. sich in Istanbul an der Hohen Pforte zu Verhandlungen mit Herzl traf, bot dieser ihm an, die Staatsschulden zu übernehmen und eine gut funktionierende Infrastruktur in Palästina aufzubauen. Im Gegenzug sollte Juden offiziell die Einreise zur Besiedelung Palästinas gewährt werden. Der Kalif lehnte ab mit der Begründung, dass er gar keine Befugnis besäße, über Palästina zu bestimmen.

Tatsächlich gehört in der islamischen Vorstellung Palästina als bedeutsame Stätte allen Muslimen. Diese Bedeutsamkeit wird zurückgeführt auf den Schwur Allahs in der Sure at-Tîn (95), Aya 1, wo es heißt: »Bei den Feigen und Oliven«[24]. Das ist eine Metapher für Palästina, Allah schwört auf dieses gesegnete Land. Palästina ist daher für die Muslime ein untrennbarer Bestandteil ihres Glaubensbekenntnisses. Es ist der Ort, an den der Prophet reiste und von dem aus er in den Himmel aufstieg: »Preis dem, der Seinen Diener nachts reisen ließ, von der heiligen Moschee zu der entfernten Moschee (al-Aqsâ), deren Umgebung Wir gesegnet haben, damit Wir ihn etwas sehen lassen von Unseren Zeichen.«[25] Niemand, weder ein Palästinenser noch sonst irgendjemand, hat nach moslemischer Definition das Recht, über Palästina zu verfügen.[26] Der Anspruch, den der Staat Israel auf das palästinensische Gebiet erhebt, ist somit aus islamischer Sicht nicht zulässig, der Staat selbst hat keine Existenzberechtigung.

Im Übrigen wurde der Zionist Herzl von jüdischen Organisationen ebenso wie schon Sabbatai Zwi (1626–1676) als falscher Messias bezeichnet.[27]

Kaiser Wilhelm II. wurde von zirka 500 jüdischen Gemeinden in Deutschland aufgefordert, die »gottlose Bewegung des Zionismus« zu verbieten. 1897 gab es den ersten Zionistischen Weltkongress. Er sollte in München stattfinden. Es waren dann die deutschen Rabbiner, die sich massiv gegen den Kongress wehrten. Er wurde daraufhin nach Basel verlegt.

Somit ist es unredlich, zu behaupten, wer gegen den Staat Israel ist, sei automatisch Antisemit. Oder wer gegen das gegenwärtige politische Verhalten Israels sei, sei Antisemit. Auch das ist unredlich, denn selbst verschiedene jüdische Glaubensrichtungen sind gegen das politische Verhalten Israels oder gar gegen die Existenz des Staates Israel. Nicht wenige Menschen in der Bundesrepublik leiden unter dieser Unredlichkeit. Somit besteht die Gefahr, dass man jemanden, der Richtiges sagen will, mit einem negativen Wort belegt und damit seine Meinung unterdrückt. Anderes wäre unredlich.

Ben Gurion, der die Proklamation des Staates Israel mit den Worten: »2 000 Jahre haben wir auf diese Stunde gewartet – und nun ist es geschehen. Wenn die Zeit erfüllt ist, kann Gott nichts widerstehen« begann, meinte im *Jahrbuch der israelischen Regierung 1951 –1952* zur Politik Israels: »Israels zukünftige Entwicklung ruht auf den beiden Grundsteinen ›Land und Buch‹ – dem herrlichen Land und der Heiligen Bibel. – Durch das soziale und moralische Licht, das aus den unsterblichen Aussagen der Bibel hervorbricht, durch das Evangelium des Friedens, der Gerechtigkeit und der Liebe, das von unseren Propheten verkündigt wurde, durch die Botschaft vom Menschen als Gottes Ebenbild und durch das Gebot: ›Du sollst deinen Nächsten lieben wie dich selbst‹, durch all dies werden wir unsere Gesellschaft und unsere Verwaltung formen, und diese Lehre werden wir an die noch ungeborenen Generationen weitergeben.«[28]

Der nationale Cargo-Kult

Unsere Nation ist international besser als alle anderen. Das meinen nicht wenige Deutsche immer noch. Ein Musterbeispiel dafür war die Bundesrepublik bis etwa 1998. »Wir sind die Besten.« Heute ist klar, dass wir im Hochschulwesen, in unseren Schulen (siehe Pisa-Studie) nur noch Mittelmaß sind. Wirtschaftlich verschwinden wir in der Bedeutungslosigkeit. Wahrhaben wollen wir das nicht, weil wir uns für die »internationale Elite« halten. »Made in Germany« ist für uns noch immer die edelste Qualität, die es gibt. Dadurch entsteht eine Überheblichkeit anderen Herkunftsländern gegenüber, die den Cargo-Kult untermauert.

Der Witz dabei ist, dass die Pflicht zur Kennzeichnung »Made in Germany« ursprünglich von Großbritannien zum Schutz des eigenen Binnenmarkts vor vermeintlich minderwertigen Nachahmerprodukten eingeführt wurde.[29] Da die Qualität der Waren in der Regel gut war, verkehrte sich die ursprüngliche Absicht schon bald in ihr Gegenteil. Noch immer gilt »Made in Germany« als Qualitätskennzeichen – nicht zuletzt bei den Deutschen selbst. Der Export deutscher Produkte ist nahezu der einzige Markt, der in der gegenwärtigen Bundesrepublik noch Erfolge vorzuweisen hat.

Kapitel 5

Die neue Unredlichkeit der Politik

Einige typische Ausdrucksformen von Unredlichkeit in der Politik wurden schon im Zusammenhang mit den Cargo-Kulten dargestellt. Die Reihe lässt sich fortsetzen.

Lao-tse über die Unredlichkeit in der Politik

Schon Lao-tse (vermutlich 4.–3. Jh. v. Chr.) hat beschrieben, dass das Regieren von Unredlichkeit begleitet sein kann. Das Phänomen ist also nicht neu. Neu daran ist nur, dass Politiker heute sich offenbar ihrer Unredlichkeit nicht mehr bewusst werden. Im 57. Abschnitt schreibt Lao-tse in *Tao te king:*

»Mit Redlichkeit regiert man das Land,
mit Arglist braucht man Waffen.
Mit Nichtgeschäftigkeit übernimmt man das Reich.
Woher weiß ich, dass es so ist?
Durch dieses:
Je mehr Verbote und Beschränkungen das Reich hat,
desto mehr verarmt das Volk,
Je mehr scharfes Gerät das Volk hat,
desto mehr wird das Land beunruhigt,
Je mehr Kunstfertigkeit das Volk hat,
desto wunderlichere Dinge kommen auf,
Je mehr Gesetze und Verordnungen kundgemacht werden,
desto mehr Diebe und Räuber gibt es.

Darum sagt der heilige Mensch:
Ich (übe) das Nicht-Tun,
und das Volk wandelt sich von selbst,
ich liebe die Ruhe,
und das Volk wird von selbst redlich,
ich (übe) die Nichtgeschäftigkeit,
und das Volk wird von selbst reich,
ich (übe) das Nichtbegehren,
und das Volk wird von selbst einfach.«

Wie also soll redliche Regierungstätigkeit beschaffen sein, um die Unredlichkeit des Volkes zu verhindern und die Möglichkeit zu seiner Entfaltung zu schaffen? Lao-tse wurde von Victor von Strauss[30] so erläutert:

»Rechtes Regieren ist [...] nur bei friedlichen Zuständen durchzuführen.

[...] man übernimmt und gewinnt das Reich nur durch ›Nichthaben Geschäfte‹, durch Nichtgeschäftigkeit, was als Nichteinmischung ungefähr dem Nicht-Tun entspricht. Es ist die Enthaltung von Verboten und Einschränkungen, von Kriegszurüstungen, von Förderung bloßer Luxuskünste, von gesetzgeberischer Einmischung in die gesellschaftlichen Zustände, mit einem Wort: vom Vielregieren.

Die Behauptung, dass der Herrscher gerade durch Enthaltung von jener Vielgeschäftigkeit in den wahren Besitz der Herrschaft gelange, war so sehr allen herkömmlichen Ansichten zuwider, dass Lao-tse voraussieht, man werde einen Beweis dafür verlangen. Er stellt daher die Forderung desselben durch die fortleitende Frage an sich selbst.

Der geforderte Beweis wird aus der Erfahrung genommen. Es pflegt eine Haupttätigkeit der Regierenden zu sein, durch Verbote und Beschränkungen mancher Art die Freiheit der Personen, der Beschäftigung, des Aufenthalts, des Eigentums, des Gewerbes und Verkehrs zu hemmen, zum Teil wenigstens in der Meinung, dadurch den Wohlstand der Gesamtheit zu heben. Dagegen lehrt die Erfahrung, dass gerade durch die Häufung solcher Maßregeln das Volk gehindert wird, durch Entwicklung eigener Kraft und Tätigkeit seine Lage zu bessern, daher nur immer mehr verarmt.«

»Bei diesem Verhalten muss er [der Regent] das unterlassen, was oben als Ursachen der Verarmung des Volks angesehen wurde, nämlich die Verbote und

Beschränkungen, welche die freie Entwicklung des Wohlstands verhinderten, aber auch solche Unternehmungen, welche die Kräfte und den Besitz des Volks aufzehren. [...]

Innere Sittlichkeit, äußerliche Rechtschaffenheit, Wohlstand und Lebenseinfachheit des Volkes sind die wesentlichen Grundlagen glücklicher öffentlicher Zustände und bleiben es auch bei jeder Regierungsform, die schließlich nur das Mittel sein soll, um sie zu erreichen und herzustellen.«

Der neue unredliche Anspruch der Politik, die Wirtschaft leiten zu können

Der Politik fehlen heute offensichtlich die Möglichkeiten, die Wirtschaft zu leiten. So ist es extrem selten, dass ökonomische Versprechen von Politikern auch tatsächlich eingehalten werden. Das dürfte den Politikern bekannt sein. Dennoch gab Gerhard Schröder 1998 den Bürgern der Bundesrepublik eine Karte an die Hand, die er sie unbedingt aufzuheben bat:

> Bewahren Sie diese Karte auf, und Sie werden sehen, daß wir halten, was wir **versprechen**:
>
> 1. MEHR ARBEITSPLÄTZE durch eine konzertierte Aktion für Arbeit, Innovation und Gerechtigkeit. Arbeitslosigkeit kann man bekämpfen.
> 2. EIN SOFORTPROGRAMM. 100 000 Arbeitsplätze für Jugendliche und mehr Lehrstellen durch eine Ausbildungsoffensive 99.
> 3. AUFBAU OST WIRD ZUR CHEFSACHE und mit einem gebündelten Zukunftsprogramm vorangetrieben.
> 4. DEUTSCHLAND ALS IDEENFABRIK durch Verdoppelung der Investitionen in Bildung, Forschung und Wissenschaft in 5 Jahren.
> 5. BEKÄMPFUNG DER KRIMINALITÄT und ihrer Ursachen, Verhinderung der Geldwäsche, Einzug illegaler Vermögen, Verhinderung illegaler Beschäftigung.
> 7. MEHR STEUERGERECHTIGKEIT durch Entlastung von Familien (mit zwei Kindern) um 2 500,– DM pro Jahr, mehr Kindergeld.

8. BEZAHLBARE GESUNDHEIT durch Entlastung chronisch Kranker bei der Zuzahlung, Jugendliche erhalten wieder Zahnersatzleistungen.

9. MEHR SOZIALE GERECHTIGKEIT. Kohls Fehler korrigieren bei Renten, Kündigungsschutz und Lohnfortzahlung im Krankheitsfalle.

Abbildung 3: Wahlversprechen der SPD von 1998. *Quelle: Spiegel online* 14. Februar 2002

Die Wiederwahl des Bundeskanzlers Schröder 2002 wurde unter anderem dadurch möglich, dass er zum einen das ökonomische Versprechen gab, die Arbeitslosenzahl auf 3,5 Millionen zu senken, und zum anderen das ebenfalls ökonomische Versprechen, den angeschlagenen Philipp-Holzmann-Konzern zu retten.»Liebe Freunde, wir haben es geschafft.« Mit diesen Worten am 26. November 1999 gegen 21.30 Uhr leitete Bundeskanzler Gerhard Schröder das vorläufige Ende der Unternehmenskrise des zweitgrößten deutschen Baukonzerns ein. Der Grund? Man kann nur spekulieren. Schröder hatte 1999 durch die Veröffentlichung des umstrittenen Schröder-Blair-Papiers sehr viel Rückhalt bei den Wählern verloren. Einige Landtagswahlen gingen verloren. Sein Engagement bei Philipp Holzmann half dem Bundeskanzler, sowohl die Gewerkschaften als auch die Arbeitnehmer zu begeistern.»Der eine oder andere hat sich wohl mehr Gedanken um sein eigenes Geschäft gemacht als um die Rettung dieser Firma und um die Arbeitsplätze. Das ist sehr bedauerlich«, meinte der Kanzler damals. Jürgen Mahneke, Betriebsratsvorsitzender und stellvertretender Aufsichtsratsvorsitzender der Philipp Holzmann AG, rechnete dem Kanzler in einem persönlichen Gespräch vor, dass – inklusive der Zulieferer und Subunternehmer – bis zu 60 000 Arbeitsplätze durch die Holzmann-Krise gefährdet sind. Schröders Kalkül ging auf. Unter dem Druck von Politik und öffentlicher Meinung stimmten die Banken einem Sanierungsplan zu – auch wenn sie nicht davon überzeugt waren.

Der ehemalige BDI-Präsident Olaf Henkel kommentierte dies in einem Interview mit *brand eins* so:»Mit Philipp Holzmann zum Beispiel hat sich zwar Gerhard Schröder saniert – aber er hat nicht

Philip Holzmann gerettet.« Das Holzmann-Versprechen fand übrigens gegen EU-Richtlinien statt. Das hätte Kanzler Gerhard Schröder klar sein müssen. Es waren nicht nur diese Versprechen. Die *taz* berichtete am 11. März 2003: »Wer Kanzler ist, kann im Wahlkampf mit Regierungsgeschenken punkten. So war es auch gestern in Magdeburg auf dem ersten Ostparteitag der SPD, der nicht zufällig kurz vor die Landtagswahl in Sachsen-Anhalt am 21. April platziert war. Gerhard Schröder also verkündete, dass die A 14 von Magdeburg Richtung Norden verlängert wird – und die Delegierten jubelten. Ansonsten wird noch die A 72 zwischen Leipzig und Chemnitz sowie die ICE-Strecke von Berlin nach Nürnberg gebaut. Die Delegierten klatschten erneut. Ein Geschenk ging auch an den öffentlichen Dienst: Die Ostgehälter würden bis zum Jahr 2007 auf das Westniveau angehoben. Die Erwerbslosen schließlich sollten sich darüber freuen, dass in diesem Jahr 10 Milliarden Euro für die aktive Arbeitsmarktpolitik in Ostdeutschland ausgegeben werden – 1 Milliarde mehr als im letzten Jahr.« Was wohl inzwischen aus diesen Versprechen geworden ist?

Der Standard in Wien, Printausgabe, schreibt am 25. 11. 2004 in der Kolumne von Paul Lendvai unter anderem:

»Bei einer repräsentativen Umfrage von Gallup International erklärten 76 Prozent der Deutschen, ihre Politiker seien unehrlich. Fast jeder Zweite hält sie sogar für unfähig, die Probleme im eigenen Land zu lösen. [...] Das Urteil der Bürger über die Wirtschaftsführer ist ebenfalls vernichtend: So halten 70 Prozent der Befragten die Spitzenmanager Deutschlands für unehrlich und 80 Prozent für zu mächtig. Überraschend ist allerdings die relativ positive Einschätzung der Franzosen und Griechen: Sie halten nur 36 Prozent beziehungsweise 29 Prozent ihrer Politiker für unehrlich.

Deutsche Meinungsforscher und Manager erklären die verblüffend schlechten Ergebnisse mit der riesigen Politikverdrossenheit infolge des Zickzackkurses bei den Wirtschaftsreformen und mit den Krisenerscheinungen bei einstigen Vorzeigeunternehmen wie Karstadt oder Opel. Allerdings sind die weltweit ermittelten Zahlen auch nicht gerade strahlend, was das Image der Politiker betrifft. So halten 46 Prozent der Westeuropäer und 49 Prozent der

Osteuropäer ihre Politiker für unredlich. In Polen, wo eine Reihe von Korruptionsskandalen die Öffentlichkeit erschütterten, sind sogar 90 Prozent der Befragten misstrauisch gegenüber der politischen Elite.

Weltweit halten 63 Prozent der befragten Bürger die politischen Führer für unehrlich, mit Spitzen in Lateinamerika (87 Prozent), Afrika (82 Prozent) und Asien (73 Prozent). Die Wirtschaftsführer bekamen bessere Noten: Global werden ›nur‹ 43 Prozent als unehrlich betrachtet. Die in sechzig Ländern durchgeführten Interviews mit 50 000 Menschen werden als ›die Stimme des Volkes‹ beim nächsten Jahrestreffen des Weltwirtschaftsforums in Davos präsentiert. Manche politische Wissenschafter warnen freilich vor zu pauschalen Schlussfolgerungen. Das Wort ›Unehrlichkeit‹ oder ›Unredlichkeit‹ hat nicht die gleiche semantische [sic!] Bedeutung in jeder Sprache.«

Dies sind nur einige Beispiele politischer Unredlichkeit. Sicher gehören sie nicht zu den sehr populären Beispielen, dokumentieren jedoch deutlich, wes Geistes Kind so mancher Politiker ist.

Die soziale Marktwirtschaft

Wann begann die neue Unredlichkeit im Wirtschaftsbereich die Herrschaft zu übernehmen? Das geschah erst mit dem Aufbau der sozialen Marktwirtschaft. Die soziale Marktwirtschaft ist eine politische Erfindung. Das Problem der sozialen Marktwirtschaft ist es, dass »sozial« jederzeit anders definiert werden kann. Nach dem Vater des Neoliberalismus und Wirtschaftsnobelpreisträger Professor Friedrich August von Hayek ist das Wort »sozial« ein *weasel word*. So wie ein Wiesel ein Ei aushöhlen kann, höhlt das *weasel word* einen Begriff aus und verändert beliebig seine ursprüngliche Bedeutung. Das betrifft auch die Marktwirtschaft. Entweder ist es eine Marktwirtschaft oder es ist keine. Damit haben wir einen typischen Fall der neuen Unredlichkeit, indem wir von Marktwirtschaft reden, jedoch Planwirtschaft wollen. Es könnte sein, dass damit die Politik wieder über die Wirtschaft siegt. Die Abrede über ökonomische Fragen einschließlich der Erfindung des Euro wird in Europa politisch geführt, und nicht ökonomisch. Der Euro wird wahrscheinlich in zehn Jahren ökonomisch tot sein, wenn nicht ein Mehr an Flexibilität, Dynamik und Wettbewerb in Europa erreicht wird. Die Frage ist, ob man so lange warten sollte. Das führt zu regelrechtem Betrug. Griechenland zum Beispiel ist nur in die EU gekommen, weil es seine Nettoneuverschuldung in betrügerischer Weise auf 1,4 Prozent des Bruttosozialproduktes heruntergerechnet hat, obwohl es tatsächlich 6 oder 7 Prozent waren. Italien hat ähnlich betrogen. Die Nettoneuverschuldung sollte jedoch laut Maastricht-Vertrag nicht mehr als 3 Prozent betragen. Dieses Kriterium erfüllt Deutschland derzeit ebenfalls nicht.

Die deutsche Gerichtsbarkeit

Auch Justitia, die für manche bekanntlich blind ist, bewegt sich im Raum der neuen Unredlichkeit. Fairerweise müssen wir Richtern zugute halten, dass auch sie Kinder unserer Gesellschaft sind. Es ist also schon ein wenig verwegen, von Richtern ein höheres Ethos, mehr Redlichkeit zu erwarten als von anderen Mitgliedern unserer Gesellschaft. Das Problem ist nur: Wenn auch Richter sich nicht redlich verhalten, woher sollen wir dann noch ordentliches Recht bekommen? Letztlich hoffen wir auf ein Rechtssystem, das redlich und gerecht ist. Diese Hoffnung ist jedoch, wenn man es kritisch betrachtet, ein wenig naiv. Es ist schon erstaunlich, wenn nicht gar erschreckend, wie die deutsche Gerichtsbarkeit selbst von Prominenten erlebt wird. Zunächst hier nur einige Zitate:

Der Bundesverfassungsrichter a. D. Professor Willi Geiger aus Karlsruhe äußerte in einem Beitrag in der *Deutschen Richterzeitung*, 9/1982, S. 325 :

»Ich wage nach einem langen Berufsleben in der Justiz, wenn ich gefragt werde, den Ausgang eines Prozesses nur noch nach dem im ganzen System angelegten Grundsatz vorauszusagen: Nach der Regel müsste er so entschieden werden; aber nach einer der vielen unbestimmten Ausnahmen und Einschränkungen, die das Recht kennt, kann er auch anders entschieden werden. Das genaue Ergebnis ist schlechthin unberechenbar geworden. Allenfalls kann man mit einiger Sicherheit sagen: Wenn du meinst, du bekommst alles, was dir nach deiner Überzeugung zusteht, irrst du dich. Ein der Entlastung der Gerichte dienlicher Rat könnte bei dieser Lage der Dinge sein: Führe möglichst keinen Prozess; der außergerichtliche Vergleich oder das Knobeln erledigt den Streit allemal rascher, billiger und im Zweifel ebenso gerecht wie ein Urteil. Das heißt in allem Ernst: Unter den in der Bundesrepublik obwaltenden Verhältnissen von den Gerichten Gerechtigkeit zu fordern, ist illusionär.«

Doktor Egon Schneider, ehemaliger Richter am Oberlandesgericht, äußerte sich in der *Zeitschrift für anwaltliche Praxis* 6/1999 vom 24. 3. 1999, S. 266: »Es gibt in der deutschen Justiz zu viele machtbesessene, besser wissende und leider auch unfähige Richter, denen beizukommen offenbar ausgeschlossen ist.«

Vielleicht müssen wir es mit Bertolt Brecht halten, der meinte:

»Nicht nur die deutsche Justiz ist unbestechlich! Auf der ganzen Welt kann man mit der größten Geldsumme keinen Richter mehr dazu verführen, Recht zu sprechen.«

Wie schlimm ist es um unser Rechtssystem denn tatsächlich bestellt? Zitate allein reichen nicht. Lassen wir Fakten sprechen. Auch wenn viele Richter ein Recht sprechen, das ausgewogen, redlich, gerecht ist, bekämpft leider nicht jedes Urteil der letzten Jahre die neue Unredlichkeit, manche Urteile unterstützen sie. Zunächst zwei Beispiele:

- Das Okay der Hausbank eines Bauträgers gegenüber einem beauftragten Bauhandwerker zur Finanzierung eines Bauprojekts verpflichtet die Bank keineswegs zur Zahlung an diesen. (Oberlandesgericht Hamm, AZ: 31 U 257/99 vom 8. Mai 2000)
- Eine Lebensversicherung kann nicht verpfändet werden; auch wenn der Schuldner seinem Gläubiger seine Versicherungspolice übergibt, hat der Gläubiger keinen Anspruch auf Auszahlung. (Oberlandesgericht Koblenz, AZ: 3 U 570/98)

In beiden Urteilen wird Unredlichkeit leider nicht wirklich bekämpft.

Im ersten Fall wird die Gutgläubigkeit eines Handwerkers schamlos ausgenutzt, und im zweiten Fall wehrt sich ein Schuldner erfolgreich dagegen, seine Schulden bezahlen zu müssen.

Fallbeispiel 1: Verbraucherschutz

Die gleiche Unredlichkeit schimmert durch in einem Fall, der von Christoph Arnowski in dem Artikel »Verdacht auf Rechtsbeugung – wie der BGH gegen den Verbraucherschutz zu Felde zieht« veröffentlicht wurde.[31] Der Artikel bezog sich auf einen Fernsehbeitrag von *plus minus* vom 24.2.2004. Er dokumentiert hoffentlich nur im Einzelfall bis hin zum BGH eine durchgehende neue Unredlichkeit, die als solche den Beteiligten wohl nicht mehr bewusst wird. In diesem Artikel wird berichtet, dass sich ein Krankenpfleger im Dezember 1994 überreden ließ, für damals 455 000 Mark (233 000 Euro) eine Wohnung in Berlin zu kaufen. Der Vermittler der Wohnung verheimlichte, dass es sich um eine »Schrottimmobilie« handelte. Der Krankenpfleger konnte sich die Immobilie nur über einen Kredit leisten. Die Bank spielte mit. Auch sie unterließ es aufzuklären, dass die Immobilie praktisch wertlos war, der zuständige Sachbearbeiter dort kassierte sogar vom Vermittler Schmiergeld, damit er die Schrottimmobilie finanzieren half. Dafür wurde der Bankmitarbeiter später wegen Betrugs zu zwei Jahren auf Bewährung bestraft. Das Landgericht in München unterließ es anschließend, diese Verurteilung in einem Zivilprozess gegen die Bank zu berücksichtigen. Der Anwalt des Krankenpflegers versuchte eine Revision vor dem BGH durchzusetzen, doch der Bundesgerichtshof ließ die Revision nicht zu. Das hielt der Anwalt für Rechtsbeugung.

Dem Göttinger Rechtsanwalt Reiner Fuellmich erging es ähnlich. Er hatte einige Prozesse gegen Banken unter anderem vor dem OLG Bamberg gewonnen, jedoch wurden alle Urteile vom BGH wieder kassiert. Fuellmich erfuhr später von einem Seminar der Fachzeitschrift *Wertpapiermitteilungen*. Christoph Arnowski schreibt weiter dazu:

»Einen möglichen Hinweis für die bankenfreundliche Rechtssprechung des BGH erfuhr Fuellmich erst später. Im Mai 2001 fand in einem Potsdamer Hotel ein Seminar der Fachzeitschrift ›Wertpapiermitteilungen‹ (WM) statt, zu deren Herausgebern die Interessengemeinschaft Frankfurter Kreditinstitute gehört. Anwesend waren als bezahlte Referenten auch der Vorsitzende des 11. BGH-Senats (Bankenrechtssenat) Gerd Nobbe und ein weiterer BGH-Richter, der laut eidesstattlicher Versicherung einer Teilnehmerin die verbraucherfreundlichen Urteile des OLG Bamberg wie folgt kommentierte: ›Das OLG hat sich den Verbraucherschutz auf die Fahnen geschrieben.‹ Und weiter: ›Wir müssen diesem Spuk endlich mal ein Ende machen.‹ Tatsächlich hob der BGH-Senat wenige Wochen später die OLG-Entscheidungen auf. In einer dienstlichen Stellungnahme bestritten sie die Äußerung und jede Befangenheit.«

Kritik an diesen BGH-Entscheidungen gibt es reichlich. Der Rechtsanwalt Egon Schneider meinte:

»Es bleibt für mich nur der Schluss. Entweder sind ihm diese Umstände nicht bekannt gewesen, und er hat sich nicht die Mühe gemacht, sich kundig zu machen. Dann ist dies fahrlässig und auch pflichtwidrig. Oder es war ihm bekannt, und er hat es bewusst unterschlagen, nämlich keine Begründung dazu gegeben und in der Begründung nicht erwähnt. Dann bleibt nur der Schluss übrig, dass er vorsätzlich gehandelt hat. Das ist die erste Stufe der Rechtsbeugung.«

Auch die Rechtswissenschaft übt in den letzten Monaten immer lauter werdende Kritik am BGH-Senat. Professor Peter Derleder von der Uni Bremen kann sich dem Eindruck nicht verschließen, »dass wir an einem Punkt angekommen sind, wo man von Unrecht aus Karlsruhe sprechen muss.«

Plusminus richtete mehrere Anfragen an den BGH, bekam jedoch keine Stellungnahme, weder vom Vorsitzenden des 11. Zivilsenats Nobbe, noch von seinem Stellvertreter. Dieser hatte noch im Jahre 1999 in einem Artikel davon gesprochen, dass man der legislativen Hydra des Verbraucherschutzes einige besonders hässliche Köpfe abschlagen sollte. Im Jahre 2004 endlich rügte die EU-Kommission den BGH. Sie schrieb an den Europäischen Gerichtshof, dass es »der BGH (…) an der notwendigen objektiven und vollstän-

digen Analyse und und Bewertung aller sachlichen und rechtlichen
Umstände hat fehlen lassen.«[32]

Auch die Politik scheint sich solcher Themen nicht annehmen zu
wollen. Bundesjustizministerin Brigitte Zypries (SPD) sieht keinen
Anlass für Gesetzesänderungen, um Verbraucher besser vor so genannten »Schrottimmobilien« zu schützen. Entsprechende Forderungen lehnte Zypries im Gespräch mit der Zeitung Die Welt ab.
Die bestehenden Regelungen seien sehr umfassend. Zudem könne
auch »das Gesetz blauäugige Anleger nicht vor unüberlegten Entscheidungen schützen«.

Fallbeispiel 2: Unredlicher Erwerb

Der § 4 Abs. 3 des Vermögensgesetzes gibt zwar keine Auskunft zur
Redlichkeit, jedoch zur Unredlichkeit. Es wird definiert, wann ein
unredlicher Erwerb vorliegt. »Ein gemeinsames Merkmal für alle
Fälle des unredlichen Erwerbs ist, dass der Erwerb auf einer sittlich
anstößigen Manipulation beruht.«[33] »Der Unredlichkeit«, heißt es
dort, »muss ein anstößiges Verhalten im Sinne einer moralischen
Verwerflichkeit zu Grunde liegen.«

Würde das Vermögensgesetz mit seiner Definition der Unredlichkeit angewandt werden auf einen Fall, der von der Neuen Solidarität in der Ausgabe Nr. 24-25/2002 veröffentlicht wurde, könnte
eine neue Bewertung entstehen. In diesem Artikel wird darauf hingewiesen, dass westdeutsche Großbanken mit Milliardenbeträgen
»beschenkt« wurden und dass bei Zahlungsunfähigkeit der ostdeutschen »Schuldner« die Zins- und Tilgungszahlungen an die westdeut-
schen Großbanken aus Steuermitteln bestritten werden.

Im Besonderen geht es um die Genossenschaftsbank Berlin (GBB).
Die GBB hieß bis 1990 Bank für Landwirtschaft und Naturgüter-
wirtschaft. Sie fungierte als finanztechnisches Verrechnungsorgan
für die landwirtschaftlichen Produktionsgenossenschaften (LPG) im
Rahmen der Zentralplanwirtschaft der DDR. 1990 im September
wurde die Bank mit Kassenbeständen von 250 Millionen D-Mark

für 106 Millionen D-Mark von der Frankfurter DG-Bank gekauft. Neben dem Gewinn von 144 Millionen D-Mark gab es noch alte Verrechnungsforderungen der GBB an DDR-Betriebe im Bereich der Landwirtschaft und Nahrungsmittelindustrie. Diese Forderungen waren laut *Neue Solidarität* mittels des Einigungsvertrags in »Schulden«-Forderungen im Sinne des marktwirtschaftlichen Rechtssystems verwandelt worden. 1990 kamen alt-neue »Schulden«-Forderungen im Wert von circa 4,2 Milliarden D-Mark zusammen. Die Zinsen auf diese Schulden wurden mit der Währungsunion am 1. Juli 1990 von 0,5 Prozent in der DDR auf ein westliches »Marktniveau« von rund 10 Prozent angehoben. Bis Ende 1994 erhöhten sich dadurch die Forderungen der DG-Bank an ihre ostdeutschen »Schuldner« auf 7,8 Milliarden D-Mark. Da die Betriebe der Land- und Nahrungsgüterindustrie der ehemaligen DDR dieses Geld wohl nie aufbringen werden, übernahm als Konsequenz die Bundesregierung die Garantie für die Altschulden. Der DG-Bank sollten nun Milliardenbeträge aus dem »Ausgleichfonds Währungsumstellung / Erblastentilgungsfonds« zufließen. Die Sache landete vor dem Landgericht Magdeburg. Aber nicht wegen der offensichtlichen Unredlichkeit, sondern weil bei der Transaktion etwas mit den Unterschriften nicht stimmte.

Das Beispiel der DG-Bank ist kein Einzelfall, auch andere Banken haben an der Umwandlung der Altschulden aus DDR-Zeiten in Schulden nach dem Einigungsvertrag profitiert, indem sie für wenig Geld verschiedenen Instituten des staatlichen DDR-Bankensystems Forderungen abkauften. Ein Unrechts- oder Unredlichkeitsbewusstsein scheint hier zu fehlen.

Berthold Brecht hätte dazu gemeint: »Nur Amateure überfallen eine Bank, Profis gründen eine.«

Und Nietzsche hätte vielleicht dazu gemeint: »Die gemeinste und unredlichste Leidenschaft ist das gute Gewissen.« Oder an anderer Stelle: »Es ist die uralte Übung innerhalb der Herde: die eigentliche Unredlichkeit, bei sich nur die erlaubten Urteile und Empfindungen zu sehen.«[34]

Zur Ehrenrettung der Gerichte sei noch ein weiterer Fall der neuen Unredlichkeit erwähnt, der erfolgreich vor Gericht bekämpft wurde. Es ist der Fall der Stadtsparkasse München. Sie hatte einer Kundin eine Immobilie als Geldanlage empfohlen, größtenteils auf Kredit. Weil die Mieten sanken, wurde es ein Verlustgeschäft. Der Berater hatte versprochen, die Anlage sei risikofrei, da sie sich durch Mieteinnahmen und Steuerersparnis selbst trage. Er hatte jedoch nicht erwähnt, dass das Geldinstitut gleichzeitig auch der Bauträger war. Über diese Interessenkollision hätte die Kundin aufgeklärt werden müssen, entschieden die Richter. Denn sie hätte die Beratung des Sparkassen-Mitarbeiters dann wesentlich kritischer bewertet.[35]

Die neue Unredlichkeit der heutigen Demokratie

Zur neuen Unredlichkeit gehören auch bestimmte Tendenzen im internationalen Kampf um ökonomische oder soziale Vorteile. Im unredlichen internationalen Wettbewerb kommt die Demokratie wieder ins Spiel. Es gibt eine Tendenz gegenüber allen nichtdemokratischen Staaten, dort »die« Demokratie einzuführen. Das geschieht gegen den Willen dieser Länder. Dabei wird vergessen, dass Demokratie (eine griechische Erfindung) ausschließlich eine europäische Idee ist.

Schon der mythische Priester Laokoon hat in der *Aeneis* anlässlich des Krieges um Troja vor dem hölzernen Pferd der Griechen gewarnt: »Ich fürchte die Griechen, selbst wenn sie Geschenke bringen.«

Uns haben die Griechen das Geschenk der Demokratie gemacht. Doch die ist in sich widersprüchlich und neigt dazu, sich selbst zu vernichten. Schon in den beiden Fällen, als die alten Griechen die Demokratie eingeführt hatten, hat die Demokratie höchstens eine oder zwei Generationen vorgeherrscht. Sie diente dazu, Herrscher und Tyrannen zu relativieren. Demokratie war also immer eine relativierende, nie eine absolute Herrschaftsform. Wir dagegen sehen

Demokratie als absolute Herrschaftsform an. Das Problem der Demokratie aber ist, dass Herrschaft immer von Einzelnen ausgeübt wird.

Eigentlich ist die Demokratie ein Anachronismus. Die Herrschaft des Volkes bedeutet, dass eigentlich jeder regieren will. Das ist wahrlich nicht demokratisch. Genau genommen ist Demokratie somit gar nicht möglich. *Démos* war das Volk, das freie Volk, also die männlichen Vollbürger (nicht Sklaven, Frauen und Fremde/Nicht-Bürger). *Kratía* war der Begriff für Herrschaft. Damit war eine starke, dogmatische Herrschaft gemeint, im Unterschied zum *arché*, das mehr einen leitenden Charakter meinte. *Arché* will begleiten, anleiten, animieren, nicht dogmatisch bestimmen. Den Unterschied bemerken wir in den Wörtern Hierarchie oder Monarchie. Monarchie und Hierarchie haben von der Wortbedeutung her einen leitenden Charakter, die Demokratie dagegen einen starken, bestimmenden Charakter. Wir vermuten heute in der Monarchie eher das, was mit *kratía* gemeint ist und unterstellen der Demokratie das, was mit *arché* gemeint ist. Doch unsere Annahme, wie sich Demokratie und Monarchie politisch verhalten, entspricht nicht der ursprünglichen Wortbedeutung. Nach unserer heutigen Auffassung müsste es eigentlich Hierkratie, Monkratie und Demoarchie heißen. Vielleicht wussten die Griechen mehr als wir, denn sie haben der Demokratie nicht über den Weg getraut und sie nur als Überleitung von einem politischen System zu einem anderen genutzt. Sie waren der Meinung, man solle ein Volk nicht unbedingt länger als notwendig regieren lassen. War ein neuer Herrscher (Monarch) gefunden, war es mit der Demokratie vorbei.

Die alten Griechen haben noch etwas mit der Demokratie verbunden. Sie haben vorgeschrieben, wie in demokratischen Regierungszeiten die politischen Entscheidungen zu fällen seien. Die Griechen meinten, es sei letztlich gleichgültig, wer in der Demokratie gerade an der Regierung ist. Gleichgültig, ob die eine oder die andere Partei regiert, die Parteien wollen alle dasselbe, und das mit Macht, wie das Wort *kratía* schon sagt. Daher haben die alten Griechen vorgeschrieben, dass derjenige, der regieren soll, per Los gewählt wird. Das ging schnell, war unaufwändig und führte zu einem verwertbaren Ergebnis. Es bedeutete: Der Zufall regiert, er trägt somit die letzte Verantwortung. Sokrates hat sich noch über diese Vorgehensweise lustig gemacht. Sie war jedoch konsequent und eine in aller Regel ziemlich günstige Lösung. Noch heute hätte diese Vorgehensweise einiges für sich, glaubt man den Untersuchungen von Kenneth Joseph Arrow (*1921), der sich mit demokratischen Entscheidungsprozessen beschäftigt hat. Für seine Forschungen erhielt der amerikanische Volkswirtschaftler 1972 den Nobelpreis für Wirtschaftswissenschaften (der für Wissenschaftler häufig dazu zu führen scheint, dass man ihre Forschungsergebnisse nicht ernst nimmt oder sie lieber verschweigt). Arrow fand heraus, dass eine politische Entscheidung, will sie denn Freiheit und Gleichheit optimal miteinander verbinden, nur aus der »Diktatur des Einzelnen« hervorgehen kann. Politiker und vor allem Mathematiker haben diese Aussage kritisch untersucht. Das bekannteste Beispiel stammt hier von Donald G. Saari. 15 Personen sollten zwischen drei Lösungen entscheiden. Sechs Leute wählten die Präferenz erst A, dann B und dann C. Fünf Leute entschieden sich für erst C, dann B, dann A. Vier Personen entschieden sich für B, dann C, dann A. Die Lösung A ließ sich nicht realisieren, also entschied man sich für C (erste Präferenz der zweitstärksten Gruppe). Das jedoch entsprach nicht dem »Volkswillen«, weil sich eine Mehrheit für B ergeben hätte (10 zu 5 für B). So versah man das Ganze mit einem Faktor. Damit kam es zu einer Verteilung von Lösung A = 27 Punkte, Lösung B = 34 Punkte, Lösung C = 29 Punkte. Die daraus resultierende gerechte und demokratische Präferenz wäre dann: erst B, dann C, dann A gewesen. Diese Lösung wurde jedoch nur von der kleinsten Gruppe präferiert. Das lässt einen leider ziemlich paradoxen Schluss zu: in der Demokratie wedelt der Schwanz mit dem Hund! Das Ganze ist als das Arrowsche Paradoxon in die Literatur eingegangen. Es gab viele Versuche, dieses Paradoxon irgendwie zu überlisten. Bisher ist es nicht gelungen.

Übrigens war es ein demokratischer Gerichtshof in Athen, der das Todesurteil über Sokrates fällte, nur weil er behauptete, nichts von Wahrheit, sondern nur etwas von Gewissheit zu verstehen. Sein demokratischer Richter war damals sehr verstimmt, als Sokrates meinte: »Wir beide verstehen von Wahrheit nichts. Ich behaupte aber auch nicht, von Wahrheit etwas zu verstehen, während du behauptest, du verstündest etwas davon. Offensichtlich bin ich in dieser Sache etwas klüger als du.«

Außerdem haben die alten Griechen auch nichts davon gesagt, dass eine Partei regieren darf. Auch unser Grundgesetz schreibt zwar die Demokratie als Verfassungsprinzip (Artikel 20) fest, sieht aber die Regierung von Parteien nicht vor. Wie heißt es im Grundgesetz (Artikel 21): »Die Parteien sind an der politischen Willensbildung des Volkes beteiligt.« Von Regieren steht da nichts. So wäre der Fraktionszwang eigentlich verfassungswidrig. Es stört zwar keinen, aber es bleibt verfassungswidrig.

Wir haben in unserer Demokratie zunächst einmal nur bestimmt, wer regieren soll, nicht wie er regieren soll. Wir haben die Mehrheitsherrschaft und auch die politische Gleichheit vorgesehen. Schon bald kamen wir in der Demokratie auf die Idee, diese mit dem Liberalismus zu verknüpfen. Im Liberalismus allerdings wird vorgeschrieben, wie regiert werden soll, nicht wer regieren soll. Liberalismus will immer so viel Freiheit wie nur irgend möglich, und nur so viel Zwang, wie unbedingt erforderlich, also notwendig. Eine Idee, die nicht zwingend ist. Von der wir heute nicht mehr wissen, dass Demokratie und Liberalismus zwei verschiedene Dinge sind. Die Verbindung ist uns so selbstverständlich geworden, dass wir uns eine Trennung nicht mehr vorstellen können. Kritisch betrachtet ist so manches von dem, was wir als undemokratisch bezeichnen, nur illiberal.

Inzwischen ist anscheinend auch das Wissen um die Grundformen der Demokratie verloren gegangen. Wir kennen die direkte und die indirekte Demokratie. Nur in der indirekten Demokratie werden Vertreter gewählt, die entscheidungsbefugt sind. In der direkten Demokratie entscheiden die Bürger noch direkt. Damit ist unsere Demokratie schon keine echte Demokratie mehr. Eigentlich fordert die Demokratie den absoluten Primat der Legislative. Bei uns regiert jedoch, wie schon dargestellt, die Exekutive. Faktisch gehören viele gewählte Abgeordnete der Bundesregierung zur Exekutive. Der Bundesrat ist in der Lage, Demokratie zu verhindern, und das Bundesverfassungsgericht wird so relativiert. Zusammengefasst bedeutet das: Wir sind meist der fälschlichen Auffassung, dass wir in der einzig möglichen oder doch zumindest der bestmöglichen Form von Demokratie lebten – und diese Auffassung ist in höchstem Maße unredlich.

Außerdem scheinen wir vergessen zu haben, dass sich in einer liberalen Demokratie Freiheit und Gleichheit ausschließen. Das Ganze ist ein Gegensatz. Jede Form von Gleichmacherei beschneidet zugleich jede Form von Freiheit. Wir sind nicht gleich. Wir verfügen über unterschiedliches Aussehen, unterschiedliche Begabungen und Talente, unterschiedliche Wünsche. Selbst im Neuen Testament ist nie von Gleichheit, sondern von Freiheit die Rede. Auch die Gerechtigkeit bedeutet nie Gleichheit. Schon Domitius Ulpian, der römische Jurist (170 – 228), definierte Gerechtigkeit als den festen und andauernden Willen, einem jeden Menschen sein Recht zukommen zu lassen.

Und dann wundern sich die großen Parteien, wenn das Volk anfängt sich zu weigern, sie zu wählen. So ist es eigentlich unverschämt, die Demokratie immer wieder über das altgriechische Verständnis von Demokratie legitimieren zu wollen. Würden wir dieses alte Verständnis noch leben, wäre es vielleicht besser um die Demokratie bestellt. Ein Sendungsbewusstsein jedenfalls, das alle nichtdemokratischen Staaten zu unserer Form von Demokratie zwingen will, ist in höchstem Maße unredlich.

Kapitel 6

Die neue Unredlichkeit
des Mobbings

Mobbing bedeutet, einem Menschen feindselig gegenüber zu stehen und ihm regelmäßig Interaktionen anzubieten, die nicht den sozialen Erwartungen entsprechen, oder sozial zu erwartende Interaktionen zu verweigern. Das Ziel ist es zum Beispiel, einen Mitarbeiter, Kollegen, Vorgesetzten zum Ausscheiden aus dem Unternehmen zu bringen. Der Gemobbte soll dazu gebracht werden, möglichst selbst zu kündigen. Dabei geht es meist darum, eine Abfindungszahlung zu vermeiden.

Mobbing leitet sich aus dem englischen Wort *mob* für Pöbel ab. Der Verhaltensforscher Konrad Lorenz war wohl der Erste, der dieses Wort im heutigen Sprachverständnis benutzt hat. Er setzte es für Attacken im Tierreich ein. Dann wanderte das Wort in die Schulpsychologie. Dort wurde es verwendet, wenn Gruppen von Schülern andere Schüler auf besonders unfaire Art belästigten. Es ist dem Begründer der Mobbingforschung, Professor Heinz Leymann, zu verdanken, dass dieses Wort in der Arbeitswelt auftauchte. Damit wurden nur die Formen von Schikanen bezeichnet, die eingesetzt wurden, um jemanden loszuwerden.[36]

Für Professor Heinz Leymann liegt Mobbing dann vor, wenn mindestens eine von 45 verschiedenen verletzenden Handlungen wenigstens einmal pro Woche über einen Zeitraum von mindestens einem halben Jahr vorliegt.[37]

Das Besondere am Mobbing ist, dass die Menschen zwar wissen, was sie den Gemobbten antun, jedoch ihre Vorgehensweisen für gerechtfertigt halten. Damit handelt es sich bei Mobbing nicht um die alte, sondern um eine neue Form der Unredlichkeit. Es fehlt hier jegliches Schuldbewusstsein. Die Annahme, dass das Mobbing dem Unternehmen nutzt, reicht den Mobbenden aus.

Beispiele für Mobbing aus der Beratungspraxis der Fairness-Stiftung

Im Mai 2000 wurde die Fairness-Stiftung gemeinnützige GmbH mit Zielsetzungen gegründet, die unter anderem in der Fairness-Charta dokumentiert sind. Zweck der Fairness-Stiftung ist erstens die psychologische und soziale Beratung und Begleitung für Menschen, die im Beruf oder im Rahmen ihrer beruflichen Aktivitäten in seelische Bedrängnis geraten, insbesondere von Menschen, die in Wirtschaft, Gesellschaft, Politik und Kultur Verantwortung tragen. Zweitens realisiert die Fairness-Stiftung Bildungs- und Öffentlichkeitsarbeit für Fairness und fairen Umgang miteinander, beispielsweise durch die Vergabe des Deutschen Fairness-Preises. Und drittens berät und begleitet sie das Management in Unternehmen und Organisationen bei der Entwicklung und Sicherung professioneller Fairness-Qualität gegenüber allen Stakeholdern in der Unternehmens- und Führungskultur.

An den im Folgenden zitierten Beispielen soll Mobbing exemplarisch dargestellt werden. Alle Fälle wurden von der Fairness-Stiftung unter dem Sammelbegriff »unfaire Attacken« veröffentlicht.[38] Die Namen der betroffenen Personen wurden selbstverständlich geändert.

Beispiel 1: Üble Nachrede gegen einen Unternehmer

»Jochen Paul ist Unternehmer in der Speditionsbranche. Er hat vor vier Jahren seine gesamte Lkw-Flotte erneuert. Durch Reorganisation hat er verschiedene Profit-Center geschaffen, die für unterschiedliche Transportgüter spezielle vorteilhafte Bedingungen und Leistungen anbieten. Dadurch konnte er neue Kunden hinzugewinnen, alte Kunden stärker an sein Unternehmen binden und neben der reinen Speditionsleistung Logistik bis in die Vertriebsstruktur der Betriebe hinein anbieten. Etliche Kunden haben daraufhin ihren eigenen Vertrieb eingestellt und ihm übertragen. Der Umsatz verdoppelt sich fast jährlich, die Gewinnspanne wächst in jedem Jahr um fast zwanzig bis dreißig Prozent. Doch seit einigen Monaten kursieren Gerüchte in der Branche, Paul sei mehrfach in der Nähe des regionalen Jungenstrichs gesehen worden und er habe wohl pädophile Neigungen.

Schließlich spricht ein großer Kunde Jochen Paul in gewundenen Sätzen auf dieses Gerücht hin an. Er eröffnet ihm, bei einem Fortbestehen der Gerüchte keine Aufträge mehr erteilen zu können, denn er müsse ja auch auf das eigene Image achten. Paul fällt aus allen Wolken. Er kann sich diese Situation überhaupt nicht erklären. Inzwischen signalisieren mehrere Kunden Probleme mit dem persönlichen Ruf von Paul. Paul ist verzweifelt. Er weiß nicht, wie er den Gerüchten wirksam begegnen soll, denn es ist niemand ausfindig zu machen, gegen den er vorgehen könnte. Er befürchtet, auf Grund des Gerüchts weitere Aufträge zu verlieren und von der Konkurrenz vom Markt verdrängt zu werden. «

Beispiel 2: Gerücht gegen einen Bereichsleiter

»Holger Fabel ist Bereichsleiter. Anlässlich der bevorstehenden Pensionierung eines Mitglieds des Vorstands wird ihm vom Vorstandsvorsitzenden signalisiert, dass seine Chancen für eine Berufung in den Vorstand sehr gut stünden. Fabel ist in der Firma fachlich sehr anerkannt und genießt auch im Vorstand hohen Respekt. Es war ihm gelungen, die Firma im EDV-Bereich in nur fünf Jahren aus dem Steinzeitalter ins Internet- und Netzwerkzeitalter zu katapultieren und auf diese Weise zu einer sichtbaren Steigerung des geschäftlichen Erfolgs beizutragen.

Als er an einem Montag ins Unternehmen kommt, sind die Kollegen auffallend kurz angebunden, meiden den üblichen Small Talk. Fabel denkt sich zunächst nichts dabei, bis es für ihn eindeutig ist, dass auch seine Assistentin ihm aus dem Weg geht. Als erfahrene Führungskraft lässt er solche Beobachtungen nicht auf sich beruhen. Er spricht seine Assistentin direkt auf das für ihn auffällige Verhalten an. Sie reagiert ausweichend, verweist auf die viele Arbeit. Als Holger Fabel zu einem Termin mit dem Vorstand gerufen wird, eröffnet der Vorstandsvorsitzende das Gespräch mit dem Hinweis, dass in der Firma das

Gerücht kursiere, er habe Frauen sexuell belästigt. Fabel ist geschockt. Er ist fassungslos und weiß nicht, wie er reagieren soll. Seine Karriere, sein möglicher Aufstieg in die Vorstandsebene scheinen mit einem Mal dahin. Fabel fühlt sich vernichtet. Er kann sich diese Situation überhaupt nicht erklären. In seinem Arbeitszimmer sitzt er später wie gelähmt, stiert auf den Bildschirm, weiß nicht weiter.«

Beispiel 3: Unfairness gegen Chefsekretärin

»Gerlinde K. ist mit Leib und Seele Sekretärin und hat es in einer Frankfurter Bank bis zur Chefsekretärin gebracht. Der Blick aus dem 30. Stockwerk entschädigt für manche Entbehrungen: unbezahlte Überstunden, missgelaunte Vorstandsmitglieder, plötzlich anberaumte Dienstreisen und ein kaum vorhandenes Privatleben. Ein Vertreter der Personalabteilung lobt sie öffentlich als »hervorragende Mitarbeiterin« und »Seele der Abteilung«. Unvermittelt wird sie im Anschluss daran von ihm zur Seite genommen und gefragt, ob sie in Zukunft nicht ein bisschen kürzer treten wolle. Gerlinde K. will aber arbeiten. Dieser Wunsch wird ihr schrittweise vereitelt: Das Vorstandsmitglied, dem sie über 10 Jahre zugeordnet war, scheidet mit einer hohen Abfindung aus dem Unternehmen aus, und sechs Wochen später verliert Frau K. ihr Einzelzimmer und findet sich in einem Großraumbüro wieder, das sie mit fünf wesentlich jüngeren Kolleginnen teilen muss. Die Versetzung, in Wirklichkeit eine Degradierung, erfolgt nach Auskunft der Personalabteilung aus Gründen der »allgemeinen betrieblichen Reorganisation«. Bei einer erneuten Anfrage wird Gerlinde K. die Kündigung nahe gelegt. Eine selbstverständlich nicht ganz so hohe Abfindung schlägt Gerlinde K. aus; weil der Arbeitsmarkt für fünfzigjährige Sekretärinnen keine Verwendung hat, kündigt Gerlinde K. nicht. Sie beantwortet die fortdauernden Kränkungen und das stetig erhöhte Arbeitspensum mit eiserner Disziplin und verlässt das Büro nicht selten erst nach Einbruch der Dunkelheit. Gerlinde K. schläft wenig und weint viel. Die Tränen hinterlassen Spuren, die ihrem Abteilungsleiter nicht verborgen bleiben. Schließlich will er wissen, ob sie unter Alkoholproblemen leide. Das Kündigungsangebot wird erneuert und abgelehnt. Nach der Weihnachtspause spricht der Vorgesetzte sie erneut an, dieses Mal in Sachen Hygiene. In der darauf folgenden Nacht bricht sie zusammen, wird auf Veranlassung der Nachbarn notärztlich versorgt und wendet sich zwei Wochen später zur therapeutischen Orientierung an eine der Frankfurter Beratungsstellen.«

Motive und Mechanismen von Mobbing

Die Fairness-Stiftung hat zentrale Motive ermittelt, die den Mobbern wichtig sind:

- sich Konflikten, Gefühlen der Ohnmacht, möglichen Kompetenzdefiziten oder notwendigen Veränderungsprozessen nicht stellen zu müssen, weil sie als Risiko empfunden werden. Es wird ein Feind definiert, gegen den dann aggressiv und notfalls skrupellos vorgegangen werden darf. Dessen aus dem Hinterhalt lancierte Beschädigung oder Vernichtung gibt dem eigentlich hilflosen Aggressor sein Macht- und Überlegenheitsgefühl zurück.
- den eigenen Anspruch auf Macht, Ansehen und Einfluss gegenüber dem Umfeld langfristig geltend zu machen und aufrechterhalten zu können. Nicht selten werden komplizierte Kontrollmechanismen, ausgeklügelte oder willkürliche Systeme der Belohnung, Bestrafung, Sanktionierung und Unterdrückung sowie die Instrumentalisierung von Personen im engeren Umfeld eingesetzt.
- soziale Isolierung, Stigmatisierung und die Aufkündigung des Respekts. Dauerhaft von unfairen Attacken betroffenen Personen, Gruppen, Organisationen oder Unternehmen wird die Geschäftsgrundlage des üblichen zwischenmenschlichen Miteinanders entzogen. Hier wird deutlich, dass die Angreifer paradoxerweise genau das anderen abzusprechen und zu entziehen versuchen, was sie im Hinblick auf sich selbst aggressiv verteidigen wollen. Ihre Beweggründe sind rational und emotional zugleich.

Ausdrucksformen von Mobbing sind:

- Entzug der Anerkennung und stattdessen Einsatz von Tadel,
- Ausschluss vom Informationsfluss mit dem Ziel der Isolation,
- Entzug von elementarer Höflichkeit, ersetzt durch Unhöflichkeit (der Gemobbte wird nicht mehr gegrüßt oder zurückgegrüßt),
- ungerechtfertigter Tadel (zwar nicht die häufigste Form, jedoch ein wichtiges Instrument des Mobbings),

– bewusste Falschinformationen,
– Ausstreuen von Gerüchten.

In der Folge entstehen schließlich objektiv messbare Fehlleistungen von durch Mobbing Betroffenen. Selbst vor dem Arbeitsgericht sind diese Fehlleistungen ein Grund für eine rechtlich zulässige, fristlose und damit kostengünstige Entlassung.

Laut Fairness-Stiftung ist es für die Abwehr unfairer Attacken entscheidend, sie schon im Ansatz und mit ihrem immer wiederkehrenden Muster zu erkennen. Dabei hilft das so genannte Drama-Dreieck aus der Transaktionsanalyse. Für destruktive Kommunikation sind typisch:

1. Die drei Rollen der Akteure: der Verfolger, der mit vorwurfsvollen oder einschüchternden oder anklagenden oder strafenden Maßstäben verfolgt, wozu ihn niemand aufgefordert hat; der Retter, der ungefragt hilft, Ratschläge gibt, tröstet und auf diese Weise Kontrolle ausüben will; das Opfer, das seine Ohnmacht und Hilflosigkeit auslebt, indem es sich schüchtern und devot, klein und unwissend zeigt und auf diese Weise Retter und/oder Verfolger steuern will.
2. Der schnelle Rollenwechsel von der einen Rolle in eine der beiden anderen, innerhalb von Sekunden.
3. Die Spielmuster, anfangs gekennzeichnet durch einen Köder einerseits und ein Anbeißen andererseits.
4. Die Eskalation vom harmlosen Antippen bis zur Vernichtung des jeweils anderen.

Das Besondere an diesem »Rollenspiel« ist: Alle drei fühlen sich letztlich unwohl. Die Rollenfestlegung sorgt unter anderem dafür, dass die zu klärenden Konflikte nicht geklärt werden. Es bleibt bei den Beteiligten ein schaler Nachgeschmack zurück.

Mobbing kennt verschiedene Abstufungen in seiner Unredlichkeit. Die Fairness-Stiftung spricht von einer Attackeneskalation.

Attackeneskalation

1. Grad *Dripping:* Alltägliches »Antippen«, der Ausgang ist unangenehm, meist toleriert, am Schluss: negative Gefühle und Abwertung.

2. Grad *Attacking:* Noch nicht öffentliche, aber dauerhaft wirksame und kontinuierliche Attacken, die bereits zu gesundheitlichen, kommunikativen und beruflichen Beeinträchtigungen führen. Belastung spürbar. Gefühl von Teufelskreis und Aussichtlosigkeit stellt sich ein.

3. Grad *Terrorizing:* Dauerattacken mit massiven Folgen: öffentliche Erschütterung des sozialen Umfelds, der beruflichen und persönlichen Kompetenz und Anerkennung, starke Auswirkungen im psychosomatischen Bereich. Gefühl der Vergeblichkeit, Schuldgefühle.

4. Grad *Killing:* Aus dem Mobbing sind massive körperliche und psychische Schädigungen entstanden, die Sache endet in und vor öffentlichen Instanzen (Gericht, Klinik), im schlimmsten Falle tödlich.

Die Fairness-Stiftung schätzt, dass etwa 1,5 Millionen Arbeitnehmer jährlich mit Mobbing konfrontiert werden. Der dadurch angerichtete wirtschaftliche Schaden soll zwischen 80 bis 120 Milliarden Euro betragen. Der Schaden für die Betroffenen ist ebenfalls enorm und lässt sich in Geldwerten nicht beziffern. Vielfach kommt es zu massiven Schlafstörungen, Schweißausbrüchen, Kopfschmerzen bis hin zur Migräne und Rückenschmerzen. Professor Leymann stellte bei Betroffenen ebenfalls häufig, nämlich bei 41 Prozent, Depressionen fest.[39]

Gerichte nehmen Mobbing mittlerweile sehr ernst. Als Beispiel kann hier ein Fall des Landgerichts Hamm angeführt werden. Das Landgericht verurteilte eine Vorarbeiterin, die sich des Mobbings schuldig gemacht hatte, dazu, ihrem Opfer den Verdienstausfall solange zu ersetzen, bis dieses wieder einen neuen Arbeitsplatz gefunden habe.[40]

Mobbing zwischen Unternehmen

Das folgende, ebenfalls von der Fairness-Stiftung dargestellte Beispiel der unfairen Kommunikation zwischen Unternehmen ist sicher nicht als Mobbing im engeren Sinn zu bezeichnen.[41] Eine Gemeinsamkeit ist aber die gescheiterte Kommunikation und die Unfähigkeit zum gemeinsamen Krisenmanagement.

Firestone und Ford schieben sich den »Moralpeter« zu

»Die geschäftsführenden Vorstände von Ford Motor und Bridgestone/Firestone trafen sich in Nashville. Anlass für das Treffen waren zahlreiche Reifenpannen und sich überschlagende Ford Explorer. Als Unfallursache wurden Fehler in der Reifenproduktion bei den von Firestone hergestellten Wilderness AT Reifen vermutet. 6,5 Millionen verwendete Firestone-Reifen waren bereits vom Markt genommen worden. Zum Zeitpunkt des Treffens waren allerdings – trotz erheblicher Zweifel an der Sicherheit dieser Reifen – immer noch hinreichend viele Fahrzeuge damit auf den Straßen unterwegs.

Grund des Treffens: Die Ford-Manager wollten mit den Vertretern von Firestone über die Sicherheit der Reifen diskutieren. Wie sah diese Diskussion aus und was kam dabei heraus?

John T. Lampe, Vorstandsmitglied bei Firestone, überreichte den Ford-Vertretern ein Papier über die 95 Jahre alte Geschäftsverbindung mit Ford. Die Ford-Manager reagierten einen Tag später mit der Ankündigung, 13 Millionen Firestone-Reifen austauschen zu wollen, da kein Vertrauen in das Produkt mehr bestehe. Firestone hingegen forderte Ford dazu auf, nach Fehlern bei den Fahrzeugen zu schauen. Ford verweigerte jedoch die Fehlerprüfung bei seinen Fahrzeugen, so die Aussage einer Firestone-Sprecherin.

Mit welch einer Art von Kommunikation zum eigentlichen Problem – lebensgefährdende Ford Explorer und Ford Trucks auf öffentlichen Straßen – Ursache noch unklar – haben wir es hier eigentlich zu tun?

Beide – Ford und Firestone – beschuldigten jeweils den anderen Geschäftspartner in der Öffentlichkeit, für die Unfallmisere verantwortlich zu sein. Und rechtfertigen ihr jeweiliges Handeln auch noch mit moralischen Motiven. John T. Lampe ist sinngemäß der Auffassung: Die Menschen erkennen, dass wir durch unser öffentliches Handeln moralisch Stellung beziehen und die Sache nicht einfach still und leise auf sich beruhen lassen. Ford hingegen glaubt, durch die öffentliche Beschuldigung des Geschäftspartners seine Kunden schützen zu können.

Faktisch wird hier Verantwortung hin und her geschoben und keine der beteiligten Parteien packt die Angelegenheit wirklich bei der Wurzel, nämlich der Fehlersuche, an. Von rechtlicher Seite ist es wohl so, dass ein Hersteller ein Zulieferprodukt vom Markt nehmen muss, sobald der Verdacht von Mängeln besteht und das Problem gefunden wurde. Dies muss auch einer Jury gegenüber überzeugend dargelegt werden. Liegt hier der Grund für die Zuschiebetaktik und für die Nichtaufklärung?

So viel steht fest: Mit der Verzögerung bei der Fehlerklärung wurden in diesem Fall nicht nur die Autokäufer geschädigt, sondern beide Firmen, Firestone und auch Ford, haben sich selbst einen erheblichen Image- und Vertrauensschaden zugefügt. Vertrauen bei Kunden kann nur dann entstehen, wenn diese aus der öffentlichen Diskussion der Firmen erkennen können, dass die beteiligten Firmen an der Schadensbeseitigung interessiert sind und nicht in gegenseitigen verbalen Beschuldigungen stecken bleiben.

Warum die Topmanager von Ford und Firestone in diesem Fall so imageschädigend, irrational und unsachlich agiert haben, ist unverständlich und wohl eher eine psychologische als eine ökonomische Frage. Die weiterreichende Frage, die der Fall Ford/Firestone aufwirft, ist allerdings: Wie regelt man eine Situation angemessen, wenn die Zusammenarbeit von Unternehmen angesichts eines auftretenden Problems scheitert, obgleich beide an der Herstellung des Produkts beteiligt waren?

Die Firmen müssen sich zur Ursachenklärung verpflichten. Können sich die Beteiligten nicht fair mit dem Problem auseinander setzen, so ist das Einbeziehen eines neutralen Sachverständigen sinnvoll. Entsprechend dem festgestellten Versäumnis muss/müssen dann der oder die Verantwortlichen für die Fehler einstehen. Geschieht dies nicht auf freiwilliger Vertragsbasis, müsste ein Gesetz sie dazu verpflichten. Denn nur dies bringt klare Verhältnisse in die Konfliktsituation und Sicherheit für die Verbraucher.«

Kapitel 7

Die neue Unredlichkeit
der Ausbeutung

Ausbeutung ist wohl immer unredlich. Neu ist Ausbeutung auch nicht. Die klassische Form der Ausbeutung ist die Sklaverei. Die Menschen, welche Sklaven hielten, haben damals sehr genau gewusst, was sie taten. Nur wurde im Laufe der Jahrhunderte die Ausbeutung immer verdeckter. Vielleicht haben nicht wenige Menschen die Tendenz, generell andere auszubeuten, sei es ökonomisch, sozial, emotional. Auch religiöse Ausbeutung ist bekannt. Gläubigen zu versprechen, für gezahlte Kirchensteuern käme man in den Himmel, ist eine solche Ausbeutung oder auch der frühere Ablasshandel.

Das Neue an der Unredlichkeit der heutigen Ausbeutung ist für uns die immer verdeckter werdende Ausbeutung. Ausbeutung wird als solche nicht mehr erkannt; bei der Sklaverei war noch alles klar ersichtlich. Wir kennen folgende Formen der unredlichen Ausbeutung:

- ökonomische Ausbeutung,
- soziale Ausbeutung,
- kulturelle Ausbeutung,
- politische Ausbeutung,
- Ausbeutung aus Ungerechtigkeit.

Zur ökonomischen Ausbeutung

Sie liegt immer dann vor, wenn der Lohn nicht dem geleisteten Beitrag zur Wertschöpfung entspricht. Die Frage des ungerechten Lohns ist neu zu definieren. Nach den Maßstäben der alten Redlichkeit war die »nackte Ausbeutung« unredlich. Damals wurde der gerechte Lohn, von der katholischen Kirche übrigens auch heute noch, so definiert: Gerecht ist die Entlohnung, die es dem Betreffenden ermöglicht, sich und seine Familie menschlich zu erhalten. Es handelte sich um eine reine Bedürfnisgerechtigkeit. Heute müsste sich der gerechte Lohn unserer Ansicht nach ausschließlich am Beitrag zur innerbetrieblichen Wertschöpfung ausrichten. Bei der Betrachtung der Gewinne mancher Unternehmen entsteht leicht der Eindruck, dass der Mitarbeiter nach seinem Beitrag zur Wertschöpfung nicht angemessen beteiligt wird. Die Veränderung der Regelarbeitszeit auf mehr als 40 Stunden ohne Lohnausgleich ist hier sicher ein Stück ökonomische Ausbeutung, der so mancher Mitarbeiter allein schon deswegen nicht entgehen kann, weil er bei der momentanen Arbeitsmarktsituation wenig Aussichten hat, eine andere Stelle zu finden.

Eine andere, in die Neuzeit übertragene Form der Unredlichkeit ist sicher die Entlohnung der Beamten. Beamte werden immer noch nach Jahren entlohnt und nicht nach ihrem Beitrag zur Wertschöpfung. Auch das ist eine unredliche ökonomische Ausbeutung, wenn auch in diesem Fall nicht der Staat die Beamten ausbeutet, sondern eher umgekehrt. Derzeit versucht die Politik, eine Dynamisierung der Beamtenentlohnung zu erreichen. Das Beamtentum entstammt dem Merkantilismus. Viele der ökonomischen Strukturen, die uns heute ungerecht zu sein scheinen, sind Reste des Merkantilismus. Aber der Merkantilismus hatte mehrere Vorteile. Es gab keine Arbeitslosigkeit. Man konnte sich als Handwerker nicht so ohne weiteres niederlassen, wo man wollte. Wenn jemand zum Beispiel Schreiner war, musste er die Genehmigung der Stadtväter erhalten, um arbeiten zu können. Die Stadtväter ließen dann nur so viele Handwerker zu, wie die Stadt benötigte. Der Merkantilismus regulierte anders als der Markt, nach dem die Nachfrage den Preis bestimmt. Das Ziel war das solvente Unternehmen, das gerechten Lohn zahlen konnte im Sinne der Bedürfnisgerechtigkeit. Geld hatte im Merkantilismus nur den Zweck – es gab kaum Kredite oder Hypotheken –, den Landesfürsten möglichst reich werden zu lassen. Dadurch konnte der Landesfürst mehr Soldaten einstellen und anschließend leichter und mehr fremdes Territorium erobern. Es kam also mehr auf den Staatsreichtum und weniger auf den privaten Reichtum an. Heute ist die Schuldenfreiheit kein Wert an sich mehr.

Nicht wenige Handelsorganisationen beuten aus Wettbewerbsgründen durchaus auch Produzenten ökonomisch aus. »Geiz ist geil« und »Ich bin doch nicht blöd« veranlassen Konsumenten, zum »Schnäppchenjäger« zu werden. Marktführer unter den Produzenten haben dabei vielleicht noch die Chance, einen angemessenen Preis für ihr Produkt zu erwirtschaften, so genannte Zweit- und Drittlieferanten (Me-too-Produzenten) werden jedoch aufgrund der Austauschbarkeit ihrer Produkte von Handelsriesen gezwungen, ihre Produkte zu Einkaufspreisen anzubieten, die kaum die Produktionskosten decken. So führt die Wechselwirkung der Billiganbieter unter den Händlern einerseits und den Schnäppchenjägern andererseits zur ökonomischen Ausbeutung der Produzenten.

Auch die öffentliche Hand beutet durchaus ökonomisch aus. Bei einer Auftragsvergabe müssen sich Lieferanten einem Ausschreibungsverfahren unterziehen. Das ist an sich nichts Unredliches. Nur haben sie im Unterschied zum Einkäufer oder im Unterschied zum freien Markt nicht die Möglichkeit, herauszufinden, welches Angebot ihr Wettbewerber gemacht hat. Der Anbieter weiß nie, wo er im Verhältnis zum Wettbewerb steht. Das setzt ihn ökonomisch erheblich unter Druck. Er kann einen notwendigen Gewinn nicht mehr korrekt kalkulieren. Wenn er den Auftrag unbedingt haben muss, wird er versuchen, das günstigste Angebot abzugeben, doch er weiß nie, welchen Betrag er unterbieten muss. Diese Form, einen Lieferanten im Unklaren zu halten, ist sicher ebenfalls eine unredliche ökonomische Ausbeutung.

Am 10. Oktober 2004 (dem Tag der Menschenrechte) veröffentlichte die Gewerkschaft ver.di das *Schwarzbuch Lidl* von Andreas Hamann. Der Autor schildert in diesem Schwarzbuch auf rund 100

Seiten Beispiele, bei denen »Überwachung der Mitarbeiter, Drill und Hetze« stattfanden, und wirft dem Discounter anhand dieser Beispiele die systematische Verletzung elementarer Arbeitnehmerrechte vor. Hamann begründet diese Vorwürfe mit einer Untersuchung in rund 200 Lidl-Filialen und Aussagen von Angestellten.

Ver.di-Vorstansdmitglied Franziska Wiethold kritisierte »ein System der Angst« bei Lidl. Sie sprach von einer »permanenten Missachtung der Arbeitnehmerrechte«. »Ständige Unterbesetzung und enormer Leistungsdruck« seien bei Lidl üblich, meinte Wiethold, und: »Die Arbeitsbedingungen bei Lidl machen krank«.[42]

Eine Kassiererin erzählte: »Wenn ich den ganzen Tag kassieren musste, bin ich nur im Notfall zur Toilette gegangen. Denn eine der beiden anderen anwesenden Kolleginnen musste dann einspringen und dafür die eigene Arbeit stehen und liegen lassen.« Auch wenn es um Arbeitszeiten ging, soll Lidl nicht zimperlich gewesen sein: »Die Vertriebsleitung sagt: Bis um 20 Uhr kriegt ihr bezahlt und wenn ihr länger braucht, ist das euer Pech«, erzählte eine Mitarbeiterin. Wenn es Diebstahlsvermutungen gegeben hätte, dann wären sogar Leibesvisitationen durchgeführt worden.[43]

Der Geschäftsführer der Lidl-Stiftung, Klaus Gehrig, sagte zu den Vorwürfen, dass »eventuelle Verstöße« nur Einzelfälle seien, die als Folge des schnellen Wachstums aufgetreten wären. Die Kontrolle von Mitarbeitern sei »unbedingt notwendig«, da jährlich Waren im Wert von 250 Millionen Euro abhanden kämen, »schätzungsweise rund die Hälfte davon durch die Mitarbeiter.«[44] Außerdem würden Mitarbeiter das Arbeitsklima ebenso wie die Arbeitsbedingungen als »überwiegend positiv« bezeichnen.[45] Auch die Konzernzentrale wehrte sich gegen ver.di. »Wir empfinden dies als ausgesprochene Diskriminierung und als Diffamierungskampagne«, schrieb das Unternehmen in einer Pressemitteilung am 10. Dezember 2004.

2004 erhielt Lidl den Big Brother Award 2004[46] in der Kategorie Arbeitswelt für »den nahezu sklavenhalterischen Umgang mit seinen Mitarbeiterinnen und Mitarbeitern«. Die in der »Laudatio« aufgelisteten Vorwürfe sind nahezu ungeheuerlich. So soll in Tsche-

chien den Mitarbeitern der Gang zur Toilette während der Arbeitszeit verboten worden sein. Einzige Ausnahme: Weibliche Mitarbeiterinnen, die gerade ihre Tage haben, dürfen auch zwischendurch
auf die Toilette. Sie müssten allerdings für dieses »Privileg« für jedermann weithin sichtbar ein Stirnband tragen.

Man mag es kaum glauben, und Lidl selbst spricht auch von einem Gerücht. Allerdings hatte die tschechische Lebensmittelzei-
tung inzwischen davon berichtet, dass die skandalöse Stirnbandvor-
schrift inzwischen wieder aufgehoben worden sei. UNI commerce,
eine internationale Gewerkschaft für Menschen, die in multinationalen Konzernen arbeiten, hatte den Fall im September 2004 beim
»Sozialen Dialog« der EU in Brüssel angesprochen, und Lidl aufgefordert, sich bei den Arbeiterinnen in Tschechien zu entschuldi-
gen.[47]

Interessant ist auch der Fall Calw. Am 13. Oktober 2005 berichtete Jonas Viering in der *Süddeutschen Zeitung* über eine recht teure
Ordnungsrüge für Lidl. Es ging um die Schließung einer Lidl-Filiale.
Obwohl es eine gerichtliche Verfügung gegen die Schließung der Filiale gegeben habe, sei diese von Lidl trotzdem geschlossen worden.
Der Konzern habe dies getan, ohne die im Betriebsverfassungsge-
setz verlangte Mitbestimmung der Arbeitnehmerseite zu ermöglichen, erklärt der Direktor des Arbeitsgerichts, Richter Hans Wei-
schedel.[48] Lidl sah den Grund für die Schließung in einer zu geringen
Verkaufsfläche; ver.di glaubt, dass die Verhinderung eines Betriebs-
rates in Calw der Grund gewesen sei.

Die Schließung der Filiale war nahezu abenteuerlich. Im September verfügte das Arbeitsgericht in Pforzheim, dass die Schließung
der Filiale Calw nicht rechtmäßig gewesen sei. Danach geschah laut
ver.di Folgendes: »6. 10. 05 – Das Arbeitsgericht Karlsruhe hatte
gestern verfügt, dass bei einer rechtswidrigen Schließung der Lidl-
Filiale in Calw ein Ordnungsgeld von 250 000 Euro zu entrichten
sei, und ersatzweise Haft angedroht. Dessen ungeachtet hat Lidl
heute morgen dem Betriebsrat mitgeteilt, dass die Filiale geschlossen bleibe und nicht mehr eröffnet werden soll. Heute Nacht ließ

das Unternehmen die Schlösser des noch für die Beschäftigten zugängigen Lagerraums der Filiale austauschen. Die Unternehmensleitung hat im benachbarten Ort einen Tagungsraum angemietet und die Beschäftigten aufgefordert, dort ihre Betriebsversammlung fortzusetzen. Die Staatsanwaltschaft hat ihre Ermittlungen aufgenommen. ver.di hatte bereits vergangene Woche Strafantrag gestellt.«[49]

Obwohl die Vorwürfe gegen Lidl berechtigt erscheinen, die Vielzahl der Fälle und die Gerichtsurteile untermauert diese Annahme, sind die Angriffe von ver.di für den WDR jedoch kritisch zu sehen. Im WDR 2 kommentiert der Journalist Lothar Lenz am 10. Dezember 2004 das Vorgehen von ver.di so: »Die Dienstleistungsgewerkschaft hat ein Problem, und das ist ihr ausgeprägtes Feindbild. Eine Lebensmittelkette, die traumhafte Wachstumsraten erreicht und in der Betriebsräte offensichtlich Probleme haben, Fuß zu fassen – da kann es ja nicht mit rechten Dingen zugehen. Also üben sich die Autoren des Schwarzbuchs in Klassenkampf-Rhetorik.«[50]

Wir wissen nicht, was den WDR-Journalisten zu dieser Argumentation veranlasste. Die Vorwürfe im Lidl-Schwarzbuch sind sehr konkret, offensichtlich sauber recherchiert. Da wirkt der WDR-Vorwurf eher polemisch.

Die aristotelische Redlichkeit verlangt, dass man einer interessierten Quelle nur das glauben sollte, was nicht dem Interesse der Quelle entspricht oder zwei unterschiedlich interessierten Quellen nur das glauben darf, was sie gleichermaßen berichten. Genau das scheint uns beim Lidl-Schwarzbuch der Fall zu sein. Dass ver.di die Berichte für seine Zwecke nutzt, sollte man ihnen nicht vorwerfen. Nur dann, wenn sich die Vorwürfe als haltlos herausstellen sollten, wäre die Kritik an ver.di berechtigt. Das ist bisher jedoch nicht der Fall, ganz im Gegenteil.

Die Berichterstattung über das Lidl-Schwarzbuch oder sonstige Vorfälle bei Lidl bekam manchem Journalisten nicht sonderlich gut. Die *taz* berichtete in der Ausgabe 7780 vom 28.9.2005, Seite 17, über eine Journalistin der Rastatter Lokalausgabe der *Badischen Neuesten Nachrichten* (*BNN*), die Ende August 2005 das Lidl-

Zentrallager Bietigheim in Baden-Württemberg besuchte. Sie beschrieb die Arbeitsbedingungen im Kühlhaus als »Handarbeit bei bis zu 24 Grad minus« und bemängelte die hohe Fluktuation unter den Mitarbeitern: »20 Beschäftigte haben seit Anfang des Jahres die meist befristeten Arbeitsplätze gewechselt«. Ihr wurde daraufhin von den *BNN* fristlos gekündigt. Die *taz* meinte, dies sei geschehen, weil sie in dem Artikel das Lidl-Schwarzbuch erwähnt habe. »Lidl hat unsere Geschäftsführung einbestellt«, sagte *BNN*-Betriebsrat Ralf Kattwinkel. Es soll auf die vielen Lidl-Anzeigen hingewiesen worden sein. »Da ist man offensichtlich zu Kreuze gekrochen.« Wenig später wurde die Entlassung revidiert und die Journalistin wieder eingestellt.

Der ursprüngliche Kündigungsgrund waren »Tendenzgründe«, da die Journalistin gegen die vom Verleger vorgeschriebene Linie der Zeitung verstoßen habe. Thomas Schelberg, Landesgeschäftsführer der Journalistengewerkschaft DJV, meinte dazu: »Wenn das einmal einreißt, ist die journalistische Unabhängigkeit dahin.« Denn »hier ist die Pressefreiheit nicht durch den Staat gefährdet – sondern durch die Verleger selbst.«[51]

Lidl selbst sieht das sicher völlig anders. In den Unternehmensgrundsätzen heißt es unter anderem:

- Die Kundenzufriedenheit prägt unser Handeln.
- Kurze Entscheidungswege und einfache Arbeitsabläufe sichern den Erfolg.
- Fairneß ist ein Gebot gegenüber jedermann im Unternehmen.
- Wir achten und fördern uns gegenseitig.
- Vereinbarungen werden in einem Klima des Vertrauens eingehalten.
- Lob, Anerkennung und Kritikfähigkeit sollen in der täglichen Arbeit unser Betriebsklima bestimmen.
- Wir umgeben uns mit »starken« Mitarbeitern – die Stellvertretung je Bereich ist gesichert.[52]

Zur sozialen Ausbeutung

Die soziale Ausbeutung zeigt sich in unterschiedlichen Ausprägungen, wie etwa der Funktionalisierung von Menschen oder der Verweigerung der Zugehörigkeit zu einer Elite – und nicht zuletzt in einer unredlichen Verwendung des Begriffs »sozial«.

Die Funktionalisierung von Menschen

Ein Mensch wird sozial ausgebeutet, wenn er rein funktional eingesetzt und betrachtet wird, seine Person also nicht anerkannt wird. Entwürdigung findet auch in Unternehmen statt. Dann nämlich, wenn Menschen funktionalisiert werden, indem ihnen eine Arbeit, die weder den Interessen noch der Begabung oder den Fähigkeiten des Beschäftigten entspricht, selbst dann zugeteilt wird, wenn eine besser entsprechende Arbeit zur Verfügung stünde.

Es handelt sich bei der Funktionalisierung von Menschen um den Entzug von Würde. Kant hat für die Achtung der Würde als des wichtigsten Wertes formuliert: »Handle so, dass du die Menschheit sowohl in deiner Person als in der Person eines jeden andern jederzeit zugleich als Zweck, niemals bloß als Mittel brauchst.«[53] Im »Reich der Zwecke« hat »alles entweder einen Preis oder eine Würde«. Kant folgert: »Was einen Preis hat, an dessen Stelle kann auch etwas anderes als Äquivalent gesetzt werden; was dagegen über allen Preisen erhaben ist, mithin kein Äquivalent verstattet, das hat eine Würde.«[54] Da der Mensch keine Ware ist, die getauscht werden kann, kann er auch nicht danach bewertet werden und seine Existenz steht außerhalb marktwirtschaftlicher Abwägungen. Der Mensch als Subjekt, das für sich selbst Würde besitzt, befindet sich deshalb außerhalb des Reiches der Nützlichkeit und der Notwendigkeit. Oder anders formuliert: Die gemeinsame »Gleichheit« von Menschen besteht in ihrer »Unvergleichlichkeit«. Und diese Qualität nennt man »Würde«. Kant wollte dies noch zur Grundlage der allgemeinen Gesetzgebung machen. In der Bundesrepublik ist dies formal geschehen: Nach Art. 1 Absatz 1 des Grundgesetzes ist die Würde des Menschen unantastbar; sie zu achten und zu schützen ist Verpflichtung aller staatlichen Gewalt. In der Praxis ist das leider nicht unbedingt so. Denn das Bundesverfassungsgericht lässt die Antastung der Würde zu. Dann nämlich, wenn der einzige oder Hauptgrund eines Strafprozessurteils die Generalprävention ist, also die Abschreckung. Das kann zum Beispiel der Fall sein, wenn das Strafmaß nur der Wiederherstellung des Vertrauens aller Gesellschaftsmitglieder in die Rechtsordnung dient, die so genannte positive Generalprävention.

Die Achtung der Menschenwürde sollte es unserem Staat untersagen, Menschen zum Objekt seines Handelns zu machen. Besonders bekannt wurde hier der Fall Daschner im Jahre 2004. Über die dem Kindermörder Gäfgen vom ehemaligen Frankfurter Polizeivizepräsidenten angedrohte Folter schrieb der Richter Andreas Ohlsen vom Berliner Landgericht an den Berliner *Tagesspiegel*: »Schließlich könnte man Magnus Gäfgen sogar unter Artikel 3 der Europäischen Menschenrechtskommission subsumieren: Wer so etwas tut, ist ein Unmensch, ein Nicht-Mensch und damit ein ›Niemand‹. Und ›Niemand‹ darf bekanntlich gefoltert werden.« Ohlsen vertritt sicher nicht die gesamte deutsche Richterschaft; bedenklich ist sein Kommentar gleichwohl. Das Oberlandesgericht Frankfurt / Main rügte denn auch den Leserbrief von Richter Ohlsen in einem Prozess um Prozesskostenhilfe für Gäfgen mit: »eine erhebliche Nähe zu der Diktion nationalsozialistischer Propaganda«, wie der *Tagesspiegel* am 30. Oktober 2005 schrieb.[55] Der Artikel 1 des Grundgesetzes war übrigens schon früher unter Beschuss geraten. Im Frühjahr 2003 hat der Bonner Verfassungsrechtler Matthias Herdegen in einem Standardkommentar zum Grundgesetz die Bestimmung der Menschenwürde als etwas Unantastbares zur Nostalgie erklärt. Er stellte den Artikel 1 in Konkurrenz zu anderen Grundrechten, zum Beispiel dem Schutz des Lebens. Hans Hofmann, Ministerialrat des Bundesinnenministeriums, schrieb unter besonderem Verweis auf den Fall Daschner in Schmidt-Bleibtreus *Kommentar zum*

Grundgesetz: »…dass man die Drohung mit körperlicher Gewalt zur Rettung des Lebens eines Entführungsopfers nicht als verwerflich einstufen kann«.[56] Daraus kann man schließen: In besonderen Fällen – Menschenwürde adé!

Die Verweigerung der Zugehörigkeit zu einer Elite

Eine besondere Form der sozialen Ausbeutung kann entstehen, wenn jemand sich um die Zugehörigkeit zu einem sozialen System, einer Elite bemüht. Wenn dem Betroffenen nun in Aussicht gestellt wird, dass er bei entsprechender Anstrengung in den Elitekreis aufgenommen würde, sich diese Hoffnung jedoch nie erfüllt, dann handelt es sich um soziale Ausbeutung.

Ein Beispiel dafür ist der Besitzer des englischen Kaufhauses Harrods, Mohamed Al Fayed, dessen Sohn Dodi gemeinsam mit Prinzessin Diana in Paris tödlich verunglückte. Er würde sehr gern englischer Staatsbürger werden. Seine Bemühungen blieben bisher erfolglos, obwohl nicht wenige ähnlich engagierte Persönlichkeiten es in der Vergangenheit geschafft haben. Selbst sein großzügiges finanzielles Engagement für soziale und gemeinnützige Projekte führte bislang zu keinem Erfolg. Inzwischen ist er sogar mit einer Engländerin verheiratet, für Behörden oft Grund genug, dem Ehepartner die britische Staatsbürgerschaft zu gewähren. Auch die vier gemeinsamen Kinder sind für die Behörden kein Anlass, ihm die britische Staatsbürgerschaft zu verleihen. Der Grund für diese Weigerungen könnte im Bieterstreit um das englische Kaufhaus Harrods liegen. Al Fayed bekam 1985 gegen seinen Konkurrenten »Lonrho« Rowland den Zuschlag, in deren Folge Rowland bis in die neunziger Jahre hinein eine bitterböse Kampagne gegen Al Fayed führte, die erst nach Rowlands Tod von seiner Witwe beendet wurde.[57]

Es gibt auch die Verweigerung der sozialen Anerkennung in der Leistungselite. Zum Beispiel bei Außendienstmitarbeitern, die sehr erfolgreich, jedoch nicht fest angestellt sind. Diese Außendienstmitarbeiter werden normalerweise nicht zur Leistungselite des Unternehmens gezählt, obwohl sie möglicherweise höhere Bezüge haben als der Vorstandsvorsitzende. Es gibt Unternehmen, die zwar einen Vertriebsvorstand haben – dieser wird jedoch in aller Regel nicht Vorstandsvorsitzender. Bei einem großen deutschen Autokonzern gab es eine Tochtergesellschaft, deren Vorstandsvorsitzender ständig mit der Aussicht gelockt wurde, bei entsprechenden Ergebnissen Vorstand im Mutterkonzern zu werden. Er hatte ein großes Interesse an seinem beruflichen Erfolg und wollte immer »das große Rad drehen«. Die Ergebnisse waren hervorragend. Gelockt wurde er immer mit der Möglichkeit, auch im Mutterkonzern höher aufzusteigen. Trotzdem wurde er dort nie Vorstand. Er wurde wie der Esel mit der berühmten Möhre vor seiner Nase angespornt. Sein Engagement führte zu einem Arbeitspensum, das über zwölf Stunden täglich hinausging. Auch am Wochenende drehte sich sein Engagement nur um das Unternehmen. So wurde er bis zur physischen und psychischen Erschöpfung ausgebeutet. Er erkrankte an Morbus Crohn, was seine Lebenserwartung reduzierte. Diese Erschöpfung hörte erst dann auf, als er seine Anteile an der Tochtergesellschaft verkaufte, das Unternehmen verließ und sich um ehrenamtliche Tätigkeiten kümmerte.

All dies sind typische Beispiele für die neue Unredlichkeit. Den Beteiligten fehlt ein Schuldbewusstsein.

Die unredliche Etikettierung als »sozial«

Eine »soziale Redlichkeit« gibt es nicht. Wie bereits erwähnt, ist das Wort »sozial« nach Professor Friedrich August von Hayek ein *weasel word*, ein unscharfer Begriff. Das damit bestimmte Substantiv wird durch das Adjektiv »sozial« seiner Bedeutung entleert. Beste Beispiele sind die »soziale Marktwirtschaft« und die »soziale Gerechtigkeit«. Eine soziale Marktwirtschaft ist keine Marktwirtschaft mehr, sondern durch die Einflussnahme des Staates eine Art Planwirtschaft. Die soziale Gerechtigkeit hat nichts mehr mit Gerechtigkeit zu tun. Laut Ulpian ist Gerechtigkeit der feste und andauernde Wille, einem jeden sein Recht zukommen zu lassen. Das ist bei sozialer Gerechtigkeit nicht mehr möglich. Der Begriff ist somit sinnentleert. Es ist nicht mehr auszumachen, wie sich soziale Gerechtigkeit von Ungerechtigkeit unterscheiden soll. Die soziale Gerechtigkeit kann als Dogma sehr vielen Menschen Unrecht antun. So ist es auch mit der »sozialen Redlichkeit«. Selbst bei der Überlegung, dass in einer Gesellschaft ein kollektives Bewusstsein von Redlichkeit entstehen könnte, würde eine soziale Redlichkeit den Menschen zu sehr auf eine Funktion reduzieren. Das Sprechen von Sozialem ist immer dann unredlich, wenn das Wort »sozial« als *weasel word* verwendet wird. In dieser Verwendung wird die emotionale Bedeutung des Worts »sozial« so genutzt, als habe das Wort eine sachliche Bedeutung. Jede Verwendung des Begriffs Redlichkeit mit einem wertenden Attribut aber ist nicht anderes als eine Maskierung der neuen Unredlichkeit. Eine Gesellschaft bringt ihre Sozialität nicht aus sich selbst heraus hervor, sondern das Soziale als Tugend wird von einzelnen Menschen hinzugetan. Es kommt darauf an, wie ich Marktwirtschaft, Gerechtigkeit, Redlichkeit anwende. So ist die soziale Redlichkeit eine besondere Form der neuen Unredlichkeit.

Zur politischen Ausbeutung

Politische Ausbeutung geschah und geschieht zum Beispiel

– in Kolonien,
– in Drittweltstaaten,
– bei der Pflege des Status quo der Drittweltstaaten,
– im Zwang zur Teilnahme an einem Konflikt, etwa
  am Irakkonflikt.

Das klassische Beispiel für die alte Unredlichkeit sind sicher die Kolonien. Das ist Vergangenheit nach dem Zweiten Weltkrieg löste sich das Kolonialsystem langsam auf. Heute werden allerdings noch viele kleine Drittweltstaaten politisch, ökonomisch und kulturell in vielen Bereichen ausgebeutet. Die neue Unredlichkeit der Ausbeutung geschieht dadurch, dass diese Ausbeutung gegen die Grundlagen der Gerechtigkeit verstößt. Gemeint ist die Gerechtigkeit im Sinne des römischen Juristen Domitius Ulpian (170–228), nach dem Gerechtigkeit der feste und andauernde Wille ist, einem jeden sein Recht zukommen zu lassen. Nehmen wir ein Drittweltland an, das Kaffee produziert. Dafür bekommen die Produzenten nur einen unangemessenen Bruchteil des Preises, für den der Kaffee auf dem Weltmarkt verkauft wird. Die USA zum Beispiel kündigten 1988 ein Abkommen mit Kolumbien, welches den Kaffeeanbauern einen Mindestpreis für Kaffee garantierte. Der Kaffeepreis sank daraufhin um 40 Prozent. Die Folge war, dass die kolumbianischen Bauern vom Kaffeeanbau auf Kokaanbau umschwenkten.[58]

Politische Ausbeutung ist sicher auch die Pflege der Existenz der Drittweltstaaten, indem man sie nicht an politisch erheblichen und ökonomisch wichtigen Entscheidungen beteiligt, sondern ausschließt. Die Kompensation wird oft der Caritas und anderen Wohltätigkeitsorganisationen überlassen.

Politische Ausbeutung ist ganz typisch für die gegenwärtige Politik der USA, indem die Vereinigten Staaten zum Beispiel Staaten wie Spanien, Italien und andere gezwungen haben, sich 2003 am Irakkrieg zu beteiligen. Es handelt sich um eine neue Form der Unredlichkeit. Neu daran ist die Nötigung, gegen die Uno-Charta und internationales Recht an einem Krieg teilzunehmen.

Zur Ausbeutung durch scheinbare Gerechtigkeit

»Die schlimmste Art von Ungerechtigkeit ist die vorgespielte Gerechtigkeit«, meinte schon Platon. Bernard de Mandeville (1670–1733) beschrieb bereits 1714 in der Satire *Die Bienenfabel oder private Laster, öffentliche Vorteile* eine interessante Komponente, welche der Verbesserung der Chancen zur Ausbeutung dient: »…in einem freien Volke, wo die Sklaverei verboten ist, [besteht] der sicherste Reichtum in einer großen Menge schwer arbeitender Armer. Denn ... ohne sie [würde] es keinen Lebensgenuss geben, und kein Erzeugnis irgendeines Landes hätte mehr einen Wert. Um die Gesellschaft glücklich und die Leute selbst unter den niedrigsten Verhältnissen zufrieden zu machen, ist es notwendig, dass ein beträchtlicher Teil davon sowohl unwissend wie auch arm sei. Kenntnisse vergrößern und vervielfachen unsere Bedürfnisse, und je weniger Dinge ein Mensch begehrt, umso leichter kann er zufrieden gestellt werden.«[59]

Eine Überlegung, die heute noch Bestand hat? Ja, zumindest was die Auskunft über die Verteilung von Vermögen in der Bundesrepublik betrifft.

Die frühere Bundesregierung unter Helmut Kohl wehrte sich vehement gegen eine verbesserte Berichterstattung über die Verteilung von Einkommen und Vermögen in Deutschland. Heinz-Georg Seiffert (MdB, CDU) sagte am 13. Juni 1997 im Bundestag: »Das vorhandene statistische Material zur Einkommens- und Vermögensverteilung in der Bundesrepublik Deutschland ist vollkommen ausreichend. Wir brauchen in unserem Lande nicht mehr Bürokratie, mehr Zahlenakrobatik, mehr statistische Spielereien – sondern weniger!« Obwohl sich die damalige Opposition über den Widerstand der Regierung heftig beklagte, dauerte es eine ganze Weile, bis wenigstens Zahlenmaterial veröffentlicht werden konnte. Andrea Fischer von den Grünen meinte ebenfalls: »Wenn es denn so ist, dass wir so viel statistisches Material darüber haben – offenkundig ist es so verstreut und schwer zugänglich, dass wir alle uns nicht darauf verständigen können –, dann kann es ja nicht so schwierig sein, das Ganze zu einem Bericht zusammenzufassen.« 1998 versprach die SPD einen entsprechenden Bericht in ihrem Wahlprogramm. Es dauerte noch eine ganze Zeit, doch am 2. März 2005 löste sie bereits zum zweiten Mal dieses Versprechen ein.[60]

Tja, und was erfahren wir da? »Armut und Reichtum sind als gesellschaftliche Phänomene untrennbar mit Werturteilen verbunden. Dem trägt der Bericht Rechnung, indem Armut und Reichtum nicht

Steuerlast: Beitrag zum Einkommensteuer-Aufkommen
(kumulierte Angaben in Prozent)*

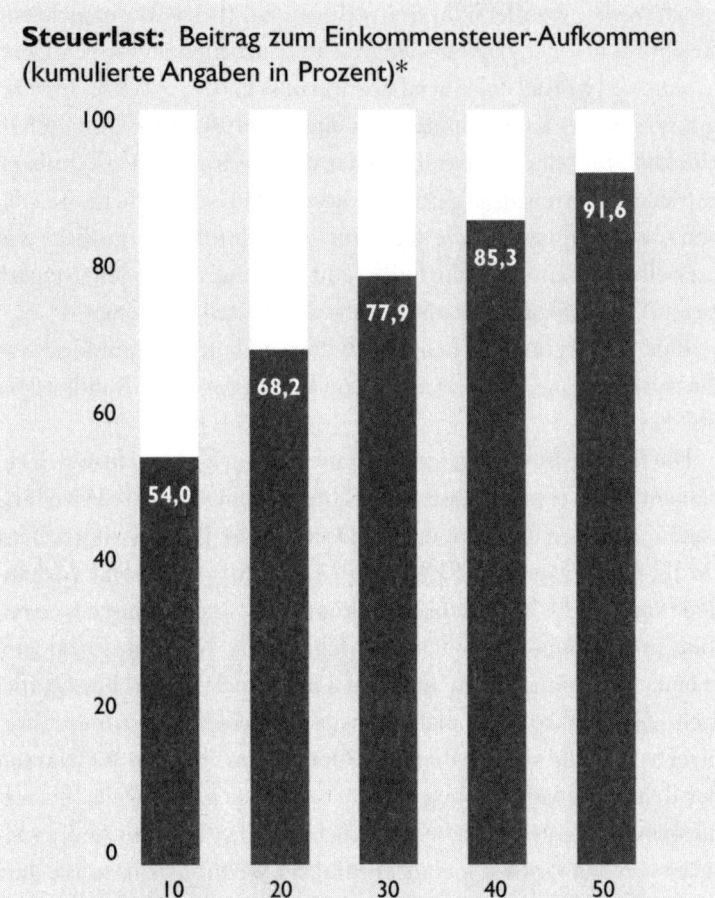

* Stand 2002. Lesebeispiel: Die am besten verdienenden 10 Prozent
der Steuerpflichtigen tragen 54 Prozent zum Einkommensteuer-Aufkommen bei. *Quelle:* Bundesminsiterium der Finanzen / F.A.Z.-Grafik fbr.

Abbildung 4: Beitrag der Bestverdienenden zum Einkommensteuer-Aufkommen

allein an der Verteilung materieller Ressourcen festgemacht werden, sondern berücksichtigt wird, dass sie sich auch in individuellen und kollektiven Lebenslagen manifestieren. Der zweite Armuts-
und Reichtumsbericht begreift Armut und Reichtum daher als Pole

einer Bandbreite von Teilhabe- und Verwirklichungschancen. Armut ist hiernach gleichbedeutend mit einem Mangel an Verwirklichungschancen, Reichtum mit einem hohen Maß an Verwirklichungschancen, deren Grenzen kaum erreicht werden.« An anderer Stelle erfahren wir: »Arbeitslosigkeit bleibt jedoch die wesentliche Ursache für ein erhöhtes Armutsrisiko.« Na also! Das Armutsrisiko stieg von 1998 bis 2003 von 12, 1 Prozent auf 13,5 Prozent. Bei der Steuerpolitik heißt es: »Es ist der Bundesregierung gelungen, geringe Einkommen durch die Absenkung des Eingangssteuersatzes von 25,9 Prozent (1998) auf 15 Prozent (2005) bei gleichzeitiger Anhebung des Grundfreibetrags von 6 322 Euro (1998) auf 7 664 Euro (ab 2004) deutlich zu entlasten. Gleichzeitig wurde die Bemessungsgrundlage für Reiche verbreitert. Spitzenverdiener haben nicht mehr die Möglichkeit, sich durch Steuersparmodelle ›arm‹ zu rechnen. Einkommensmillionäre, die keine Steuern zahlen, kommen praktisch nicht mehr vor. Damit wurde sichergestellt, dass die leistungsstarken Haushalte einen höheren Beitrag zur Finanzierung öffentlicher Aufgaben leisten.«[61]

Wenn man dem glaubt, dann bereichern sich die Reichen an der Gemeinschaft. Nur: Ist das wirklich so, haben sich bisher die Einkommensmillionäre tatsächlich »arm« gerechnet? Dazu hat die *FAZ* am 4. Juli 2004 veröffentlicht: Wenn die bestverdienenden 50 Prozent aller Steuerpflichtigen 91,6 Prozent (!) der Einkommensteuer »erwirtschaften«, dann ist der Vorwurf an diese Gruppe, sich am Steueraufkommen unzureichend zu beteiligen, unredlich und ungerecht.[62] Ungerecht ist ebenfalls, dass den »Besserverdienenden« nicht nur vorgehalten wird, sie seien gierig – dies ist ungerecht, weil sie trotz hoher Steuerlast die gleichen Leistungen des Staates erhalten, wie jemand, der weniger oder keine Steuern bezahlt –, sondern sie werden auch noch hingestellt als diejenigen, die keine oder kaum Steuern zahlen würden. Die Ungerechtigkeit liegt unseres Erachtens darin, dass den »Besserverdienenden« Schuldgefühle gemacht werden und den weniger Verdienenden suggeriert wird, die Reichen würden besser behandelt als sie.

Kapitel 8

Die neue Unredlichkeit
des Egoismus

Ein paar zusätzliche Ausführungen seien noch zum Egoismus erlaubt. Hier gilt es zu unterscheiden zwischen dem individuellen und dem kollektiven Egoismus in Staat, Unternehmen und Familie.

Der individuelle Egoismus

Die neue Unredlichkeit im individuellen Egoismus ist an vier Merkmalen festzustellen. Sehr oft tauchen sie gleichzeitig auf. Diese Merkmale sind:

- Egozentrik,
- die Erklärung der eigenen Meinung zur allgemeinen Wahrheit,
- die Bildung der eigenen Meinung auf der Grundlage einseitiger Quellen, gepaart mit
- Arroganz (sich für etwas Besseres halten, ohne es beweisen zu können).

Zur Egozentrik

Die Egozentrik ist durch die Haltung gekennzeichnet: »Ich bin der Nabel des Universums.« Der Egozentriker ist immer der Größte. Bedürfnisse anderer Menschen werden von ihm nur dann bemerkt, wenn für ihn ein persönlicher Nutzen dabei herausspringt. Der Egozentriker ist ein allwissender und allgütiger Übervater. Stabilisieren kann sich der Egozentriker nur dadurch, dass er immer siegen muss, immer groß sein muss, immer die Alpha-Position einnehmen muss.

Egozentrik zeichnet sich dadurch aus, dass eigene Überzeugungen im Mittelpunkt des Handelns stehen. Andere Überzeugungen als gleichberechtigt, wenn schon nicht als gleichwertig, anzuerkennen, ist dem Egozentriker nicht möglich. Interessant ist, dass der notwendige Komplementärbegriff zur Egozentrik in unserem Sprachschatz nur eine geringe Rolle spielt. Das Wort »Alterozentrik« ist im *Brockhaus* nicht zu finden. Als alterozentrisch bezeichnet man ein Handeln, das nicht die eigenen Bedürfnisse in den Mittelpunkt der kommunikativen Strategien stellt, sondern die des Partners. Es fällt Menschen nicht mehr auf, dass Erkenntnisfortschritt nicht dadurch entsteht, dass ich mich mit meiner Meinung gegen andere durchsetze, sondern dadurch, dass zwei Meinungen auf ihre Tauglichkeit überprüft werden.

All diese hier genannten Eigenschaften findet der Egozentriker völlig in Ordnung. Für ihn ist unredlich, wer ihn nicht siegen lassen will, wer ihm die Alpha-Position streitig macht et cetera. Ihm fällt die darin steckende eigene Unredlichkeit nicht mehr auf.

Die eigene Meinung zur allgemeinen Wahrheit erklären

Es ist faszinierend, dass Menschen von Meinungsbildung sprechen, obwohl sie nur die Durchsetzung ihrer eigenen Meinung meinen. In der Diskussion setze ich meine Meinung durch, will überzeugen. In einer Debatte will ich jemanden durchaus fertig machen. Erst im Diskurs will ich etwas klären, im Erkennen fortschreiten. Der Diskurs wäre also das redliche Mittel, zu einer Entscheidung zu kommen. Jedoch ärgern sich die meisten Menschen, wenn sie sich in einem Gespräch nicht durchsetzen können. Die wenigsten Menschen freuen sich wohl, wenn sie im Gespräch den eigenen Irrtum identifizieren. Besonders unredlich ist in nicht wenigen Klärungsgesprächen in der Politik oder auch in Unternehmen, dass von Meinungsbildungsprozessen geredet wird, die einzelnen Teilnehmer eines Meetings jedoch allenfalls zu stichwortgebenden Statisten degradiert werden. Die Entscheidung ist längst gefallen. Man tut nur noch so, als würde eine Entscheidung gesucht. Das ist in hohem Maße unredlich.

Nach der Sokratischen Methode dagegen folgt der Selbsterkenntnis (»Ich weiß, dass ich nichts weiß«) der Dialog als unentbehrliche Bedingung der Gedankenentwicklung für alle Teilnehmer und somit auch für einen Erkenntnisprozess für alle Beteiligten. Diese Chance auszuschlagen, führt zu einer besonderen Form der Dummheit.

Einseitige Quellenauswahl

Die Zeitungs- oder Fernsehgläubigkeit von Menschen ist schon phänomenal. Das allein ist sicher nicht unredlich, sondern allenfalls etwas naiv. Die Unredlichkeit dieser Art von Dummheit liegt darin begründet, so einseitig in der Meinungsbildung zu sein. Wer nur noch eine Zeitung mit seiner eigenen politischen Meinung liest, sollte nicht im Brustton der Überzeugung behaupten, er habe sich seine Meinung redlich gebildet. Das ist in hohem Maße unredlich. Zur redlichen Meinungsbildung gehört, aus zwei unterschiedlichen, möglicherweise sogar konkurrierenden Meinungen sich ein Urteil zu bilden. Ich kann eine Sache nur glauben, wenn zwei Quellen mit unterschiedlichem Interesse Gleiches berichten oder wenn eine Quelle etwas berichtet, das gegen ihr Interesse spricht.

Ein gutes Beispiel dafür war der Zweite Golfkrieg im Jahr 1991. Er wurde ausgelöst durch die Golfkrise zwischen Saddam Hussein und der kuwaitischen Herrscherfamilie Sabah, und die Besetzung Kuwaits durch die Iraker 1990. Wer hier zu einer redlichen Meinungsbildung kommen wollte, hätte sich über den Charakter Saddam Husseins ein Urteil bilden müssen. Das war damals nicht sehr leicht möglich. Um zu diesem Urteil kommen zu können, hätte man prüfen müssen, wer etwas über den Charakter des irakischen Diktators aussagt.

Es gab zwei Aussagen: Zum einen sagte der damalige amerikanische Präsident George Bush, Saddam Hussein sei ein zweiter Hitler. Im Unterschied dazu sagte der damals noch lebende König Hussein von Jordanien, Saddam Hussein sei zwar ein Diktator, jedoch verweigere ihm die kuwaitische Regierung einen freien Zugang zum Golf. Somit sei Saddam Hussein im muslimischen Denken durchaus berechtigt, sich einen freien Zugang zum Golf zu verschaffen.

Wer sich im Sinne des Aristoteles ein Urteil über den Charakter von Saddam Hussein hätte bilden wollen, hätte diese beiden Äußerungen gegeneinander abwägen müssen. Um das zu können, musste man prüfen, wen von beiden man als glaubwürdiger einschätzte. Wer hier George Bush für glaubwürdiger erachtete, hielt den Zweiten Golfkrieg für berechtigt, wer dagegen König Husseins Aussage mehr vertraute, konnte diesen Krieg nicht so ohne weiteres für gerechtfertigt halten. Im Westen haben wir durchaus diese Redlichkeit der Meinungsbildung vermissen lassen, zumindest wenn man sich die damalige Berichterstattung über Saddam Hussein und die Berechtigung der Entsetzung Kuwaits anschaute.

Die Weigerung König Husseins, sich in diesen Krieg einzumischen, liegt darin begründet, dass seiner Meinung nach Araber nicht gegeneinander Krieg führen dürfen. Im Übrigen ist die Grenze zwischen Irak und Kuwait eine Kolonialgrenze, die als solche im muslimischen Denken gar nicht existiert. Diesem Denken nach gibt es nur ein »Staatsvolk«, die *umma*.

So kann man, je nachdem, wessen Glaubwürdigkeit nun höher eingeschätzt wird, seiner Meinung über den irakischen Diktator einen wichtigen Baustein der redlichen Meinungsbildung hinzufügen. Die Frage, ob der Einmarsch der assoziierten Mächte in den Irak nach der Entsetzung Kuwaits allerdings berechtigt oder unberechtigt war, kann allein auf dieser Grundlage sicher noch nicht beurteilt werden, selbst wenn der Einmarsch der Iraker in Kuwait dem Völkerrecht widersprach.

Einseitige Quellennutzung ist nicht nur auf die Auswahl einer bestimmten Zeitschrift beschränkt, der ich nur deshalb glaube, weil sie meine politische Meinung vertritt. Auch im Berufs- und Privatleben ist einseitige Quellennutzung weit verbreitet. Mitarbeiter streiten sich, und der Vorgesetzte hört nur einem Mitarbeiter zu. Oder die Mutter oder der Vater reagieren sofort mit einer Strafe für ein beschuldigtes Kind, wenn eines der Kinder meckert: »Mein Bruder haut mich immer … nimmt mir mein Spielzeug weg …« et cetera, et cetera. Bevor ich nicht auch die Meinung des oder der anderen Beteiligten gehört habe, darf ich in solchen Fällen nicht handeln, sonst handle ich unredlich.

Besonders eklatant wird die Sache, wenn Vorgesetzte nur noch Mitarbeiter beschäftigen, die in vorauseilendem Gehorsam das sagen und tun, was der Chef hören oder getan wissen möchte. Diese Auswahl von Mitarbeitern ist nicht nur eine einseitige Quellennutzung, sondern auch noch eine, welche die Art der »Berichterstattung« in einer bestimmten Richtung festlegt. Letztlich sorgt diese Art der Mitarbeiterauswahl nur für eines: Der Chef entfernt sich von der Realität, ohne dass er es merkt. Oft wird diese fürchterliche Art der Mitarbeiterauswahl durch angebliche Teamfähigkeit legitimiert.

Zur Arroganz

Sich für etwas Besseres zu halten, ohne einen Beweis dafür antreten zu können, ist das Wesen der Arroganz. Diese Form der Unredlichkeit trifft man nicht selten bei ideologischen Eliten an. Sie meinen, nur weil sie über eine bestimmte Herkunft verfügen, seien sie etwas Besonderes. Das Unredliche daran ist, dass hier zunächst nicht zwischen Leistungselite und ideologischer Elite unterschieden wird. Eine Leistungselite kann etwas besser als andere, eine ideologische Elite hält sich für etwas Besseres. Hier wird etwas verwechselt. Die Zugehörigkeit zu einem Volk, einer Kaste, einer Berufsgruppe ist keine besondere Tat, sondern ein Wert. Und die Zugehörigkeit zu einer Familie ist ganz sicher kein Verdienst, sondern ein Zufall. Eliten jedoch haben nichts mit Werten, sondern mit Fähigkeiten zu tun. In einer Sache besser zu sein, ist etwas ganz anderes, als sich für besser zu halten. Es ist schon eine besondere Form der Unredlichkeit, sich für etwas Besseres zu halten und den Beweis dafür schuldig zu bleiben.

Weitere Merkmale der neuen Unredlichkeit im individuellen Egoismus sind sicher auch:

- Kompensation von Mindergefühlen (Minderwertgefühle, Minderleistungsgefühle, Minderanerkennungsgefühle),
- Übervorteilung von anderen,
- psychische, physische, emotionale und soziale Ausbeutung anderer (der eigenen Familie, des Freundeskreises, von Mitarbeitern des eigenen Unternehmens),
- die Meinung anderer nicht gelten lassen,
- die Unfähigkeit zum Dialog,
- die Unfähigkeit, in Teams zu arbeiten.

Der kollektive Egoismus

Zur neuen Unredlichkeit gehören auch Merkmale des kollektiven Egoismus. Zum kollektiven Egoismus zählen:

- *Familiärer Egoismus:*
  - Nachbarschaftsstreitigkeiten (zum Beispiel um den »Maschendrahtzaun« und den »Knallerbsenstrauch«), auch Nichtakzeptanz von Kinderlärm beim Spielen;
  - Nichtakzeptanz einer eingeheirateten Person (Wie kommt jemand dazu, uns unser »Kind« wegzunehmen?);
  - Soziale Abwertung des anderen (andere Straßenbewohner, Anwohner, Mitbewohner im Mietshaus);
- *Standesdünkel*;
- *Unternehmensegoismus*;
- *Staatsegoismus*.

All diesen Formen von Unredlichkeit ist gemeinsam, dass sie als richtig und selbstverständlich dargestellt werden. Es fällt niemandem mehr auf, dass diese Egoismen unredlich sind.

Teil III

Unsere Chance – die neue Redlichkeit

Kapitel I

Die Entstehung einer neuen Redlichkeit

Die Globalisierung einerseits und die zunehmende Europäisierung – das heißt, die dogmatische Annahme, der Kapitalismus sei die einzig sinnvolle Wirtschaftsform und Demokratie sei die einzig sinnvolle politische Form der Miteinander-Umgehens – andererseits treiben uns wahrscheinlich immer weiter von der Technologiegesellschaft weg hin zu einer Wissensgesellschaft. Diese ist notwendig verbunden mit der Fähigkeit zu einem neuen, vielschichtigen Bewusstsein der Menschen. Das erfordert neues Denken und neues Handeln in Politik, Kultur und Wirtschaft. Genau dort wird eine neue Redlichkeit immer wichtiger.

Die Komplexität der wirtschaftlichen, sozialen und politischen Zusammenhänge wächst. Der Wettbewerbsdruck nimmt unvermindert zu. Nur noch Geiz ist geil. Wir leben in depressiven und rezessiven Märkten. Wir sind wirtschaftspolitisch insolvent und erleben gestörte Sozialsysteme. Viele Arbeitnehmer und nicht wenige Unternehmen fühlen sich durch die Globalisierung in den Ruin getrieben.

Das Problem scheint zu sein: Die Vergangenheit prägt uns, die Gegenwart verwirrt uns, die Zukunft macht uns Angst.

In den Herzen sehr vieler Bundesbürger, in den Unternehmen, in der Politik, in der Kultur fehlt die Motivation. Zusätzlich erleben wir enorme organisatorische Beschränkungen. Die Kommunikation ist oft unzureichend, es herrschen eher Fehlervermeidungsstrategien im ganzen Land. Diese werden ab und zu durch Beweisstrategien ersetzt. Das Problembewusstsein in unserem Land ist exzellent, das Lösungsbewusstsein eher mangelhaft. Die Folge ist die innere Kündigung des Bürgers. Die Ursachen? Nun: fehlende Visionen, fehlende Führungskonsequenz, soziale Inkompetenz, Kommunikationsengpässe, Politik- und Besitzstandswahrung, Arbeitsplatzangst, Überforderung, mangelhafte Mitarbeiterentwicklung, fehlende Teamfähigkeit und Sanktions-Kultur, also: fehlende neue Redlichkeit.

Wir brauchen dringend eine neue Redlichkeit, damit wir die Eigenverantwortung stärken, Selbstständigkeit fördern, Werte schaffen durch Grundprinzipien. Es ist mehr denn je das Prinzip gefordert, Ursache und Wirkung vor dem Hintergrund zur Verpflichtung zu einer verantworteten Güterabwägung und einer logischen Verknüpfung komplexer Zusammenhänge zu bewältigen. Es gilt, die Balance zu finden zwischen divergierenden Interessen in unserem Lande, und nicht nur Mauschelgeschäfte zu veranstalten, wie wir sie alle im November 2005 politisch erleben konnten: »Wir wollen die Reichensteuer, dann könnt ihr die Mehrwertsteuer erhöhen«. Nur zu versuchen, mit den bisherigen Praktiken in Politik, Kultur und Unternehmensmanagement weiterzukommen, funktioniert nicht, hat noch nie funktioniert. Und es weiterhin zu versuchen, ist in höchstem Maße unredlich.

Das Management eines Unternehmens, einer Partei, des Kulturbetriebs, jeder einzelne Bürger könnte die Erneuerungsquelle der Kraft, die Quelle der Innovation sein, wenn ... wir uns dazu entschließen würden, eine neue Redlichkeit in den Mittelpunkt unseres Handelns zu stellen. Diese ist kein Jux und nicht als Juxnummer gedacht. Sie ist schon gar nicht gedacht als Ersatz für hochprofessionelles Management in allen Lebensbereichen, sondern als langfristiges Wirkungsdoping ohne Katzenjammer.

So werden wir in der Lage sein, uns gleich zweifach besser zu stellen: zum einen ökonomisch und zum zweiten ethisch; ökonomisch, insofern wir alle durch den Einsatz der im Folgenden vorgestellten neuen Redlichkeit in unserer Arbeit (auch Lebensarbeit, das meint die Arbeit zum Gelingen unseres Lebens) überlebenstüchtiger und wettbewerbsfitter werden; und zum zweiten ethisch, insofern wir alle personales und soziales Leben lebenswerter werden lassen. Wir arbeiten hiermit an einer der wichtigsten Ressourcen unseres Lebens, nämlich an unserer Lebenskultur.

Die neue Redlichkeit entsteht nicht von selbst. Zwischen der neuen Unredlichkeit und der neuen Redlichkeit liegt eine Zeit der fast kriegerischen Form der Wertlosigkeit. Wir müssen unterscheiden zwischen:

1. der Zeit der Moral. Hier gab es zwei Formen: die erste Form mit theologischem Überbau, die zweite Form völlig nackt. Hier verhielt man sich nur sozialverträglich, um nicht sozial bestraft zu werden. Dies erschien nicht ganz zufrieden stellend. So entstand eine Zeit der Wertlosigkeit. Moralische Werte waren nicht tragfähig. So feiert derzeit der Egoismus fröhliche Urständ. Werte sind heute nahezu identisch mit der Schaffung eigenen Nutzens. Nachdem aus den oben genannten Gründen immer offensichtlicher wird, dass die neue Unredlichkeit unsere Zukunftsfähigkeit ernsthaft gefährdet, beginnt nun die Suche nach einer neuen Redlichkeit. Der *Stern* als Massenblatt zum Beispiel begann am 10. November 2005 in der Ausgabe 46 mit dem Titelblatt »Die neue Sehnsucht nach alten Werten« im Teil 1 eine Dokumentation über Ehrlichkeit und Fairness. Das ist doch schon einmal was!

2. Ein erstes Anzeichen für eine neue Redlichkeit ist sicher die kollektive Ablehnung von Kriegen. Wir sind dabei, uns aufgrund einer sittlich legitimierten Redlichkeit auf Kriegsvermeidungsstrategien zu besinnen. Ansätze dafür gab es im Völkerbund und gibt es auch in der UNO.

Ein zweites Anzeichen ist das bewusstere Umgehen mit der Umwelt. Die Umweltverträge, welche die UNO ausarbeitet, werden zwar kaum beachtet, das Bewusstsein für den Schutz der Umwelt hat sich jedoch geändert. Beides ist aber kollektiv zum Beispiel von den Amerikanern noch nicht erreicht.

3. Ein drittes Anzeichen ist das Auffinden einer neuen sozialen Gerechtigkeit. Die alte soziale Gerechtigkeit hat versagt, zum Bei-

spiel bei Opel. Der im Oktober 2004 geplante Stellenabbau von rund 10 000 Mitarbeitern führte zu Protesten der Mitarbeiter in Bochum und Rüsselsheim, die sich nicht nur gegen das Management, sondern auch gegen die IG Metall richteten. Betriebsräte wurden als Doppelagenten bezichtigt. Weder die nordrheinwestfälische Landesregierung noch die Bundesregierung waren bereit, unterstützend einzugreifen. Der einzige Trost war damals, dass man auf eine einvernehmliche Lösung hoffte. Die Lösung war eine Einigung auf einen Stellenabbau von 6 000 Mitarbeitern. Bis Ende Februar 2005 hatten 4 500 Mitarbeiter bereits einen Auflösungsvertrag unterschrieben. Die durchschnittliche Abfindungssumme pro Mitarbeiter betrug rund 100 000 Euro. Bis 2007 werden am Standort Bochum weitere 1 500 Mitarbeiter ausscheiden. Der Gesamtbetriebsrat war zufrieden: »Unser Ziel, dieses einschneidende Restrukturierungsprogramm ohne betriebsbedingte Kündigungen und Werksschließungen umzusetzen, ist erreicht worden«, meinte der Vorsitzende Klaus Franz.[1]

Was ist jetzt soziale Gerechtigkeit? Die alte Gerechtigkeit bedeutete, dass Leistung und Wertschöpfung bezahlt wurden. So hieß die soziale Gleichung. Nun sucht man nach einer neuen sozialen Gerechtigkeit. Die Lösung ist noch nicht erreicht. So kommt es zu Widersprüchen, zu Verwerfungen. Die moralische und die sittliche Gerechtigkeit stoßen nun aufeinander. Für die Praxis einer neuen Redlichkeit bedeutet dies, dass wir zunächst einmal die Bruchstellen erkennen und einen ersten Ausblick auf eine neue europäische Kultur haben sollten. Wobei wir Kultur derzeit profanisieren. Wenn wir einmal von Klischees absehen, dann müssen wir festhalten, dass Kultur und Sittlichkeit zusammengehören. Es gibt keine Kultur ohne Sittlichkeit. Auch keine Unternehmenskultur, die diese Bezeichnung verdient.

Um aus der Falle der neuen Unredlichkeit herauszukommen, gilt es, die Ursachen und Erscheinungsformen der neuen Unredlichkeit bewusst zu überwinden. Aber durch welche neuen Formen von Redlichkeit wären sie zu ersetzen? Die Frage ist, ob mehr dazu zu sagen wäre. Hätte man einen Mönch des fünften Jahrhunderts gefragt, ob er etwas über das zukünftige Mittelalter und seine politischen, sozialen und kirchlichen Strukturen sagen könne, und er hätte irgendetwas Konkretes dazu gesagt, dann wäre das nicht redlich gewesen. Wir sind keine Propheten. Daher können wir nur Grundstrukturen aufzeigen, die wir für erstrebenswert halten, ohne zu wissen, wie es werden wird.

Redlichkeit ist für uns der Anspruch eines Menschen, sich unabhängig von den Normen sozialer Systeme sozialverträglich zu verhalten. Diese Messlatte der Sozialverträglichkeit könnte zu einer transsystemischen Ethik führen. Eine transsystemische Ethik könnte auf jedes einzelne System, und damit auch auf Staaten, übergreifen und somit auf alle Menschen übergehen. Wahrscheinlich werden sich viele soziale Systeme gegen diese Form der Redlichkeit zur Wehr setzen. Vielleicht ist hier einer der Gründe zu suchen und zu finden, weshalb sich Menschen unredlich verhalten, und zwar zumeist, ohne es zu bemerken. Der äußere Druck des sozialen Systems, in dem wir leben, kann so groß sein, dass wir den Wert, uns anzupassen, für größer halten, als den Wert der Redlichkeit.

Kapitel 2

Neue Redlichkeit im verantwortlichen Handeln

Auch Werte können sich wandeln. Wir befinden uns heute in einer Phase, in der sich ein Wertewandel andeutet. In nicht wenigen Unternehmen wird zum Beispiel die Frage des Vertrauens anders gestellt und beantwortet als früher.

Die Voraussetzung redlichen Handelns

Redliches Handeln setzt voraus, dass ich die Bedingungen des Handelns kenne, mir ein zutreffendes Bild mache. Den Irrtum, die eigenen Gewissheiten für Wahrheiten zu halten und die eigenen Konstrukte mit der Realität zu verwechseln, haben wir als wichtige Ursachen der neuen Unredlichkeit ausgemacht. Aus unterschiedlichen Quellen in der Antike lassen sich Regeln ableiten, die transsystemisch Redlichkeit sichern helfen.

Die erste Regel

Die Sokratische Regel: »Unterscheide zwischen Wahrheit und Gewissheit.« Unredliche Menschen verwechseln gern Wahrheit und Gewissheit. Sie halten ihre subjektiven Gewissheiten für Wahrheiten. Sie sind sich ihrer Sache sicher (gewiss) und halten sie deswegen für wahr. Dabei können Menschen sich irren und täuschen, selbst wenn sie nicht zweifeln. Dem redlichen Menschen ist das bewusst, dem unredlichen Menschen nicht.

Die zweite Regel

Die Aristotelische Regel: »Der redliche Mensch kann sagen, worüber er spricht.« Das bedeutet, er spricht nicht nur von den Gefühlen, die er hat, wenn er an die Sache denkt, sondern er spricht von der Sache selbst. Der redliche Mensch kann das Wesen einer Sache angeben. Viele Menschen halten ihre Gefühle, die sich einstellen, wenn sie an eine Sache denken, schon für eine Auskunft über die Sache selbst.

Die dritte Regel

Sie wird ebenfalls auf Aristoteles zurückgeführt: »Niemand lügt ohne Grund.« Ich kann eine Sache nur dann glauben, wenn zwei unterschiedliche Quellen mit unterschiedlichem Interesse Gleiches berichten oder wenn eine interessierte Quelle etwas berichtet, das gegen ihr Interesse spricht. Das »Nemo gratis mendax« ist eine Formel, die sich sehr bald, als das griechische Denken sich in Rom durchsetzte, in der römischen Formulierung eingebürgert hat. Im Griechischen dagegen gibt es diese Kurzform der Regel nicht. Wer seine Informationen ausschließlich aus einer einzigen Tageszeitung bezieht oder aus den Nachrichten nur eines Fernsehsenders, wird eine Informationssicherheit entwickeln, die in hohem Maße unredlich ist.

Redlichkeit ist für jeden Menschen empirisch erfahrbar im Handeln. Wir nehmen die Redlichkeit wahr in den positiven Eigenschaften (oder auch Tugenden), die sich im Handeln zeigen, wie etwa zum Beispiel:

– Rechtschaffenheit,
– Aufrichtigkeit,
– Ehrlichkeit,
– Verlässlichkeit.

Das bewusste Handeln

In der Psychologie unterscheidet man die Vorgänge Erleben – Verhalten – Handeln. Dabei wird Erleben verstanden als Akt des Bewusstseins, als innere Erfahrung und als subjektives Abbild (oder Konstrukt) von der Wirklichkeit im Bewusstsein. Verhalten wird bestimmt als in der Regel wahrnehmbare Reaktion auf die Umwelt. Der Begriff Handeln aber erfasst eine besondere Qualität von Verhalten, nämlich alle intentionalen, zielgerichteten, bewusst (willentlich) gewählten und eingesetzten Aktivitäten eines Menschen. Das Handeln setzt also voraus, dass man sich bewusst zwischen Alternativen entscheidet, seine Handlung begründen kann und also auch dafür verantwortlich ist.

Wenn wir von Handeln sprechen wollen, dann sollten fünf Prinzipien erfüllt sein. Sie unterscheiden Handeln von bloßem Verhalten:

1. Prinzip der *Bewusstheit:* Dem Handeln liegt eine bewusste Entscheidung zugrunde, es ist deshalb begründbar und damit rational.
2. Prinzip der *Kontingenz* (Alternativprinzip): Dem Handeln liegt die bewusste Wahl zwischen Alternativen nach einer vorhergehenden Güterabwägung zugrunde.
3. Prinzip der *Intentionalität:* Handeln ist intentional, ist also zielgerichtet und versucht die Folgen abzuschätzen.
4. Prinzip der *Effizienz:* Das Handeln ist auf ein Ergebnis ausgerichtet.
5. Prinzip der *Responsibilität:* Der Handelnde übernimmt die Verantwortung für die überschaubaren Folgen seines Handelns.

Im Handeln bewährt und entwickelt sich das Selbstkonzept des Handelnden, das naturgemäß ein Konstrukt ist. Carl Rogers unterscheidet dabei ein Real-Selbst (so sehe ich mich) und ein Ideal-Selbst (so wäre ich gern). Zum Selbst haben wir allerdings nur einen sehr beschränkten Zugang. Der Annäherung an das Selbst durch reine Reflexion führt eher zu einer Verstärkung der Konstrukte. Wenn ich mein Selbstkonzept prüfen will, dann muss ich schauen, wie ich mit anderen Menschen umgehe, welche Interaktionsformen ich anbiete und wie ich mit Interaktionsangeboten umgehe. Man kann sein Selbstkonzept oder Selbstbild am ehesten in der Reflexion und Analyse seiner Interaktionen mit anderen Menschen weiterentwickeln. In einer anschlussfähigen Kommunikation, die lange genug gedauert hat, kann ich in einer Analyse in etwa dem nahe kommen, der ich bin. Anschlussfähig meint, mein Gesprächspartner kann mit meiner Aussage etwas anfangen, er antwortet darauf, und seine Aussage bezieht sich auf das, was ich vorher gesagt hatte. Nicht anschlussfähige Kommunikation ist dadurch gekennzeichnet, dass mein Gegenüber entweder schweigt, weil ihm zu dem, was ich gesagt habe, nichts einfällt. Oder er spricht über etwas, das mit dem, was ich gesagt hatte, nichts zu tun hat.

Das Prinzip Verantwortung

Die Übernahme von Verantwortung für das eigene Handeln ist eine Kernforderung der neuen Redlichkeit – ihr Fehlen ein Kennzeichen von Unredlichkeit.

Als die Niedersachsenwahl und die Hessenwahl für die SPD in einem Fiasko endeten, stellte sich Bundeskanzler Schröder vor die Mikrofone und Kameras der Medien und sagte: »Ich übernehme die volle Verantwortung!« Schön gesagt. Nur kam offensichtlich keiner der anwesenden Journalisten auf die Idee, unseren Kanzler zu fragen: »Herr Bundeskanzler, worin drückt sich denn nun ihre Verantwortung aus?« Bei einem redlichen Manager wäre die Übernahme der Verantwortung immer dann gegeben, wenn die überschaubaren Konsequenzen seines Handelns nicht ohne Auswirkung auf sein weiteres Handeln blieben – eine Auswirkung, die sich nicht allein auf das weitere Handeln nach außen, sondern entsprechend plausibler Kriterien auch auf Aspekte des eigenen Jobs beziehen sollte, wie etwa das Gehalt oder eine Vertragsauflösung. Gibt es in der Verantwortung kein Handeln, dann handelt es sich bei dem Satz: »Ich übernehme die volle Verantwortung« ausschließlich um Verbalakrobatik, sonst nichts.

Der Begriff Verantwortung kommt von antworten. Gemeint war ursprünglich »dem Richter vor Gericht antworten«, später dann allgemeiner »für etwas einstehen«. Die Frage ist, wem muss man antworten, wem ist man Rechenschaft schuldig? Wer oder was ist also die Verantwortungsinstanz?

1. Verantwortung vor mir selbst – die Instanz ist das eigene Gewissen.
2. Die Verantwortung gegenüber einem oder mehreren Menschen.
3. Die Verantwortung vor der Zukunft – welche absehbaren Folgen hat mein Handeln für die Zukunft?
4. Die Verantwortung vor der gesamten Menschheit gehört eher in das Zeitalter der Romantik (Alexander von Humboldt). Wenn wir die Globalisierung wollen, müssen wir wissen, dass wir ökonomisch, politisch und sozial tendenziell verantwortlich für die ganze Menschheit handeln. Ist das nicht möglich, ist die eindimensionale, ökonomische und politische Globalisierung unmenschlich.

Verantwortung klärt die Zulässigkeit des Handelns. Aus den Werten eines Menschen kommen Fragen und aus den Handlungen eines Menschen kommen Antworten. Somit ist verantwortliches Handeln also eine Antwort im Sinne der Redlichkeit.

Wenn wir von Verantwortung sprechen, stellt sich die Frage: Was genau können/müssen wir verantworten? Hier ist zu definieren, wann wir von Verantwortung sprechen können. Wir können durch Dritte zur Verantwortung gezogen werden. In diesem Sinne sprechen wir von Verantwortung vor dem Gesetz, Verantwortung vor dem Unternehmen. Hier ist jedoch in erster Linie die Verantwortung vor sich selbst gemeint. Ich muss mich also fragen, welche Verantwortung bin ich zu übernehmen bereit, was ist das Subjekt der Sittlichkeit meines Handelns?

Ich kann verantworten:

1. die Intention des Handelns, ich bin also einer Gesinnungsethik verpflichtet. Das erste Problem dieser Ethik ist: »Ich habe es doch gut gemeint, das muss reichen.« Das zweite Problem ist, dass beste Absicht an Inkompetenz gekoppelt sein kann, und das ist hochgefährlich.
2. das Ergebnis des Handelns, ich bin also einer Ergebnisethik verpflichtet. Hier ist das Problem, dass der Zweck die Mittel heiligen kann, wodurch die Handlungen selbst unethisch werden können.
3. das Handeln selbst, meine Vorgehensweise, ich bin also einer Handlungsethik verpflichtet. Diese Ethik hat den Vorteil, dass unabhängig von der Absicht (Wer kann die schon außer dem Handelnden kennen?) und unabhängig davon, ob das Ergebnis tatsächlich verwertbar ist, verantwortet gehandelt wird.

Das Gewissen als Instanz des Selbst

Wenn der Gegenstand der sittlichen Beurteilung meine Handlung selbst ist, dann ist somit mein Gewissen entscheidend. Mein Gewissen urteilt über die sittliche Qualität meiner Handlung. Damit habe ich ein Gewissensurteil gefällt.

Gewissen definiert sich für uns als das unmittelbar der Handlung vorausgehende praktische Urteil über die sittliche Qualität der Handlung.

Das sittliche Gewissen geht stets der Handlung voraus und beurteilt die sittliche Qualität der Handlung. Das, was gemeinhin als schlechtes Gewissen bezeichnet wird, folgt der Handlung nach, und hat daher mit Sittlichkeit nichts zu tun. Es gibt also per se keine *conscientia conmittans*, kein begleitendes oder nachfolgendes Gewissen, denn dieses hat nichts mit Ethik, sondern nur mit Edukation zu tun. Aber es gibt ein *conscientia ante cedens* (vorausgehendes Gewissen) mit der alleinigen Aufgabe, uns zu domestizieren.

Nur dieses vorausgehende Gewissen hat Erheblichkeit für die Sittlichkeit.

Menschen können unter verschiedenen Bedingungen zu unterschiedlichen Urteilen kommen und dies aufgrund unterschiedlicher Elemente, die in die Beurteilung der Qualität eingehen können.

Wie muss nun das Gewissen des redlichen Menschen aussehen, wie muss es legitimiert sein, damit er redlich und verantwortlich handelt?

Das Gewissen entwickelt sich je nach Sozialisierung und / oder persönlicher Entwicklung in mehreren Stufen innerhalb der Biografie. Es handelt sich dabei um einen Prozess der Internalisierung (Verinnerlichung) von Normen und Werten, um sich an die gegebenen Verhältnisse anzupassen. In Anlehnung an die Stufen der moralischen Entwicklung nach Lawrence Kohlberg (1927–1987) lassen sich folgende Stufen beziehungsweise Schichten des Gewissens unterscheiden:

1. Das moralische Gewissen: Inkorporation in der frühen Kindheit

Unsere Eltern und Erzieher haben uns gesagt, was gut und richtig ist, was »man« tut oder auch nicht tut. Sie gaben uns die ersten Werte mit auf unseren Lebensweg, die wir vorerst für allgemein gültig hielten. Und so stecken in diesem Gewissen alle Werte, die schon unsere Eltern richtig und wichtig fanden. »Sei ein guter Kamerad« oder »Ehrlich währt am längsten«, »Das Vaterland musst du lieben und deine Mutter ehren«. Hier sind alle Werte zu Hause, die wir auch als Tugenden bezeichnen. Womit Tugend generell als Fähigkeit bezeichnet werden kann, selbst gewählte, sittliche Werte auch zu leben. Wir finden im moralischen Gewissen unsere Treue, unseren Gehorsam, unser Pflichtbewusstsein oder auch unseren Fleiß. Zum moralischen Gewissen gehören auch die Ordnungsliebe und die Ehrlichkeit, unsere Verlässlichkeit und unsere Pünktlichkeit. Dieses Gewissen haben wir ungeprüft übernommen, ob wir wollten oder nicht. Wir hatten keinen Einfluss auf die Auswahl der Werte unserer Erzieher.

Gegen all diese Werte ist überhaupt nichts einzuwenden, nur haben wir sie nicht selbst gewählt. Wir haben zu keinem Zeitpunkt sagen können: »Den Wert finde ich nicht gut, ich will viel lieber etwas anderes.« Diese Werte wurden uns eingepflanzt; sie wurden inkorporiert.

Inkorporation meint hier eine Einverleibung, die oft durch einen nicht zu durchschauenden schnellen Wechsel zwischen »Das hab ich zum Fressen gern« und »Das ist ja zum Kotzen« gekennzeichnet ist.

Beim Erwachsenen meldet sich das moralische Gewissen als innere Stimme. Und Sie können sich vorstellen, dass diese innere Stimme uns ganz schön zu schaffen machen kann.

Das ist eine unreife, infantile Form des Gewissens. Ein Erwachsener mit einem inkorporierten, kindlichen Gewissen ist Borderline-gestört. Das inkorporierte Gewissen pflegt die Normen und Regeln der Eltern unreflektiert. Der Manager zum Beispiel denkt dann über den Sinn oder Unsinn dieser Regeln nicht nach. In der Folge äußert sich Inkorporation im Unternehmen in sprunghaft-unreflektiertem Handeln, im permanenten unerklärlichen Schwanken zwischen starker Zu- und Abneigung den Mitarbeitern und/oder Kunden gegenüber.

2. Das funktionale Gewissen: Introjektion des Heranwachsenden

»Wes Brot ich ess, des Lied ich sing.« Das funktionale Gewissen ist gekennzeichnet durch eine sehr starke, stabile Hinwendung zu einem System, einer Firma, einer Familie, einer Gesellschaft, einem Staat und die unbewusste Übernahme der Normen in das eigene Selbst. Wir »funktionieren« in einem bestimmten System. Dazu kann auch das Gegenteil gehören: Wir lehnen total und ohne zu hinterfragen ein System, eine Gruppe von Menschen, einen Staat et cetera ab.

Das funktionale Gewissen ist angesprochen, wenn wir sagen: »Frag nicht so lange nach, tu, was man dir sagt ...«, »was geht das uns an ...«, »solange du die Füße unter meinen Tisch stellst...«.

Totale Begeisterung oder harte Ablehnung liegen eng beieinander. Das Introjekt wird wieder aufgegeben bei Enttäuschung. Die Introjektion ist problematisch, weil das Unternehmen nur positiv gesehen wird. Sobald man dies nicht durchhalten kann, schlägt die Liebe in Hass um. Das ist gut zu beobachten zum Beispiel bei Kirchen.

Sobald ein Mensch alle Regeln einer Firma genau befolgt, ohne sich zu fragen, ob eine dieser Regeln auch sinnvoll ist oder nicht, dann fängt er an zu funktionieren; das heißt, er tut nur noch das, was man ihm sagt, und er unterlässt das, was er nicht tun soll. Das kann für ein Unternehmen kritisch werden. Wenn jemand unkritisch begeistert ist, sollte man ihn nicht führen lassen.

Das funktionale Gewissen fragt nicht nach Wenn und Aber, nicht nach Umständen oder besonderen Einflüssen. Es unterscheidet nicht, sondern wendet alle Regeln und Gesetze nach den Buchstaben an. Der Sinn einer Regel wird nicht hinterfragt. Und so kann das funktionale Gewissen zu einem Tyrannen werden, zur Unmenschlichkeit pervertieren, wie nicht nur das Milgram-Experiment zeigte. Stanley Milgram (1933–1984) zeigte in verschiedenen Versuchen zwischen 1960 und 1963, dass Menschen sich durch Gehorsam in Autoritätssituationen dazu verleiten lassen, unschuldige Menschen zu misshandeln. Er konnte nachweisen, dass Gehorsam die Kritikfähigkeit und das moralische Gewissen weitgehend außer Kraft setzen kann. Obwohl das moralische Gewissen einem Menschen nahe legt, einem hilflosen Menschen keine Gewalt anzutun, folgten rund zwei Drittel der Versuchspersonen den Anweisungen der Autoritätspersonen (Psychologen im weißen Arztkittel), über einen Schockgenerator einer »Versuchsperson« Stromschläge zu verabreichen. Damit sollte »offiziell« festgestellt werden, ob Menschen über Bestrafung besser lernen.[2]

Das funktionale Gewissen war vermutlich die Ursache für die Uneinsichtigkeit eines Erich Honeckers, als er seine Regierungszeit mit einem »Ich bin mir keiner Schuld bewusst« erklärte und zu verstehen gab, dass er doch nur das Beste für die Bürger seines Landes gewollt habe.

Das funktionale Gewissen ließ manchen Nazi und Kriegsverbrecher nicht erkennen, wie verbrecherisch sein Handeln war.

3. Das sittlich verantwortete Gewissen: Identifikation des Erwachsenen

Auf dieser Stufe findet zum ersten Mal eine kritische Auseinandersetzung statt. Das sittlich verantwortete Gewissen nimmt eine Güterabwägung vor, und der Mensch entscheidet sich bewusst zwischen Alternativen. Wir prüfen, welche Gründe für und welche Gründe gegen eine Sache, ein Unternehmen et cetera sprechen. Wir wägen diese Gründe gegeneinander ab und stellen in der Bilanz fest, dass wir dafür oder dagegen sein können. Die Ethik bietet uns die Grundlagen für eine kritische Auseinandersetzung mit dem, was wir tun oder lassen wollen. Die im sittlich verantworteten Gewissen enthaltenen Werte und Gründe für unser Handeln sind selbst gewählt. Somit findet zum ersten Mal die Identifikation statt. Wir wissen zwar, dass zum Beispiel unser Unternehmen Fehler macht, aber in der Bilanz sind wir dafür. So kommt die kritische Identifikation zustande. Hier sagt jemand ein kritisches Ja. Das ist die stabilste Basis für eine Familie, ein Unternehmen, einen Staat.

In dieser reifen Form der Internalisation hat die Redlichkeit im transsystemischen Sinne ihre Heimat. Die Identifikation kann ebenso bewusst aufgegeben werden, wie sie bewusst gewählt wurde. Und zwar ohne Verdrängungsmechanismen.

Das Entscheidende ist, dass der sittlich-verantwortlich handelnde Mensch sich auch gegen sein moralisches Gewissen entscheiden kann. Es kommt zwar zu Schuldgefühlen, aber der Mensch ist bereit, diese Spannung zu ertragen. Und er ist jetzt bereit, jederzeit für vorhersehbare Folgen seines Handelns einzustehen. Er schiebt die Verantwortung für sein Handeln nicht auf eine Institution oder eine Situation ab.

Das Gewissen eines erwachsenen Menschen weist alle drei Schichten auf. Je größer der sittlich verantwortete Anteil ist, umso reifer und verantwortlicher werden seine Entscheidungen und Handlungen sein.

Der redliche Mensch bemüht sich, seine Beziehungen über kritische Identifikation aufzubauen. Für den redlichen Menschen ist also das Gewissen, das sittliche Gewissen wichtig. Hier wird die Sittlichkeit des Handelns geprüft.

Die Bedeutung der Sittlichkeit im Handeln

Die Frage nach der Sittlichkeit wird heute leider viel zu selten gestellt. Verantwortungsbereitschaft und die Frage nach der Sittlichkeit des Handelns zeichnet verantwortliches Handeln aus. Eine Handlung ist dann redlich, wenn sie eigenes und fremdes Leben eher mehrt denn mindert.

Warum darf Handeln nicht nur zweckrational sein? Wenn ich einem Handeln keine sittlichen Normen oder Tugenden unterlegen kann, dann unterwerfe ich die Welt mit jedem Handeln meinen Konstrukten. Dann habe ich nur das Bedürfnis, meine Konstrukte bestätigt zu sehen. So versuche ich die Welt meinen Konstrukten anzupassen, ich passe mich nicht mehr der Welt an. Handeln ohne Sittlichkeit versucht Realität zu erschaffen und begreift die existierende Realität als Störgröße. Fehlt Sittlichkeit, dann begreife ich alles, was nicht meinen Interessen dient, als störend. So entwickelt sich Unredlichkeit, ohne dass ich es selbst bemerke.

Wenn Handeln langfristig in Realität spielen soll, muss es sittlich motiviert sein. Sittlichkeit bietet die Chance, etwas Konstruktfremdes im eigenen Konstrukt wirken zulassen. Sittlichkeit sucht die Realitätsnähe und den Einfluss.

Im sittlichen Handeln kann ich altruistisch oder alterozentrisch sein. Egoismus oder Egozentrik suchen nicht die Begegnung mit dem Fremden oder Anderen, sondern nur die Bestätigung. Die Sittlichkeit ist der Faktor, der im Einfluss auf die Realität berücksichtigt, dass auch unabhängig von meinen individuellen Interessen die

Begegnung mit der Realität eine Rolle spielt. Sittlichkeit kennt die Störgröße nicht, sondern das Interesse am Anderssein.

Damit ist Sittlichkeit notwendig, um der realen Welt auch wirklich zu begegnen. Sittlichkeit will also die Nähe zu Realität, während Nichtsittlichkeit in der realen Welt nur die Bestätigung der eigenen Konstrukte sucht, und damit kein Interesse an der Realität besitzt.

Die Sittlichkeit sucht den anderen Menschen als Ziel, Unsittlichkeit sucht den anderen nur als Mittel. Dadurch entsteht die Notwendigkeit der Sittlichkeit.

Der Unterschied ist auch, dass der unsittliche und unredliche Mensch im anderen nur sich selbst sucht, während der sittliche Manager den anderen sucht. Damit ist Sittlichkeit notwendig als Korrektiv zur Anpassung an Realität.

Der redliche Mensch wird also immer versuchen, der Unsittlichkeit zu entgehen, indem er sein Handeln an sittlichen Maßstäben orientiert.

Verantwortung und Freiheit des Handelns

Eine weitere Frage ist, ob ich noch von (bewusstem und verantwortlichem) Handeln sprechen kann, wenn Zwang auf mich ausgeübt wird. Denken Sie nur an die berühmten »Sachzwänge« oder die Zwänge, die von meinem Chef, meinem Unternehmen auf mich ausgeübt werden. Ja, und dann noch all die Zwänge, die das Leben für mich bereithält; die Zwänge, die meine Bank, mein Ehepartner, meine Kinder, meine Eltern et cetera auf mich ausüben.

Auch etwas, das ich aufgrund vermeintlicher innerer oder äußerer Zwänge tun muss, kann Handeln sein. *Voluntarium in causa* stammt aus der mittelalterlichen Ethik und hat in die Rechtsprechung Einzug gehalten. Zum Beispiel, wenn ich zwar das Ergebnis nicht wollte, aber die Ursache gesetzt habe. Ermorde ich jemanden im Vollrausch, dann liegt die Freiwilligkeit nicht in der Handlung, sondern in der Ursache. Es gibt selbst- und fremdverursachte Zwänge, die ich freiwillig herbeigeführt habe. Auch jemand, der freiwillig Soldat wird, kann in den Zwang kommen, jemanden zu erschießen. Bei *Voluntarium in se* bin ich direkt verantwortlich ohne eine mich betreffende Ursache.

Zwänge unterscheiden sich dadurch, dass ich entweder den Zwang freiwillig herbeigeführt habe, oder es sich um Zwänge handelt, die ich nicht herbeigeführt habe. Das eine sind Tätigkeiten, dass andere sind mittelbar auch Handlungen.

Wie wir oben gesehen haben, unterscheidet Handeln sich vom bloßen Verhalten:

- Es ist bewusst und nicht instinktoid oder unbewusst.
- Es ist intentional, also zielgerichtet.
- Es ist verantwortlich.

Aus den sittlichen Maßstäben ergeben sich die Merkmale:

- Handeln fördert die (eigene und fremde) Persönlichkeitsentwicklung nachhaltig – statt sie zu blockieren oder unmöglich zu machen.
- Es bemüht sich, die Grundlagen menschlichen Lebens zu erhalten – statt zu vernichten oder zu bedrohen.
- Es fördert biophile soziale Systeme – statt sie nachhaltig zu stören.

Welche weiteren Merkmale muss Verhalten also haben, damit wir von redlichem Handeln sprechen?

- Redliches Handeln setzt die Freiheit der Entscheidung voraus – es darf nicht erzwungen sein, nicht gegen den Willen des Betreffenden sein.

Wenn von Handeln gesprochen wird, dann besteht für den Handelnden also immer die Wahlmöglichkeit, das heißt, er hätte sich auch anders entscheiden können. Der handelnde Mensch kann seine Handlungen verantworten und anderen verständlich machen. Handlung unterscheidet sich von Verhalten auch dadurch, dass negative Folgen des Handelns bedacht werden, und falls sie in Kauf genommen werden müssen, in einer verantworteten Güterabwägung bedacht werden. Wenn einer der vorgenannten Punkte fehlt, dann sprechen wir bereits von Verhalten.

Kapitel 3

Individuelle Tugenden als Basis für eine neue Redlichkeit

Wie die neue Redlichkeit tatsächlich aussehen kann, weiß niemand. Wir können uns jedoch wünschen, wie sie aussehen sollte. Als Voraussetzung gehören sicher einige Charaktereigenschaften und Tugenden dazu, die nach unserer Auffassung heute als Primärtugenden gelten können. Wir haben diese Tugenden bewusst gewählt, wohl wissend, dass sie nicht als klassische Primärtugenden (zum Beispiel: Klugheit, Gerechtigkeit, Mäßigung oder Thomas von Aquins theologische Tugenden Glaube, Liebe, Hoffnung) verstanden werden. Die Tugenden, die wir ausgewählt haben, stellen für uns einen direkten Bezug zur Redlichkeit her:

- *Aufrichtigkeit.* »Ich sage, was ich meine.« Das scheint uns für die neue Redlichkeit sehr wichtig zu sein.
- *Verlässlichkeit.* Sie unterstützt die neue Redlichkeit dadurch, dass sie das Vertrauen in einem Menschen erhöht.
- *Tapferkeit.* Gerade in schwierigen Lebensmomenten sorgt die Tapferkeit dafür, dass ich ein sinnvolles Ziel nicht aus den Augen verliere. Sicher unerlässlich für eine neue Redlichkeit.
- *Zivilcourage.* Die Bereitschaft, eigene Werte auch gegen eine vorherrschende Meinung zu vertreten, ist für uns eine wesentliche Voraussetzung für neues redliches Handeln.
- *Epikie* (Billigung, Nachsicht). Nicht nach den Buchstaben, sondern nach dem Sinn einer Verordnung zu handeln, ist ebenfalls für neues redliches Handeln unerlässlich.
- *Kritische Gerechtigkeit.* Die Fähigkeit, Selbstverständlichkeiten

im Sinne des sittlichen Handelns in Frage stellen zu können, kann eine neue Redlichkeit nur unterstützen.

– *Besonnenheit.* Distanz zum Geschehen bewahren zu können, eben nicht impulsiv zu sein, gehört sicher zur neuen Redlichkeit.

– *Realitätsnah urteilen.* Der Blick für das Wesentliche gehört für uns zur neuen Redlichkeit unbedingt dazu.

Zur Aufrichtigkeit / Ehrlichkeit

Aufrichtig ist ein Mensch, der sich selbst treu bleibt. Ursprünglich ist das Wort »aufrichtig« mit »richtig« verwandt und bedeutet »aufrecht, ehrlich, unverfälscht«. Zur Aufrichtigkeit gehört auch, die eigene, begründete Überzeugung ohne Verstellung, also authentisch, auszudrücken. Aufrichtig ist ein Begriff, der sich aus dem Wort »aufrecht gehen« entwickelt hat. »Aufrecht« war also zunächst ein physischer Begriff und meinte, dass ein Mensch senkrecht geht. Aufrichtig meint heute, dass das Denken, das dem Handeln zugrunde liegt, ethisch gut ist.

Der Literaturwissenschaftler Lionel Trilling definiert Aufrichtigkeit (in seiner unter anderem von den Soziologen Richard Sennett und Charles Taylor[3] viel zitierten Studie *Sincerity and Authenticity*) als »die Übereinstimmung zwischen Gefühl und Äußerung«. Der aufrichtige Mensch verzichtet auf Imponiergehabe oder Fassadentechnik. Das ist sicher nicht einfach. Und es stellt unter anderem enorme Ansprüche an die Sprachkompetenz des Einzelnen, um die Besonderheit der eigenen Gefühle und Gedanken unverfälscht wiedergeben zu können.

Eine Gefahr der Aufrichtigkeit ist die Selbstüberschätzung. Nicht wenige Menschen leben nach dem Motto: »Die Welt wäre besser, wenn es mehr Menschen wie mich gäbe.« David Dunning und Nicholas Epley von der amerikanischen Cornell University haben dies untersucht. Den Egoismus und die Unaufrichtigkeit anderer Menschen könnten die meisten sehr gut beurteilen, schrieben die Wissenschaftler im *Journal of Personality and Social Psychology*.[4]

Die Psychologen befragten Studenten, ob sie eine schwierige und beschwerliche Arbeit selbst verrichten würden oder lieber an ein zehnjähriges Mädchen, das große Schwierigkeiten mit der Aufgabe hätte, abgeben würden. Die meisten Befragten erklärten daraufhin, sie würden die Arbeit selbst erledigen wollen. Nur wenige der Studierenden hingegen gaben an, sie würden das Mädchen schuften lassen. Waren sie allerdings tatsächlich mit einer solchen Situation konfrontiert, so vergaßen die meisten Studenten ihre Selbstlosigkeit und wälzten die Arbeit ab.

Schon Schopenhauer vermutete, dass die Aufrichtigkeit ein schwieriges Geschäft sei. Er meinte noch: »Die Freunde nennen sich aufrichtig, die Feinde sind es.« Der Sufismus, die islamische Mystik, hat sich ebenfalls der Aufrichtigkeit gewidmet. Dort heißt es: »Auf der ersten Stufe der Aufrichtigkeit hat der Mensch, der sich dem Sufismus widmet, dafür Sorge zu tragen, dass er untadelige Gedanken hat, die richtigen Entscheidungen anstrebt und sein Verhalten dementsprechend ausrichtet. Auf der zweiten Stufe möchte er nur deshalb auf der Welt leben, weil er der Wahrheit Geltung verschaffen und das Wohlgefallen Gottes erlangen möchte. Auf der dritten Stufe schließlich wird die Aufrichtigkeit vollkommen verinnerlicht. In jeder Handlung und in jeder Verhaltensweise verbindet sich dann die Natur des Menschen mit Treue und Beständigkeit.«[5]

Für den französischen Dichter Charles Baudelaire war Aufrichtigkeit der Weg zur Originalität. Aufrichtig zu sein, bedeutet sicher, an Authentizität zu gewinnen.

Doch leider ist die Aufrichtigkeit in heutiger Zeit nach Meinung des irischen Dramatikers George Bernard Shaw allenfalls eine Tugend des Zuschauers, nicht der handelnden Personen. Hier stellt sich nun die bange Frage: Für die Bühne mag das gelten, aber auch im wirklichen Leben?

Ein spanisches Sprichwort sagt: »Zuweilen spricht auch der Teufel die Wahrheit.« Ehrlichkeit ist ein schweres Geschäft, zumal dann, wenn im Alltag durchaus Menschen bestraft werden, die offen und »ehrlich« ihre Gefühle und eigenen Schwächen vor anderen ausbreiten. Ehrlichkeit hat sicher eine Chance, wenn sie frei bleibt von Bösartigkeit und Gift. Schopenhauer meinte noch: »So eng auch Freundschaft, Liebe und Ehe Menschen verbinden: Ganz ehrlich meint jeder es am Ende doch nur mit sich selbst und höchstens noch mit seinem Kinde.«[6]

Ehrlich ist ein Mensch genau dann, wenn er ohne Verstellung offen ist. Dazu ist es notwendig, dass er auf verdeckte Kommunikation verzichtet. Verdeckt ist eine Kommunikation immer dann, wenn ich über ein Wissen verfüge, das zu einer kommunikativen Handlung führt, aber dem Betreffenden nicht mitgeteilt wird.

Wird ein Mensch in einem Netz verdeckter Kommunikation gefangen, dann kommt er da nicht mehr heraus. Es führt zu massiven Störungen des Selbstkonzepts und auch der sozialen Beziehungen.

In der psychologischen Forschung (systemische Psychologie) wurde herausgefunden, dass eine signifikante Korrelation besteht zwischen der psychischen Erkrankung von Familienmitgliedern und verdeckter Kommunikation. Wenn ein Familienmitglied erkrankt, müssen alle therapiert werden, um aus dem Netz der verdeckten Kommunikation herauszukommen. Es reicht nicht aus, den Einzelnen zu therapieren, weil das System gestört ist.

Verdeckte Kommunikation sagt zum Beispiel den eigentlichen Grund für eine Frage nicht, schiebt sekundäre Gründe vor. Verhöre etwa bedienen sich sehr häufig der verdeckten Kommunikation.

Es geht allerdings nicht um Ehrlichkeit um jeden Preis. In der humanistischen Psychologie spricht man von »selektiver Authentizität«: Mache dir bewusst, was du denkst und fühlst, und wähle, was du sagst und tust. Es geht also auch hier um Verantwortung: Es kann erforderlich sein, die Wahrheit nicht zu sagen oder sogar die Unwahrheit zu sagen. Dafür gibt es im Sinne der neuen Redlichkeit eigentlich nur zwei Gründe:

1. Wenn es darum geht, den Schutz eigenen und fremden Lebens zu sichern bei Wahrung der Verhältnismäßigkeit der eigenen und fremden Geheimnisse.

2. Wenn das, was ich denke, die Lebenschancen des anderen mindern würde, sobald ich es ausspreche. Es geht um die Empathie, das Einfühlungsvermögen (Empathie ist unabhängig von Sympathie und Antipathie). Der andere muss sich in dem, was ich sage, auch wiederfinden können. Meine Aussage darf das Selbstkonzept des anderen nicht fahrlässig in Frage stellen. Hier liegt der Fehler vieler Führungskräfte, die sich um das Selbstkonzept des Mitarbeiters gar nicht kümmern. In einer gelingenden Kommunikation wird das Selbstkonzept dynamisiert, jedoch nicht vernichtet.

Zur Verlässlichkeit

Dass man immer wieder mit Menschen rechnen muss, auf die man sich nicht verlassen kann, gehört sicher zur praktischen Lebenserfahrung. Die häufiger verwendete Definition von Verlässlichkeit findet sich so auch eher im technischen Raum: »Verlässlichkeit ist die Eigenschaft eines technischen Systems, die es erlaubt, volles Vertrauen in seine Funktion zu setzen.«

Verlässlichkeit im Sinne einer neuen Redlichkeit meint, dass das, was ein Mensch sagt oder mir zusagt, auch zutrifft. Verlassen hat zwei Bedeutungen, einerseits ich verlasse etwas, lasse los, mag etwas nicht mehr, und andererseits sich verlassen können auf ein Wort, eine Handlung, ein Versprechen im Sinne von: Ich bin verlässlich. Ein Mensch ist also verlässlich, wenn er etwas verspricht und dieses Versprechen auch einhält.

Verlässlichkeit meint auch, dass eine Aussage sich auch in der Nähe dessen bewegt, was jemand meint. Verlässlichkeit ist ebenfalls eine besondere Form der Wertschätzung. Wenn sich jemand auf mich verlassen will, dann versuche ich, durch Verlässlichkeit das Vertrauen in mich zu rechtfertigen. Gerade in einer Zeit, in der die Zahlungsmoral, das Einhalten von Zusagen et cetera immer schlechter werden, ist Verlässlichkeit unerlässlich.

Zur Tapferkeit

Unsere Rekruten schwören, »das Recht und die Freiheit des deutschen Volkes tapfer zu verteidigen«. Der Begriff ist uns also nicht fremd, wird jedoch überwiegend im militärischen Bereich angesiedelt.

Der griechische Begriff »Tapferkeit«, *andreia*, ist von dem Wort *andreios* (männlich) abgeleitet und meinte die »Mannhaftigkeit«. Sie gehörte als ritterliche Kampfestugend zu den vier Grundtugenden der Antike. Sie war ursprünglich gemeint im Sinne der soldatischen Tüchtigkeit und Leistung im Kriege. Tapferkeit war damals noch Selbstzweck. Die »vortreffliche Leistung im Kampf« zielte auf die Selbstvervollkommnung des Kriegers, auf seine Ehre und seinen persönlichen Ruhm ab. Etwa 400 v. Chr. legt Sokrates den Grundstein für die Tapferkeit, wie wir sie heute verstehen. Tapferer Kampf hatte für ihn dem Gemeinwohl zu dienen, also einem Zweck, der über den Einzelnen hinausgeht. Damit begründete Sokrates die Idee, dass Tapferkeit nicht mehr an Ehre und Ruhm des Einzelnen gebunden sei, sondern an die Verwirklichung des Guten in der Gesellschaft. Während Platon diese Tugend nur für Soldaten und Beamte vorgesehen hatte, betonte Aristoteles, dass die echte Tapferkeit nur im Kriege unter todesmutigem Einsatz des eigenen Lebens möglich sei. Als entscheidendes Kriterium stellte Aristoteles sie an die erste Stelle aller Tugenden. Für Cicero war sie mit zwei vornehmen Eigenschaften versehen, der Verachtung des Todes und des Schmerzes.

Im Deutschen hat man ursprünglich wohl das Wort »Mannesmut« benutzt. Heute können wir Tapferkeit als die menschliche Fähigkeit definieren, mit der ein Individuum oder eine Gruppe Gleichgesinnter einer schwierigen bis ausweglosen Situation entgegentritt; meist mit der Überzeugung, für etwas Übergeordnetes zu kämpfen. Tapferkeit zeigt sich in dem Willen, ohne Garantie auf die eigene Unversehrtheit einen Konflikt durchzustehen. Sie äußert sich in der Bereitschaft, für höhere Werte Gefahren und Opfer auf sich zu nehmen. Das Motiv dabei ist zumeist die Überzeugung, gegen alle Wahrscheinlichkeit den Sieg davonzutragen.

Tapfer sein heißt auch, etwas zu tun, obwohl es mir Angst macht. Somit ist genau der Mensch tapfer, der etwas tut, obwohl er Angst hat, weil er sein Tun eben für richtig hält. Die Tapferkeit ist also notwendigerweise an Mut gekoppelt, der Angst kennt, aber überwindet.

Eine besondere Form der Tapferkeit ist sicher auch die Fähigkeit, sich selbst zu besiegen. Gemeint ist hier der tägliche Kampf mit dem eigenen Zorn, sich durch Versprechungen nicht so ohne weiteres überreden zu lassen, in schwierigen Lebenssituationen nicht die Fassung zu verlieren und seine Meinungen nicht opportunistisch wie das sprichwörtliche Fähnchen in den Wind zu hängen.

Zur Zivilcourage

Diese Eigenschaft bezeichnet den zivilen, das heißt bürgerlichen und nichtmilitärischen Mut. Der Begriff stand ursprünglich für die Bereitschaft der Bürgerinnen und Bürger, Landesgrenzen und Nation gegen einen äußeren Feind zu schützen.

Der Reichskanzler Otto von Bismarck soll den Wortsinn gewendet haben, als er im Jahre 1864 sagte: »Mut auf dem Schlachtfeld ist bei uns Gemeingut, aber Sie werden nicht selten finden, dass es ganz achtbaren Leuten an Zivilcourage fehlt.«

Zivilcourage ist die Überwindung der Angst vor Blamage, Anpassungszwang, Angriffsgeist oder Draufgängertum. Es ist der Mut, in der Öffentlichkeit dem Unrecht an einem Menschen trotz eigener Gefährdung entgegenzutreten oder eigene Werte gegen die herrschende Meinung zu verteidigen.

Die amerikanische Sozialpsychologin und Psychotherapeutin Eva Fogelman, die auch am berühmten Milgram-Experiment mitgearbeitet hat, untersuchte Zivilcourage. Sie wollte herausfinden, weshalb Menschen im Dritten Reich bereit waren, Juden zu helfen, obwohl die Rettung von Juden bestraft wurde. In ihrem 1994 erschienenen Buch *» Wir waren keine Helden.« Lebensretter im An-*

gesicht des Holocaust. Motive, Geschichten, Hintergründe unterschied sie drei Gruppen von »Zivilcouragierten«:

1. Helfer und Helferinnen, die moralisch motiviert waren;
2. Judeophile (statt Philosemiten), also Verwandte (durch Mischehe), Freunde, aber auch Kollegen, der Arbeitgeber oder ehemalige Geschäftspartner;
3. Menschen, die als »gewissenhafte Professionelle« galten, wie Ärzte, Psychologen, Sozialarbeiter, Krankenschwestern, aber auch Diplomaten.[7]

Die moralische Gesinnung der ersten Gruppe beruhte auf ethischen Überzeugungen und Gerechtigkeitsvorstellungen.

Die moralische Gesinnung der zweiten Gruppe beruht auf der persönlich erfahrenen oder freundschaftlichen Nähe, der menschlichen Verbundenheit mit den Opfern. Entweder, weil sie darum gebeten wurden oder weil sie mit Leid und Tod in Berührung kamen und ihr Gewissen erwachte, agierten sie zivilcouragiert. Laut Fogelman rührte sie der Anblick der Brutalität innerlich an und rief ihnen ihre Wertvorstellungen ins Bewusstsein, Werte, die ihnen bereits in früher Kindheit eingeprägt worden waren.

Die dritte Gruppe, die emotional-moralisch Motivierten, handelten nicht zivilcoragiert, weil sie bestimmte Vorstellungen von Recht oder Unrecht besaßen, sondern weil sie Mitleid hatten. Fogelman: »Ihre moralische Gesinnung beruhte auf Fürsorge und Verantwortungsbewusstsein.« Übrigens ist diese moralische Gesinnung bei Frauen häufiger ausgeprägt als bei Männern.[8]

Die Sozialpsychologen Bibb Latané und John Darley haben schon in den siebziger Jahren in einer Serie von Experimenten herausgefunden, dass Zivilcourage über fünf Stufen zum Handeln führt:

1. Die Erkenntnis: Irgendetwas ist hier nicht in Ordnung, stimmt nicht!
2. Die Interpretation der Situation: Ein Mensch braucht Unterstützung, Hilfe.

3. Die Bereitschaft, diese Hilfe zu verantworten.
4. Die Wahl der geeigneten Hilfe und Hilfsmittel.
   (Was muss nun getan werden?)
5. Die Entscheidung zu helfen und die Hilfsaktion
   durchzuführen.[9]

Zur Epikeia oder Epikie

Epikie ist kreativer Ungehorsam. Kreativsein bedeutet, realistisch
gegen Regeln zu denken. Epikie hat also etwas mit Realitätsnähe zu
tun. Für Aristoteles war sie die Fähigkeit, ein Gesetz zu korrigieren,
wenn dieses Gesetz in seiner Formulierung mangelhaft war. Als Epikie gilt ein Verhalten im Sinne des Normengebers. Was hätte der
Normengeber gewollt, ist die Frage, und nicht: »Was steht da?«

Epikeia heißt Anständigkeit, Billigkeit, Milde, Nachsicht; beziehungsweise von *epieikes* für passend, angemessen, gebührend, an-
ständig, ordentlich, nachsichtig, tüchtig. Sie bezeichnet das Verhalten eines Menschen, der erkennt, dass die Forderung eines Gesetzes
den Gegebenheiten einer Situation nicht entspricht. Daher ent-
schließt er sich, das Gesetz nicht zu befolgen, sondern er entscheidet sich, das der Situation Angemessene zu tun.

Oder um es mit dem Moraltheologen Hans Rotter zu sagen, der
meinte: » … dass die Autonomie der sittlichen Persönlichkeit verlangt, dass man auch seine Unterordnung unter eine legitime Auto-
rität nach dem Urteil des eigenen Gewissens prüft und verantwortet.
Hier kann durchaus einmal Ungehorsam geboten sein. Ja, Ungehorsam ist nicht bloß in einer Ausnahmesituation legitim, sondern in
gewisser Hinsicht eine Tugend, die die moderne demokratische Gesellschaft verlangt.«[10]

Für Hans Rotter ist Epikie eine Tugend, die den Menschen befähigt, in der Situation, in der ein Gesetz zu allgemein formuliert ist,
um in einer konkreten Situation das Richtige zu tun, dennoch sittlich richtig zu handeln.

Die Epikie verlangt von einem Menschen eigene sittliche Verantwortung. Jeder ist zu situationsrichtigem Verhalten verpflichtet und berechtigt. Das menschliche Gesetz hat den Sinn, dem Einzelnen bei einem richtigen Verhalten im gesellschaftlichen Zusammenleben zu helfen. Da es dem menschlichen Gesetzgeber nicht möglich ist, alle künftigen Situationen der Menschen, die von einem Gesetz betroffen werden, im Voraus zu berücksichtigen, muss man immer damit rechnen, dass Situationen eintreten können, in denen eben nicht das Verhalten gemäß dem Gesetz, sondern ein davon abweichendes Verhalten sachrichtig ist. Epikie bedeutet in diesem Fall nicht das schlaue Umgehen der gesetzlichen Forderung, sondern das Streben nach der Sachrichtigkeit, die manchmal gegenüber der gesetzlichen Forderung das Leichtere, manchmal auch das Schwerere sein kann.

Zur kritischen Gerechtigkeit

Kritisch meint in diesem Zusammenhang, die Selbstverständlichkeiten nicht für selbstverständlich zu halten. Kritisch ist also eine Gerechtigkeit genau dann, wenn man dabei gegen scheinbare Selbstverständlichkeiten denkt.

Nach Ulpian verstehen wir unter Gerechtigkeit den festen und dauerhaften Willen, einem jeden Menschen sein Recht zukommen zu lassen. Gerechtigkeit ist eine Tugend. Sie hat mit der Juristerei nichts zu tun. Juristerei ist lediglich Rechtsauslegung.

Hier reden wir über Sittlichkeit. Damit gibt es vermutlich nur dann eine Schnittstelle zwischen Recht und Gerechtigkeit, wenn der Richter selbst über Sittlichkeit verfügt.

Ein Richter kommt einem Gesetz am nächsten, wenn er nach dem Sinn und nicht nach dem Buchstabenlaut entscheidet, denn es kommt darauf an, den Schaden für alle Beteiligten so gering wie möglich zu halten. Somit korrespondiert kritische Gerechtigkeit mit Epikie.

Zur Besonnenheit

Besonnenheit kommt etymologisch von Sinn/besinnen. Es bedeutet auch Klugheit und Verständigkeit, Umsichtigkeit. Besonnenheit meint eine objektivierende, distanzierende, zurückhaltende und situationsbeherrschende Verhaltensweise im Unterschied zur Impulsivität. Die Besonnenheit galt schon seit Sokrates als sehr hohe Tugend. Sicher gibt es einen Unterscheid zwischen »sich besinnen« und »besonnen sein«. Besinnen heißt, über etwas nachdenken. Auf dieser Grundlage kann man besonnen handeln. Zu achten ist dabei auf die Erfolgsaussicht, die Verhältnismäßigkeit und die Frage der Aufwandsgrößen. Die Besonnenheit ist durchaus nicht altertümlich. Sie wird auch heute gepflegt, wie das Beispiel des Fahrlehrerverbandes Baden-Württemberg zeigt. Mit der Aktion »Patenschaft der Besonnenheit« will dieser auf ein vernünftiges und verantwortungsbewusstes Verhalten der Kraftfahrer im Straßenverkehr hinwirken und vor allem den überwiegend jungen Fahranfängern das Gefühl vermitteln, nach bestandener Fahrprüfung nicht allein gelassen zu werden. Das Konzept dieser Initiative sieht vor, dass eine Patin oder ein Pate sich persönlich um einen Führerscheinneuling kümmert und diesem dabei hilft, die in der Fahrschule erlernten Kenntnisse und Fähigkeiten eigenständig zu sichern, zu festigen und umzusetzen.

Das Besondere an der Besonnenheit ist es, bewusst, vernünftig, überlegt, mit Bedacht auf die Folgen zu handeln.

Realitätsnah urteilen

In den 300 Regeln in der *Kunst der Klugheit* von Otto Buchegger findet sich ein besonderer Hinweis auf das gesunde Urteil[11]:

- »Nicht spitzfindig sein, sondern klug und vorsichtig.
- Wer mehr weiß, als notwendig ist, verliert leicht den Blick für das Wesentliche.

- Schneiden, die sehr scharf sind, werden leicht schartig. Und zu dünne Spitzen brechen leicht ab. Sicherer ist der gesunde Menschenverstand.
- Bewährtem und Praktischem ist der Vorzug zu geben.
- Von zwei gleichwertigen Alternativen wähle die einfachere.
- Habe Verstand, aber sei kein Schwätzer.
- Umständliche und weitläufige Erklärungen führen gerne zum Streit. Besser ein gesundes Urteil, das nur soweit geht, wie es der Sache angemessen ist.«

Gesund ist ein Urteil genau dann, wenn es realitätsnah ist. Das gesunde Urteil geht über kritische Gerechtigkeit hinaus.

Wie sollten nun all diese Primärtugenden sein, damit man ein Leben in neuer Redlichkeit lebt? Sie sollten

- aus dem eigenem Gewissensurteil stammen,
- aktives statt reaktives Handeln fördern,
- nicht aus bloßem Widerspruchsgeist entstehen,
- eine verbesserte Biophilie-Bilanz erzeugen,
- die Grundlage für die Ausbildung von Sekundärtugenden sein.

Was gibt einem Menschen seine Identität? Bezieht er sie von außen oder aus sich selbst heraus? Die Beantwortung dieser Fragen ist wichtig für die Entscheidung, ob ein Leben aus erster Hand oder ein Leben aus zweiter Hand gelebt wird. Ein Leben aus erster Hand ist ein selbstbestimmtes Leben. Ein Leben aus zweiter Hand ist eines, das andere von mir erwarten. Das Leben, das jeder Einzelne führt, hat exakt soviel Sinn, wie der Einzelne seinem Leben gibt. Genau hier setzt die Bedeutung der Primärtugenden für die neue Redlichkeit an. Will ich ein Leben aus erster Hand, also mein Leben führen, dann helfen die vorgenannten Tugenden, den Sinn meines Lebens so auszugestalten, dass ich der Sinnlosigkeit entgehe. Die Primärtugenden der neuen Redlichkeit sind somit eine notwendige Voraussetzung, die höchsten sittlichen Werte unseres Lebens auf eine verantwortbare, menschlich verträgliche Art und Weise zu realisieren. Wahrscheinlich ist der höchste individuelle Wert eines Menschen, seine Selbstachtung bewahren zu können. Wie sollte dies ohne die Tugenden einer neuen Redlichkeit sittlich-verantwortet möglich sein?

Wir Menschen sind aber nicht nur Individuen, sondern auch soziale Wesen. Unser Überleben ist von anderen abhängig. Die Launen anderer Menschen beeinflussen uns. Wir könnten nicht überleben, wenn sich andere Menschen nicht um uns kümmern würden. Auch hier spielen die Primärtugenden der neuen Redlichkeit eine wichtige Rolle. Wer erwartet, dass sein Umfeld mit ihm so umgeht, dass er sich geborgen fühlen kann, auf seine Bedürfnisse, Werte, Erwartungen und Interessen Rücksicht genommen wird, der wird ohne ein Gegenangebot wohl kaum dauerhaft mit dieser Rücksichtnahme rechnen können. Die berühmte »goldene Regel«: »Was du nicht willst, das man dir tu, das füg auch keinem anderen zu«, hat durch die Primärtugenden der neuen Redlichkeit die Chance, der Passivität endlich zu entgehen und in Aktivität umgewandelt zu werden: »Was du möchtest, dass man dir Gutes tue, das füge auch anderen zu.« Wer mit anderen so umgeht, wie er sich erhofft, dass andere mit ihm umgehen werden, der wird dies wohl nur durch die Primärtugenden der neuen Redlichkeit sicherstellen können.

Kapitel 4

Die Grundzüge einer neuen Redlichkeit

Wir sollten zukünftig Moral durch Ethik ersetzen und somit die Redlichkeit als sittliche Größe ethisch und nicht moralisch begründen. Die neue Redlichkeit ist damit ein Ausdruck der Sittlichkeit. Dazu gehören dann nach unserer Vorstellung die vorgenannten Tugenden. Dazu müsste außerdem gehören:

1. Die bewusste Überwindung der Erscheinungsformen der neuen Unredlichkeit.
2. Der Aufbau einer neuen individuellen und kollektiven sittlichen/ ethischen Werteordnung. (Dies wollte schon die Aufklärung, es ist ihr jedoch nur teilweise gelungen.)
3. Die Vermehrung von Toleranz: das Anderssein des anderen akzeptieren und gleichzeitig die Meinung anderer als gleichberechtigt, wenn auch nicht gleichwertig zu betrachten. (Auch dies wollte schon die Aufklärung.)
4. Die Akzeptation und Beachtung der Gleichberechtigung und gleichen Würde aller Menschen. (Ansätze dafür gab es ebenfalls schon in der Aufklärung.)
5. Der Aufbau eines allgemein akzeptierten höchsten sittlichen Wertes (etwa Würde nach Immanuel Kant, Biophilie nach Rupert Lay oder Verhinderung der Entfremdung von sich selbst, der Gesellschaft, der Natur und der Arbeit nach Karl Marx).
6. Der Schutz der Umwelt, das Prinzip der Nachhaltigkeit im Umgang des Menschen mit der Natur. Es geht hier darum, dass die Welt noch in mehr als 100 Jahren für Menschen lebenswert, bewohnbar ist.

7. Die Lösung des Problems der Überbevölkerung der Erde.

8. Die Kontrolle der Technik (von der Atomphysik bis zur Gentechnik).

9. Das Entwickeln der Verantwortung von sozialen Systemen gegenüber einzelnen Menschen. In Ansätzen wird sie heute schon wahrgenommen. Einer der Versuche ist sicher die Vorstellung, dass ein Unternehmen eine Verantwortung dem einzelnen Mitarbeiter gegenüber hat und ihn nicht beliebig oder willkürlich entlassen kann.

Besondere Schwierigkeiten in der Globalisierung

Revolutionär ist eine Entwicklung genau dann, wenn innerhalb kurzer Zeit allgemeines Sein (das sind hier die politischen und ökonomischen Strukturen eines sozioökonomischen Systems) und das im System tatsächlich herrschende Bewusstsein sich qualitativ ändern. Man kann hier unterscheiden zwischen offensichtlich autodynamisch ablaufenden revolutionären Prozessen (etwa dem Zerfall der Sowjetunion) und solchen, die scheinbar von einem Menschen ausgelöst werden, der nicht solcher Autodynamik unterliegt (Hitlerismus, Stalinismus). Ich gehe davon aus, dass die Globalisierung heute ein unaufhaltsamer autodynamischer Prozess ist, dessen Komplexität wir nicht durchschauen können (wegen der Begrenztheit unseres kognitiven Systems, mit solcher Komplexität verstehend oder erklärend fertig zu werden). Was wir erkennen, ist die bloße Oberflächenstruktur des Prozesses. Seine Tiefenstrukturen können wir nur vermuten. Solchen Vermutungen möchte ich jetzt nachgehen.

1. Der Änderung des sozioökonomischen Seins, die wir Globalisierung nennen, ging die Änderung des allgemeinen herrschenden Bewusstseins (Ende der neuzeitlichen Werte, Multioptionalität) voraus.

2. Die Multioptionalität setzt ihrerseits die Emanzipation von den bestehenden systemspezifischen Normen voraus, denn erst diese Emanzipation erlaubt es – in Verbindung mit den durch den technischen und sozialen Fortschritt geschaffenen Möglichkeiten – unter einer Vielzahl von Möglichkeiten die zu wählen, von der sich ein System (etwa ein Unternehmen, eine Partei, ein Staat) eine Verbesserung der bestehenden Situation verspricht. Diese Multioptionalität erreicht auch den Wertebereich (hier besonders den moralischen).

3. Der Globalisierungsprozess emanzipierte sich – seiner stürmischen Autodynamik wegen – von allen moralischen Normen. Denn eine über- oder transsystemische Moral kann es (im Unterschied zu einer transsystemischen Ethik) nicht geben. Mit dem Untergang aber der abendländischen Wertvorstellungen, die letztlich im europäisierten Christentum wurzelten, einerseits und der Emanzipation der Ökonomie andererseits konnte es nicht zu einer Globalisierung einer Moral kommen. Übrig geblieben sind allenfalls Wertvorstellungen von einzelnen Menschen oder Menschengruppen, die in diesen Prozess einbezogen sind und ihn in der Begegnung mit konkreten Menschen innerhalb gewisser Grenzen sozialverträglich gestalten können.

Beitrag der Kirchen und Religionen

Es gibt keine Werte mehr, die anders als aus dem sozialen Nutzen oder aus der Abwendung von sozialem Schaden hergeleitet werden. Wir sind also mit einem Fortfall aller christlichen religiösen Wertsetzungen konfrontiert. Die praktische, moralische Philosophie des Konfuzianismus dagegen ist zum Beispiel nicht tot; er ist trotz Mao und seinen Folgen lebendiger als das Christentum.

Das langfristige Überleben der christlichen Kirchen wird davon abhängen, welchen Beitrag sie zur Lösung der folgenden vier elementaren Probleme leisten können:

- der Überbevölkerung der Erde,
- der Kontrolle der Technik (Biotechnik, Atomtechnik, Informationstechnik),
- der Verpflichtung von sozialen Systemen gegenüber Einzelnen,
- der Verpflichtung der Umwelt gegenüber (die Kirchen sprechen zwar von der Erhaltung der Schöpfung, sagen jedoch nicht, was das im Einzelnen bedeutet).

Erst wenn die Kirchen etwas zu den Grenzen zwischen Erlaubtem und Unerlaubtem nach christlichen Regeln sagen, wird man sie wieder ernst nehmen und redlich nennen dürfen.

Da die Umweltproblematik als erste ins öffentliche Bewusstsein trat, hätten sich die Kirchen sofort an die Spitze setzen und klar zum Umgang mit der Ökologie sagen können, was christlich vertretbar ist und was nicht. Das in den Umweltgipfel von Rio eingebrachte *sustainable development*, »nachhaltige Entwicklung«, wäre eine gute Grundlage für eine redliche Ethik gewesen.

Auch zu anderen Herausforderungen der Gegenwart leistet insbesondere die katholische Kirche zurzeit keinen angemessenen Beitrag. Sie verbietet zum Beispiel nach wie vor die Pille und die Benutzung von Kondomen und nimmt dabei billigend in Kauf, dass in Afrika ganze Generationen an AIDS sterben.

Die Redlichkeit des Islam

Von allen drei großen sunnitischen Religionsgemeinschaften (Judentum, Christentum und Islam) scheint uns derzeit der Islam am redlichsten zu sein. Wir vergessen manchmal, dass das alte Testament Teil der Heiligen Schrift ist, und die darin beschriebene Brutalität jede Brutalität übertrifft, die im Islam vorkommt. Somit ist es sicher falsch, zu sagen, der Koran enthalte mehr Brutalität, als die Heilige Schrift. Deshalb ist es auch falsch zu sagen, das Christentum sei humaner, verglichen mit dem Islam. Alle drei Religionen haben oder hatten Phasen des Fanatismus. Die Kreuzzüge des Christentums haben rund

300 Jahre angedauert, im Judentum drückt sich Fanatismus nicht durch Gewalt aus, sondern durch die Festlegung der Zugehörigkeit zu einem Volk. So hatten Nicht-Juden weniger Rechte als Juden. Den Fanatismus des Islam erleben wir erst seit etwa 50 Jahren.

Ein großer Teil dessen, was wir als islamischen Fanatismus erleben, ist eventuell auf einen Übersetzungsfehler zurückzuführen. Islam wurde irgendwann als »Glaubensgemeinschaft« übersetzt. Dabei heißt Islam eigentlich »der Friede Gottes«. Es gehört sicher auch zur unredlichen Verleumdung des Islams, die noch heute öffentliches Bewusstsein bestimmt, dass die Eroberung Spaniens den Muslimen zuzuschreiben ist; Spanien wurde ab dem 19. Juli 711 durch die Mauren, Sarazenen, also Araber erobert. Das Zusammenleben der drei Religionen unter der Herrschaft der Mauren war friedlich. Historiker sprechen von drei Gründen: Jeder, auch der Adel und Vertreter der Religionen, musste Steuern zahlen (20 Prozent). Schulen waren für jedermann kostenlos zugänglich. Der dritte Grund war die religiöse Toleranz. Juden, Christen und Muslime lebten friedlich miteinander.[12]

Im Islam heißt es: »Siehe, ich gebe euch die Erde als meinen Garten, damit ihr ihn hütet und pflegt.« Deswegen gibt es im Islam keine bedeutende Industrie, weder im türkischen, noch im arabischen, noch im indonesischen Islam. Mit der christlichen Idee »Mach dir die Erde untertan« lässt sich durchaus Industrie entwickeln. Für den verantwortlichen Verwalter der Welt ist das möglicherweise eher undenkbar. Im Islam gibt es eine prinzipiell andere Einstellung zur Welt. Die Erde ist kein Ausbeutungsobjekt. Aus Sicht der Muslime wurde die Erde den Menschen nicht gegeben, um sie zu beherrschen, sondern um auf ihr mit ihr zu leben. Das durchaus Unredliche im Islam ist die Tatsache, dass für viel Geld Industrie aus Amerika oder Europa geduldet wird, denn es ist wohl unredlich, sich für etwas bezahlen zu lassen, was man selber nicht zu tun bereit ist. Redlicher wäre es zu sagen: »Sucht euer Öl woanders.« Aber aus religiösen Gründen gibt es keine Offensive für Industrie.

Leider ist es nahezu unmöglich, die islamische Welt eindeutig zu charakterisieren, da sie in unzählige Gruppierungen und Glaubensrichtungen gespalten ist. Was der Islam bedeutet und will, wird extrem unterschiedlich interpretiert. Der Prophet Mohammed selbst befürchtete, dass der Islam wenige Generationen nach ihm nur noch dem Namen nach bestehen würde.

Wer den Islam und seine Redlichkeit betrachtet, wird feststellen können, dass trotz aller Terroristen, Fundamentalisten und Fanatiker, die Auslegung der Suren des Korans entscheidend ist, wobei in einigen Suren des Korans recht martialische Forderungen gestellt werden:

- »Und erschlagt sie (die Ungläubigen), wo immer ihr auf sie stoßt, und vertreibt sie, von wannen sie euch vertrieben; denn Verführung [zum Unglauben] ist schlimmer als Totschlag. « (Sure 2, Vers 191)
- » …Wahrlich in die Herzen der Ungläubigen werfe ich Schrecken. So haut ein auf ihre Hälse und haut ihnen jeden Finger ab.« (Sure 8, Vers 12)
- »Und kämpfet wider sie, bis kein Bürgerkrieg mehr ist und bis alles an Allah glaubt.« (Sure 8, Vers 39)
- »Und wenn nun die heiligen Monate abgelaufen sind, dann tötet die Heiden, wo (immer) ihr sie findet, greift sie, umzingelt sie und lauert ihnen überall auf!« (Sure 9, Vers 5).[13]

Und doch kennt der Islam strikt pazifistische Glaubensrichtungen, wobei die Ahmadiyya (weltweit zirka zwölf Millionen Gläubige, die Gemeinde wurde von Mirza Ghulam Ahmad (1835–1908) begründet) es zum Beispiel für eine bessere Lösung halten, auszuwandern, als Krieg zu führen. Mirza Ghulam Ahmad hat gemäß dem Hadith (damit ist die Überlieferung der Aussagen Mohammeds gemeint) den (religiös motivierten) Krieg für abgeschafft erklärt. Für die Ahmadiyya lehrt der Islam auch: Wenn der Mensch nicht lernt, in Frieden mit sich selbst und seinen Mitmenschen zu leben, kann er nicht in Frieden mit seinem Gott leben. Die Ahmadiyya glauben, dass zum Islam folgende Überzeugung gehört:

- »Die Religion beseitigt alle Diskriminierungen zwischen Mensch und Mensch.«
- »Der Islam erlaubt keine Ausbeutung – weder sozial, politisch, ökonomisch oder religiös. Die politische Philosophie des Islams hat keinen Raum für falsche oder betrügerische Diplomatie.«
- »Der Islam glaubt an absolute Moral und gebietet Gerechtigkeit und Redlichkeit gegenüber Freund und Feind gleichermaßen, und dies in jeder Sphäre menschlichen Interesses.«
- »Der Islam erlaubt weder Zwang zum Zwecke der Verbreitung seiner eigenen Botschaft, noch gibt sie anderen Religionen freie Hand, das zu tun.«
- »In Terrorismus zu schwelgen, und sei es auch im Namen der edelsten Ziele, ist vollkommen unvereinbar mit den Lehren des Islams.«[14]

Allerdings gilt es auch hier, Worte und Taten zu unterscheiden. Die Sozialwissenschaftlerin Hiltrud Schröter hat sich kritisch mit den Ahmadiyya befasst. Sie kommt zu der Überzeugung, dass die Ahmadiyya ihre Lehre mit der »Erzeugung von Angst durch Strafandrohung« verbreiten, also doch nicht so friedlich sind, wie sie von sich behaupten.[15]

Nach islamischer Idealvorstellung gilt in der Gemeinschaft der Muslime der Wille Gottes unumschränkt. Gottes Verordnungen bestimmen die gesamte Lebenswelt der Muslime im religiösen und im politischen Raum. Demokratische Vorstellungen passen kaum in diese Denkwelt, wenn die Mehrheit eines Volkes jeweils neu über die staatlichen Ordnungen und politischen Zusammensetzungen entscheiden soll. Und trotzdem haben sich in einer Erklärung der Islamischen Gemeinschaft Milli Görüs (IGMG) vom 24. Januar 1999 die Muslime in Deutschland bereit erklärt, ein schriftliches Bekenntnis zum Grundgesetz abzugeben. In der Erklärung hieß es, das Grundgesetz »enthält keine den islamischen Lehren zuwiderlaufenden Inhalte und erfüllt die in der islamischen Geschichte von Gelehrten aufgestellte Bedingung für die Akzeptanz einer ursprünglich nicht islamischen Rechtsordnung«. Gleichzeitig warnte die IGMG davor, solch eine Erklärung nur pro forma abzugeben, da Muslime zum Beispiel nach Sure 16, 92 verpflichtet seien, Verträge einzuhalten. Keineswegs darf dabei verschwiegen werden, dass die IGMG in der Bundesrepublik als verfassungsfeindlich gilt. Das Innenministerium des Landes Nordrhein Westfalens kommentierte: »Die IGMG bemüht sich darum, in der deutschen Öffentlichkeit moderat und integrationsorientiert zu erscheinen. Offene antisemitische oder gegen die deutsche Gesellschaft gerichtete Äußerungen, die in den achtziger Jahren und Anfang der neunziger häufig waren, werden heute fast vollständig unterlassen. Während die Funktionäre der IGMG darin einen Beweis für den Gesinnungswandel der Organisation sehen wollen, und darüber hinaus die religiösen und gesellschaftlichen Aktivitäten des Vereins in den Vordergrund stellen, sehen Kritiker in der weitgehenden Unterlassung solcher Aussagen in der Öffentlichkeit lediglich ein taktisches Verhalten. Mit dem verbalen Bekenntnis zu unserer Verfassungsordnung will die IGMG erreichen, als Gesprächspartner von anderen Religionsgemeinschaften sowie von offiziellen deutschen Stellen akzeptiert zu werden. Dies wiederum ist eine Voraussetzung für das Ziel, als Religionsgemeinschaft in Deutschland offiziell anerkannt zu werden. Dieses Ziel verfolgt die IGMG gemeinsam mit dem ›Islamrat für die Bundesrepublik Deutschland‹, dem sie 1990 beigetreten ist und den sie seitdem dominiert.«[16]

Kann daraus geschlossen werden, dass der Islam seinem Wesen nach eine tolerante Religion ist, zumal der Islam mit »Schutzbefohlenen« einen toleranten Umgang zu pflegen scheint? Dagegen spricht das islamische Recht, wenn es den »Austritt« aus seiner Religion erlebt. Das islamische Recht sieht die Todesstrafe vor, wenn ein Muslim sich aus persönlicher Überzeugung vom Islam abwendet. In der Sure 88, 23/24 heißt es dazu: »Wer sich aber abkehrt und ungläubig bleibt, den peinigt Gott mit der größten Pein.« So sollte in einer neuen Redlichkeit der Islam auf dieses Recht verzichten können.

Gegen die These, der Islam sei eine tolerante Religion, scheint auch zu sprechen, dass der islamistische Fundamentalismus spätestens seit den achtziger Jahren versucht, seine Ziele durch Attentate oder auch durch Entführungen zu erreichen. Der Kalifatstaat wurde 2001 in der Bundesrepublik verboten, sein Anführer wegen Aufruf zum Mord zu vier Jahren Gefängnis verurteilt. In Spanien sitzen mehr als 100 Extremisten (mehr als in jedem anderen EU-Land) im Gefängnis. Mit dem 11. September 2001 und dem Anschlag auf das World Trade Center hat Al Kaida unter Osama Bin Laden sich als »Prototyp« für den Terrorismus herauskristallisiert. Militante islamistische Bewegungen gibt es neben Europa auch in: Algerien, Ägypten, Afghanistan, Indonesien, den Philippinen, Kaschmir, Marroko, der Türkei et cetera, et cetera. Die Terroristen berufen sich zwar auf den Koran oder die Sunna, um ihren Terrorismus zu rechtfertigen, diese Auslegung des Koran wird jedoch von den meisten Muslimen abgelehnt.[17] Vielleicht haben die Mitglieder des Islams und die Gläubigen im Christentum etwas gemeinsam: Religion und die daraus resultierende, die dadurch begründete Handlungsweise stimmen sehr oft nicht miteinander überein.

Das Biophilieprinzip und die Globalisierung

Gibt es eine Chance, den autodynamischen Prozess der Globalisierung mit den Vorstellungen von neuer Redlichkeit in Einklang zu bringen?

Wir befinden uns in einer Zeit des revolutionären Umbruchs des weltwirtschaftlichen Systems. Während Weltwirtschaft bis vor einigen Jahren mehr oder weniger ein Kooperieren von politisch mehr oder minder regulierten Volkswirtschaften war, streift die Weltwirtschaft zunehmend die politische Regulation ab, emanzipiert sich von ihr. Die Globalisierung ist ein solch revolutionärer Prozess mit der Gefahr der Ausbildung mächtiger weltumspannender Monopole oder Oligopole.

Die Globalisierung geschieht autodynamisch. Insofern können wir den derzeitigen Prozess bestenfalls verlangsamen oder vernichten, nicht aber endgültig aufhalten. Dieser Prozess wurde unumkehrbar (es sei denn durch einen dritten Weltkrieg), als der Geld- und der Wertpapiermarkt sich globalisierten. Die Globalisierung des Geldmarkts und damit seine weitgehende politische Deregulierung hatte zur Folge, dass sich die Geldmarktströme ablösten von gegenläufigen Warenmarktströmen. Dieser Prozess begann zwar schon in feudal orientierten Volkswirtschaften – hier aber politisch kontrolliert. Er entwickelte sich autodynamisch erst in den letzten 20 Jahren weiter, in denen eine regulierende Schranke nach der anderen zerfiel. Die Globalisierung des Geldmarkts zog als logische Konsequenz die Globalisierung des Wertpapiermarkts und des Warenmarkts (GATT und die Folgen) nach sich. Das produzierende Gewerbe suchte sich zunächst weltweit die günstigsten Standorte aus. Damit kam es endlich zu einer Globalisierung des Arbeitsmarkts: Arbeit wurde da eingekauft, wo es zu Erzielung ökonomischer Interessen am günstigsten zu sein schien.

Der autodynamische Prozess der Globalisierung folgt ökonomischen Interessen. Ist dieser Prozess durch sittliche Maßstäbe beeinflussbar?

Wenn das oberste sittliche Prinzip der neuen Redlichkeit die Mehrung der Biophilie ist, dann könnten sich daraus zum Beispiel die folgenden Anforderungen an die Gestaltung konkreter Prozesse ableiten:

- Die Erhaltung der Wertschöpfung und deren gerechte Verteilung.
- Die Erhaltung oder Steigerung eines weltweiten Wohlstands.
- Die möglichst sozialverträgliche Gestaltung von Globalisierungsprozessen.
- Die Verringerung des Schere zwischen regional Armen und global Reichen unter besonderer Berücksichtigung der Armutsgrenze.
- Die Begleitung der Globalisierung durch einen kritischen Wertediskurs.

– Die Autodynamik der Globalisierung durch einen politisch und kulturell kritischen Wertediskurs.
– Die Wahrnehmung der Aufgabe der Politik, effektive Rahmenbedingungen zu setzen. (Zum Beispiel ist die Änderung des Arbeitszeitgesetzes aus dieser Perspektive positiv, das Tarifvertragsgesetz eher kontraproduktiv.)
– Die Erhaltung der Umwelt.
– Die Erhaltung des Branchenwettbewerbs im Gegensatz zum Unternehmenswettbewerb. (Das bedeutet, der Wettbewerb zwischen einzelnen Unternehmen einer Branche findet nicht statt, wohl jedoch der Wettbewerb verschiedener Branchen.)
– Die kritische Begleitung der Monopsonbildung. (Monopson ist das Gegenteil des Monopols. Es bedeutet: viele Anbieter, jedoch nur wenige Abnehmer.)

Kapitel 5

Die neue Redlichkeit in Unternehmen

Verantwortliche Personalentwicklung und Unternehmenskultur

In einem redlichen Unternehmen der Zukunft wird das aufgebaut, was man gemeinhin »Unternehmenskultur« nennt: die Gesamtheit der Werte, die sich im internen und externen Verhalten des Unternehmens und seiner Angehörigen ausdrücken.

Welche Normen kommen nun aber infrage, um transsystemisch Sozialverträglichkeit zu sichern? Sozialverträglichkeit lässt sich (transsystemisch) nur ethisch festmachen. Ein solches Postulat könnte lauten: »Handle und entscheide stets so, dass du durch dein Handeln und Entscheiden eigenes und fremdes personales Leben eher mehrst als minderst« (Biophiliepostulat). »Personales Leben« meint alle Dimensionen des menschliches Lebens: die physische, die soziale, die emotionale, die geistige, die intellektuelle, die der Handfertigkeit, die ethische … Solche ethischen Normen sollten das Entscheiden und Handeln in einem Unternehmen bestimmen.

Um eine solche Unternehmenskultur wirksam aufzubauen, ist vor allem die Personalpolitik gefordert. Die strategisch Führenden müssen in der Lage sein, in dieser Sache als Vorbilder zu gelten. Zum anderen muss ein jeder Führender wissen, dass er ökonomische und sittliche Ziele realisieren muss. Sonst hat er keinerlei Chancen, weiter im Unternehmen aufzusteigen. Er muss wissen, dass diese Fähigkeit mitbedacht wird, wenn Entlassungen anstehen.

Die Ausbildung einer Unternehmenskultur ist nicht nur ein sittliches Postulat, sondern auch ein ökonomisches. Wer dem Biophiliepostulat folgt, wird a) Aufwandgrößen mindern und b) die internen und externen Beziehungen des Unternehmens verbessern. Einer der törichsten Sätze, die ich kenne lautet: »Ethik können wir uns nicht leisten, die kommt uns zu teuer.« Wer sich Ethik »leistet«, wird nicht nur erhebliche Wettbewerbsvorteile haben, sondern aus seinen Führungskräften werden Führungspersönlichkeiten. Ist es doch ein Merkmal einer Persönlichkeit, das Leben auch nach sittlichen Werten auszurichten.

Verantwortliche Personalentwicklung sollte darum wissen, dass es heute immer weniger allein auf die Realisierung rationaler Intelligenz ankommt, sondern die soziale/emotionale Intelligenz mindestens ebenso wichtig ist. Nur wenn diese außerfachlichen oder sozialen Qualifikationen bei der Personalauswahl und -entwicklung berücksichtigt werden, können Mitarbeiter die Unternehmenskultur im Handeln verwirklichen. Man sollte also darauf achten, nicht nur Fach-, sondern auch Lebenswissen (»Weisheit«) für sich und andere zu erwerben und im Unternehmen zu bewahren.

In diesem Zusammenhang: Unter den gegenwärtigen Bedingungen übt ein Erwachsener im Laufe seines Lebens im Durchschnitt drei Berufe aus. Das Bildungssystem müsste also bei redlichem Herangehen vor allem darauf orientiert sein, das Lernen zu lernen und auf lebenslanges Lernen vorzubereiten.

Das Ziel jeder Personalentwicklung muss es also sein, dass vor allem die in einem Unternehmen Führenden neben der ökonomischen Verantwortung auch die soziale Verantwortung (im Rahmen eines äußeren und inneren Beziehungsmanagements) realisieren. Wahrnehmung sozialer Verantwortung heißt:

1. Jeder im Unternehmen Führende muss um sich herum ein Vertrauensfeld aufbauen – das ist eine Forderung der Biophilie, weil Vertrauen personales Leben mehrt.
2. Jeder im Unternehmen Führende hat darauf zu achten, dass nicht nur Aufwandsgrößen minimiert werden (ökonomische Verant-

wortung), sondern auch personale optimiert werden. Personale Optimierung meint hier: die Optimierung der Entfaltung der sozialen und fachlichen Begabungen seiner selbst und der seiner Mitarbeiter – wiederum eine Forderung der Biophilie.

3. Jeder im Unternehmen Tätige sollte seine Teamfähigkeit entwickeln. Notwendige Bedingungen der Teamfähigkeit sind unter anderem: a) seine Gewissheiten nicht mit irrtumsloser und täuschungsfreier Wahrheit zu verwechseln und b) die Fähigkeit, Diskurstechniken anzuwenden. Eine Voraussetzung dafür ist das Vorhandensein von ausreichendem Sachwissen. Auch die Teamfähigkeit ist biophil, denn sie schützt vor Rechthaberei, Claim-Denken und unsinnigem Gerede (wie es auf Konferenzen und Sitzungen in nicht wenigen Unternehmen wohl gehüteter Brauch ist).

Teamfähigkeit und biophile Führung

Was zeichnet ein gutes Team aus? In der neuen Redlichkeit ist es das Team, das entscheidet, der Chef verantwortet. Eine Führungskraft muss zukünftig daher nicht unbedingt teamfähig sein. Sie muss nur dafür sorgen, dass die Teamentscheidungen im Unternehmen durchgesetzt werden. Wie sie zustande kommen, ist Sache des Teams und nicht des Chefs. Diese Aufgabenteilung halten viele Geschäftsführer und Führungskräfte in der Realität nicht aus. Ihre Strategie: Sie spalten Teams in Hierarchien auf und zwingen sie zu Chef-konformem Verhalten. Mit der zwangsläufigen Folge: Das Team badet aus, was der Chef entscheidet. Dabei wäre es umgekehrt richtig: Der Chef badet aus, was das Team entscheidet.

In Stellenanzeigen steht nicht selten: »Wir suchen eine dynamische Führungskraft. Sie sollte teamfähig sein ...« Mehrere Vorstände und Geschäftsführer haben mir in letzter Zeit gesagt: »Wir müssen im Vorstand mehr als Team auftreten, uns einig sein.« Frage ich nach, was Teamfähigkeit denn ausmacht, dann erhalte ich zur Antwort: »Wir müssen fair miteinander umgehen, es soll möglichst ohne Reibungen vonstatten gehen, die Leute sollen sich vertragen. Die Teams sollen mit den gruppendynamischen Prozessen zurechtkommen.«

Wenn sich immer alle einig sind oder der Vorstandsvorsitzende Kollegen hat, die ihm gern zustimmen: Warum entscheidet der Vorstandsvorsitzende denn nicht gleich allein? Dieses Teamgesäusel kann einem schon auf die Nerven gehen. Offensichtlich kümmert sich wohl niemand so recht darum, wann Teamfähigkeit benötigt wird und wann nicht.

Nicht immer wird übrigens zwischen Team und Gruppe unterschieden. Diesen Umstand sollten wir nicht mehr hinnehmen. Unterscheiden wir also einmal Team von Gruppe und prüfen anschließend, ob eine Führungskraft teamfähig sein muss.

Kennzeichen einer Gruppe

In einer Gruppe wird erst einmal ermittelt, wer das Sagen hat, es werden Rollen verteilt. Kommt ein neues Mitglied in die Gruppe, dann wird äußerst aufwändig geregelt, wie die zukünftige Hackordnung auszusehen hat. Der Konferenzstil funktioniert über Beziehungen: Wer kann mit wem, wer setzt sich durch? Eine Gruppe ist also gekennzeichnet durch: Einflussfragen, Hierarchiegeplänkel, Freundschaften/Feindschaften, Konferenzrituale, Sieger/Besiegte.

Kennzeichen eines Teams

In einem Team spielt die optimale Problemlösung die entscheidende Rolle. Ein Team will über gemeinsamen Erkenntnisfortschritt ein Problem lösen. Dabei können in einem Team immer nur alle gewinnen, wenn das Problem gelöst wird, oder alle verlieren, wenn das Problem nicht gelöst wird.

Ein Team zeichnet sich also aus durch: Diskursfähigkeit, Problemlösung, Hierarchiefreiheit, Zielorientierung und eine gute Kameradschaft; nur das Team als Ganzes ist Gewinner oder Verlierer.

So werden im Team Lösungen gewünscht, in der Gruppe Beziehungen. Leider versuchen nicht wenige Führungskräfte immer wieder aufgrund der höheren hierarchischen Position ihren Einfluss geltend zu machen. Dabei spielt in einem Team die Hierarchie nur bei der Verantwortung eine Rolle, nicht jedoch bei der Entscheidung. Das Team entscheidet, der Chef verantwortet. In der Realität sieht es oft umgekehrt aus! Dabei vergessen nicht wenige Chefs, dass selbst ein Azubi durchaus zu einer Problemlösung beitragen kann. Jeder Mensch unterliegt sicher Irrtümern und Täuschungen. In einem Team geht es darum, diese Irrtümer und Täuschungen zu minimieren. Je besser die Teammitglieder es schaffen, durch ihre Wortbeiträge neue Gedanken, Ideen, Vorstellungen oder Impulse ins Team einzubringen, desto größer ist die Wahrscheinlichkeit, dass die gefundene Lösung eines Problems die rational vernünftigste Entscheidung darstellt.

Teamfähigkeit

Der Sozialpsychologe Fred Edward Fiedler fand schon 1967 (!) in seiner Kontingenztheorie[18] heraus, dass effektive Teams aus Personen bestehen, die emotional auf Distanz bleiben und sich nur auf die Aufgabe konzentrieren. Das bedeutet: teamfähig ist genau der Mitarbeiter, der ausschließlich gemeinsam mit seinen Kollegen gegen ein Problem kämpft, jedoch niemals gegen Menschen. Das heißt des Weiteren, dass jemand teamfähig ist, wenn er ein Problem selbst dann mit anderen optimal löst, wenn er die anderen überhaupt nicht leiden kann. Teamfähig heißt also nicht gruppenfähig oder gar pflegeleicht zu sein. Allenfalls eine gewisse Passungsfähigkeit wird benötigt. Die vernetzte Informationsverarbeitung, das Freisetzen von Kreativität (also realistisches Denken gegen Regeln), der Erkenntnisfortschritt zur Erarbeitung realitätsnaher Lösungen zeichnet Teamfähigkeit aus.

Es ist schon tragisch, wenn sich in Unternehmen immer wieder Gruppen zusammenfinden, die sich dann Team nennen. Mit Mitteln der Gruppendynamik wird anschließend versucht, aus solch einer Gruppe ein Team werden zu lassen.

Teams beherrschen Teaminteraktionen. Solche Methoden sind in der Diskurstechnik verankert. Das ist eine methodische Vorgehensweise, die in ihrer Struktur jedweden Versuch, hierarchische Positionen in die Entscheidungsfindung einzubringen, unmöglich macht. In Gruppen herrscht dagegen der Konferenzstil, in dem egoistische Optimierungsspiele ohne Kooperation gespielt werden. Die Lösungen in diesen Konferenzen sind oft reine Nullsummenspiele. Was der eine Konferenzteilnehmer verliert, gewinnt ein anderer. Sie können sich einmal fragen: Wenn sich Ihre Überlegung in einem Problemlösungsprozess als falsch herausstellt, freuen Sie sich dann über den Erkenntnisfortschritt oder ärgern Sie sich, wieder einmal nicht Recht behalten zu haben? Im ersten Fall sind Sie teamfähig, im zweiten Fall gruppenfähig.

Die Aufgabe der Führungskraft

Was ist nun die Aufgabe einer Führungskraft in einem Team? Sie muss die vom Team getroffene Entscheidung im Unternehmen durchsetzen können. Darauf kommt es an! Wird die Entscheidung nicht durchgesetzt, dann kommt der Vorgesetzte zu seinen Leuten zurück mit einer neuen Empfehlung seines Vorgesetzten oder seiner Kollegen.

Ein Teamleiter sollte in der Lage sein, ein gutes Team zusammenstellen zu können. Er hat die Aufgabe, Projekte und Aufgaben für das Team zu definieren. Er achtet darauf, dass die Randbedingungen vom Team eingehalten werden (die Gesetze, Vorstandsvorgaben, die Unternehmenssatzung). Er muss darauf achten, dass Dogmatiker aus seinem Team entfernt werden, denn sie behindern optimale Lösungen. Ein Teamleiter muss daneben akzeptieren können, dass sein Team eine bessere Lösung für ein Problem erarbeitet, als er allein es kann. Er muss auch nicht unbedingt an den Teamsitzungen teilnehmen. Aber er muss die Beschlüsse des Teams im Unternehmen durchsetzen. Das Schwierige ist nur: Teamfähigkeit und Durchsetzungsfähigkeit schließen sich nahezu aus.

So kommt es zu Spielchen in den Pseudoteams. Das Diva-Spiel: Der Ranghöchste bestimmt. Das Ideenkiller-Spiel: Vorschläge anderer sind unbrauchbar. Das Recycling-Spiel: alle Teammitglieder gehen raus, neue kommen herein. Das Helicopter-Spiel: Gelegentlich im Team auftauchen, Staub aufwirbeln und davonschweben. Das Schwarze-Peter-Spiel: Schuldige suchen statt Lösungen.

Der Mangel an Teamfähigkeit ist sicher ein Problem der Neuzeit, da sie erst heute in vielen Unternehmensbereichen unabdingbar ist. Die Diskurstechnik hat im akademischen Bereich aber bereits eine sehr lange Tradition. So lehrte man in Antike und Mittelalter die sieben freien Künste. Dazu gehörten zwei Gruppen. Die untere Gruppe beinhaltete Astronomie, Algebra, Zahlentheorie und Musik. Zur höheren Gruppe gehörten Dialektik, Rhetorik und Grammatik. Wobei Dialektik im Mittelalter mit Diskurstechnik verbunden war. Im strittigen Gespräch musste der Diskurs angewandt werden. Das Musterbeispiel für Teamfähigkeit waren sicher die Platonischen Dialoge. Es hatte keiner Recht, es setzte sich niemand durch, sondern es wurde im Diskurs geklärt. Etwa bis ins 16. Jahrhundert hinein wurde diese Bildung von allen Menschen verlangt, die eine höhere Bildung anstrebten.

Werden solche biophilen Interaktionen in einem Unternehmen selbstverständlich, wird damit erst das Maximum des ersten Führungsbusens erreicht. Der »Führungsbusen« geht ebenfalls auf Fiedler zurück[19], der in den sechziger Jahren den Zusammenhang zwischen Leistung und Unzufriedenheit ermittelte. Es gibt ein Vertrauens- und ein Angstmaximum. Dazwischen liegt ein Leistungstief. Das Vertrauensmaximum ist durch biophile Führung gekennzeichnet, das Angstmaximum durch funktionale Führung. Das Problem nicht weniger Unternehmen ist es, den Leistungswert des Angstmaximums anzustreben, jedoch in der Talsohle zwischen Angst- und Vertrauensmaximum zu landen.

Es ist eine notwendige Bedingung für eine biophile Teamführung,

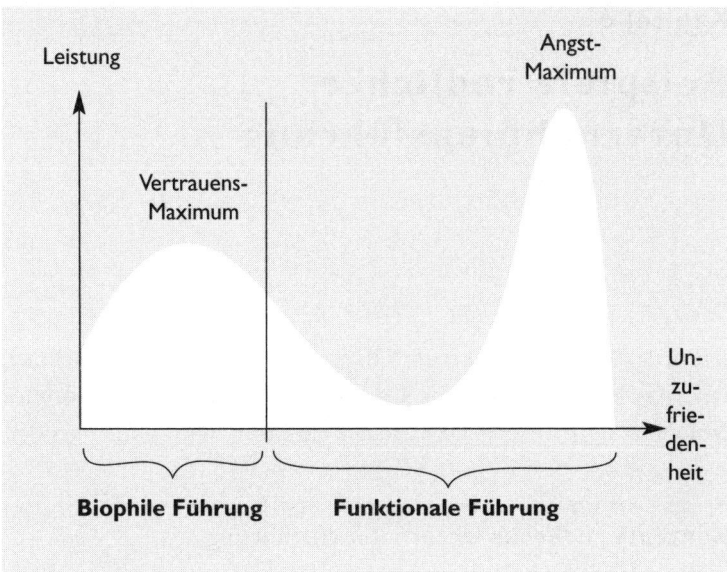

Abbildung 5: Der »Führungsbusen« nach Fiedler

Interaktionsformen zu pflegen, die niemals über das Vertrauensmaximum hinausgehen, also niemals einen Grad an Unzufriedenheit erzeugen, der die Leistung von Mitarbeitern in die Talsohle zwischen Vertrauen und Angst hineintreibt.

Kapitel 6

Beispiele redlicher Unternehmensführung

Die neue Redlichkeit hat echte Chancen. Die Zahl der Unternehmer, Manager et cetera, die sich für redliches, sittlich verantwortetes Miteinander in unserer Gesellschaft einsetzen, wird immer größer.

Konzepte redlicher Unternehmensführung

Solche Ansätze sind

– Coporate-Governance-Kodex: Die freiwillige Selbstverpflichtung von börsennotierten Unternehmen auf ethische Verhaltensstandards und Offenlegungspflichten sollen für eine höhere Transparenz sorgen. Dies sieht der Corporate-Governance-Kodex vor, den Bundesregierung und Wirtschaft gemeinsam erarbeitet und 2002 vorgestellt haben.

– Corporate Volunteering: gemeinnütziges Unternehmensengagement; Einsatz von Personalressourcen und Bereitstellung von Sach- und Geldmitteln für gesellschaftliche Anliegen und persönliches Engagement von Mitarbeitern in sozialen Einrichtungen.

– Coporate Giving: altruistisch motivierte Spendenzahlungen oder Maßnahmen des Social Sponsoring bis hin zu den Aktivitäten operativer Unternehmensstiftungen.

– Corporate Citizenship: Bürgerschaftliches Engagement von Unternehmen in der Gesellschaft. Ziel des Corporate Citizenship ist die Lösung von gesellschaftlichen Problemen in Kooperation mit gemeinnützigen Partnern.

Engagement von Unternehmen

Es tut sich was! Allein in Nordrhein-Westfalen engagieren sich 38 Unternehmen in der Aktion »Corporate Citizenship in NRW«. Es existieren allein 13 Gemeinschaftsinitiativen.

Es gibt eine Bundesinitiative »Unternehmen: Partner der Jugend e. V.«.

Novartis verpflichtet sich in seinen Unternehmensrichtlinien zum »Global Compact«, einer Initiative der Vereinten Nationen zur Förderung der Menschenrechte, gerechter Arbeitsbedingungen und des Umweltschutzes. SAP unterstützt ebenfalls den »Global Compact« und darüber hinaus den SAP Solidarity Fund e. V., die World Childhood Foundation und die Amadeu Antonio Stiftung.

Im Jahre 2003 ging der Sonderpreis »Corporate Citizenship« an das mittelständische Trierer Unternehmen Comes Maschinen- und Apparatebau. Deren Leiter Josef Comes ließ für das Trierer Marienkrankenhaus Spezialgeräte für den Krankentransport anfertigen. Immerhin hielt Ministerpräsident Kurt Beck die Laudatio. Der Bertelsmann-Konzern ist davon überzeugt, dass Vertrauen, partnerschaftliche Führung und Respekt in diesem Unternehmen Bestand haben werden. Der von BDA, BDI, DIHK und ZDH sowie der *Wirtschafts Woche* ausgelobte Preis »Freiheit und Verantwortung« für herausragendes gesellschaftliches Engagement von Unternehmen ging 2004 an die Malermeister Ahle GmbH, an die Volksbank Hellweg und an die Deutsche Telekom AG. Die Ahle GmbH hatte einerseits auf die Kriminalisierung und andererseits auf den künstlerischen Wert von Graffitis aufmerksam gemacht. Jugendliche erhielten die Möglichkeit, öffentliche Wände »legal« zu besprühen. Die Folge war, dass illegale Graffitis aus dem Stadtbild von Paderborn weitgehend verschwanden.[20]

In einer Umfrage von 2003 stellte Booz Allen Hamilton bei rund 150 Unternehmen im deutschsprachigen Raum fest, dass 76 Prozent der befragten Führungskräfte Wertemanagement für zukunftsrelevant halten. 95 Prozent der Befragten waren der Überzeugung,

dass ethische Werte den Unternehmenserfolg positiv beeinflussen.
Der Otto-Versand besitzt seit 1995 bereits einen Code-of-Conduct,
der sich an den Regelungen der internationalen Arbeitsorganisation
(ILO) orientiert. Axa gründete im Juni 2000 den Verein »AXA von
Herz zu Herz«. Darin werden Mitarbeiter für ein ehrenamtliches
Engagement geworben. In Wuppertal gibt es den Verbund »Sozial
Sponsoring Wuppertal«, in dem siebzehn gemeinnützige Einrich-
tungen Suchtkrankenbetreuung vornehmen, AIDS-Hilfe leisten und
eine Arbeitsloseninitiative unterstützen.

Die Satorius AG aus Göttingen hat mit dem Betriebsrat Vereinbarungen getroffen, die sich gegen Mobbing und sonstige Formen
menschenunwürdigen Miteinanders richten. Mitarbeiter fühlen sich
dort besonders respektvoll behandelt.

Neben diesen Beispielen gibt es sicher auch noch die populär gewordenen Unternehmensführer, die sich um redliches Miteinander
in ihren Konzernen bemühen. Solche Entwicklungen geben Hoffnung auf eine Zukunft, in der Profit und sozialverträgliches Miteinander in Einklang stehen können und ihre Konkurrenz hoffentlich
für immer aufgegeben haben.

Beispiel: Sozialverträgliche Gestaltung einer Fusion

Die TÜV NORD Gruppe aus Hamburg, inzwischen der fünftgrößte
TÜV der Welt, verpflichtet sich über gesetzliche Bestimmungen hi-
nausgehend zu besonders sozialverträglichem Verhalten bei Fusionen. In den Unternehmensleitlinien heißt es dort: »Die TÜV NORD
Gruppe bezweckt, Menschen, Sachgüter und die Umwelt vor nach-
teiligen Auswirkungen technischer Einrichtungen und Betriebsmittel
zu bewahren und deren zweckmäßige, sichere und wirtschaftliche
Errichtung, Verwendung sowie den sicheren Betrieb zu erreichen
und zu erhalten. Sie ist sich ihrer gesellschaftlichen Verantwortung
bewusst und fühlt sich daher in besonderer Weise dem Gemeinwohl
verpflichtet. Die Grundlagen unserer täglichen Arbeit sind Neutra-

lität, Unabhängigkeit und Integrität.« Nahezu ein Jahr dauerten die Verhandlungen der TÜV NORD Gruppe mit dem RW TÜV in Essen. Der RW TÜV stand finanziell nicht gerade gut da. Aber obwohl dort rote Zahlen geschrieben wurden, versuchte die TÜV NORD Gruppe diese Fusion ohne Freisetzung von Mitarbeitern zu gestalten. So kam es zu einem Vertrag, der eine fusionsbedingte Kündigung von Mitarbeitern ausschloss.

Doktor Guido Rettig, seit Januar 2006 Vorstandsvorsitzender in der Geschäftsführung der TÜV NORD Gruppe, meinte dazu: »Wenn Verantwortung so verstanden wird, dass man zu den überschaubaren Folgen seines Handelns steht, und das Handeln sich unter anderem an den oben genannten Maximen des Unternehmens orientiert, dann ist bei uns auf jeden Fall sichergestellt, dass wir eines kurzfristigen Erfolgs wegen unsere eigenen Grundlagen nicht langfristig in Frage stellen oder unterminieren und damit ruinieren. Darüber hinaus gibt es in der TÜV NORD Gruppe ein umfangreiches Programm zum Thema ›Führung und Verantwortung‹, in dem auch philosophische Grundlagen, also auch Grundlagen der Ethik, vermittelt werden.«

Diese Haltung der TÜV NORD Gruppe ist dann verständlich, wenn man die am 5. August 2005 verabschiedeten Leitlinien des Managements kennt, in denen es unter anderem heißt: »Unser Führungsverhalten beruht auf Vorbildfunktion, offener Kommunikation, Zusammenarbeit, Glaubwürdigkeit und gegenseitiger Achtung.«[21]

In den Grundsätzen der TÜV NORD Gruppe heißt es zum Vertrauen, zur Würde, zum Gewissen und zu sozialverträglichem Miteinander:

»*Vertrauen:* Das Vorgehen des Einzelnen muss sich immer daran orientieren, dass das Vertrauen in seine Entscheidungen und Handlungen gefestigt wird.

Würde: Jeder soll so entscheiden und handeln, dass alle Beteiligten niemals nur Mittel, sondern jederzeit auch Ziel des Handelns sind. Die Würde eines jeden Menschen sei er Mitarbeiter oder Kunde, interner oder externer Partner oder ein sonst in irgendeiner Weise durch unser Handeln Betroffener ist stets zu achten.

Gewissen: Vor allem soll niemand, der im Namen der TÜV NORD Gruppe entscheidet oder handelt, jemanden zwingen, gegen sein verantwortet übernommenes ethisches und/oder sittliches Gewissen zu handeln.

Sozialverträgliches Miteinander: Das unternehmerische Entscheiden und Handeln eines jeden Einzelnen aus der TÜV NORD Gruppe soll stets im Einklang mit unseren Unternehmenszielen und einem sozialverträglichen Miteinander stehen.«

Die Begriffe werden anschließend erläutert. Zum Vertrauen zum Beispiel heißt es da: »Wir pflegen die Zusammenarbeit mit unseren externen und internen Partnern so, dass das Vertrauen in unser unternehmerisches Entscheiden und Handeln und dessen Ausrichtung an wirtschaftlichen, sozialen, ökologischen und gesellschaftlichen Anforderungen gefestigt und gefördert wird. Bei konkurrierenden Interessen berücksichtigen wir die Folgen für alle Beteiligten.«

Die Durchführung der Fusion zweier TÜVs zeigt hier, dass diese Vorbildfunktion nicht nur etwas für Hochglanzbroschüren ist, sondern tatsächlich in der täglichen TÜV NORD-Kommunikation gelebt wird.

Beispiel: »Null Unfall«

Doktor Gernot Kalkoffen ist Vorstandsvorsitzender der Exxon Mobil Central Europe Holding GmbH (EMPG). Exxon gehört wohl eher nicht zu den Unternehmen, die als redlich bezeichnet werden, denn der Name Exxon wird immer mit dem Öltanker Exxon Valdez verbunden, der am 24. März 1989 den größten Ölunfall in der amerikanischen Geschichte im Prinz William Sund hervorrief. Vielleicht gerade deshalb ist das aktuelle Beispiel interessant. Es geht darin weniger um Sponsoring, Unterstützung gemeinnütziger Einrichtungen et cetera, denn das tun auch sehr viele andere Unternehmen. Es geht in diesem Beispiel mehr um die internen Abläufe. Die Mitarbeiterfluktuation und der Krankenstand sind bei EMPG weitaus niedriger als im Bundesdurchschnitt. Die von Doktor Kalkoffen initiierte »Null-Unfall-Philosophie« hat im Jahre 2004 erstaunliche Ergebnisse gezeigt. Es ist dem Unternehmen gelungen, bei rund 1 100 Mitarbeitern im gesamten Jahr 2004 keinen einzigen meldepflichtigen Unfall gehabt zu haben. Es gab zwar drei Unfälle im Jahre 2004, diese waren jedoch nicht meldepflichtig, da es weder zur Krankmeldung noch zu Ausfalltagen kam. Das bedeutet in Arbeitsstunden: rund 15 Millionen Arbeitsstunden ohne meldepflichtigen Unfall! Die Ursache dafür sind die sehr guten Sicherheitsprogramme, die besonders gute Schutzkleidung und Programme, die das Sicherheitsbewusstsein der Mitarbeiter schulen. Man kann dieses Ergebnis auch als rein ökonomischorientierte Maßnahme werten. Beispiele vieler anderer Unternehmen zeigen jedoch, dass Exxon Mobil weit über gesetzlich vorgeschriebene Schutzmaßnahmen hinausgegangen ist.[22]

Beispiel: »Soziales Engagement«

Am 12. November 2005 verlieh der Ministerpräsident Christian Wulff den Staatspreis des Landes Niedersachsen an Professor Hans Georg Näder, Geschäftsführer der Otto Bock HealthCare GmbH. Der Anlass war »… sein von hoher sozialer Verantwortung getragenes unternehmerisches Engagement.«[23] Hans Georg Näder wurde schon einmal ausgezeichnet, zum »Entrepreneur des Jahres 2003«. Diesen Preis bekam er unter anderem wegen hoher Mitarbeiterorientierung, Innovation, hohen Zukunftspotenzials und persönlichen Engagements.

Die Firma Otto Bock stellt seit 1919 Prothesen und Rollstühle her. Nicht gerade Produkte, für die man sich, ohne gehandicapt zu sein, interessiert. Mit Professor Hans Georg Näder änderte sich das. Ohne sein Engagament wären die Paralympics nicht mehr denkbar. Seit 1988 ist Otto Bock HealthCare exklusiver Service-Provider aller Paralympischen Sommer- und Winterspiele. Die Unterstützung der Sportler gilt als vorbildlich. Unabhängig vom Hersteller kümmern sich die Techniker um optimale Funktionsfähigkeit der Prothesen, Rollstühle et cetera.[24] Das Unternehmen ist heute Weltmarktführer. Erst mit Beginn der neunziger Jahre wurde Otto Bock HealthCare offensiv in seiner Kommunikationsstrategie und seinem sozialem Engagement. Doktor Helmut Pfuhl, Geschäftsführer bei Otto Bock kommentiert dies so: »Die Patienten wollen sich heute zunehmend selbst informieren und eigene Entscheidungen treffen. Es geht schließlich um ihre Lebensqualität und es kommt vor, dass die Patienten mit den Kostenträgern um ihre Versorgung streiten müssen – und da möchten sie einfach wissen, wofür sie kämpfen.«[25] Die Mitarbeiter von Otto Bock HealthCare gelten als hochmotiviert. Das weit über das rein wirtschaftliche Interesse des Unternehmens hinausgehende soziale Engagement für gehandicapte Menschen begeistert sie offensichtlich. Dass soziales Engagement und wirtschaftlicher Erfolg sich hier ergänzen, zeigen die Zahlen: Otto Bock HealthCare unterhält 31 Vertriebs- und Servicegesellschaften in aller Welt, hat in der Amtszeit von Professor Näder seinen Umsatz vervierfacht und die Zahl der Beschäftigten verdoppelt.[26]

Kapitel 7

Aufgaben zur Etablierung einer neuen Redlichkeit

Notwendige Schritte

Wodurch drücken sich Veränderungen in einem Unternehmen in Richtung neuer Redlichkeit aus?

- Durch eine Dominanz der Werte von Erwachsenen mit Primärtugenden.
- Durch die Entwicklung der Kultur der Kommunikation im Hinblick auf Verantwortlichkeit. Dazu gehört die Entwicklung der Sprachkultur und die Fähigkeit, neben Sachaussagen auch emotionale Aussagen zu erkennen und darauf Rücksicht zu nehmen. Oder dass ich erkenne, welche von den vier Seiten in einer Kommunikation (Selbstdarstellung, Beziehungshinweis, Information, Appell) jeweils die wesentliche ist.
- Durch ein Denken in Bedingungen als notwendige Voraussetzung, um ein Denken in Begründungen möglich zu machen. Bedingungsdenken widerlegt nicht, sondern sucht nach Voraussetzungen, die eine Sache möglich sein lassen, und nach potenziellen Alternativen. Sind die Voraussetzungen erfüllbar, wird die Sache getan; sind sie es nicht, unterlässt man die Sache, völlig unabhängig davon, ob man für oder gegen eine Sache ist. Begründungsdenken erzeugt oft Widerstände oder das Bedürfnis, widerlegen zu wollen. Durch das Denken in Bedingungen werden diese im Vorfeld ausgeräumt, indem die optimale Lösung eines Problems gesucht wird. Somit verhindert das Denken in Bedingungen Rechthaberei und Dominanzzwänge.

– Durch ein Denken in Alternativen statt in Negationen.
– Durch ein Handeln in Verantwortung.

Die nächste Frage ist, wie wir aus dem Gefängnis unserer Konstrukte herauskommen und damit zur neuen Redlichkeit? Nun, wir sollten

1. immer wissen, dass wir in einer Konstruktwelt leben,
2. die Bewährung unserer Konstrukte kritisch prüfen,
3. bereit sein für Widerstandserfahrungen, die nicht lästig sein sollten, sondern hilfreich sind, um Realitätsnähe zu erreichen.

Worauf wir achten sollten

Die neue Unredlichkeit hat ihren Grund auch in dem Eingebundensein in Systeme, die sittlich blind machen. So wird es für die Zukunft immer wichtiger, sich der Gefahr der sittlichen Blindheit in sozialen Systemen bewusst zu werden, da Systeme immer schwer durchschaubar sind und immer schwerer beherrschbar sein werden. Die Interaktionsformen in Systemen, Partnerschaften, Parteien, Kirchen, Familien, Unternehmen werden immer komplexer und damit weniger beherrschbar. Darauf gilt es in Zukunft zu achten.

Vielleicht sollten wir endlich akzeptieren, dass unsere Freiheit, auch die personale Freiheit, ihre Grenzen hat. Wir können nicht mehr in Beliebigkeit selbstverantwortet unser Leben leben. In diese Selbstverantwortung greifen permanent systemische Zwänge ein.

Das hat Folgen:

1. Was bedeutet unter diesen Bedingungen Schuld?
2. Was bedeutet unter diesen Bedingungen verantwortetes Gewissen?
3. Was folgt daraus für die neue Redlichkeit?

Verantwortung, Schuld und die neue Redlichkeit

Wir sollten unterscheiden zwischen objektiver Schuld und subjektiven Schuldgefühlen.

Objektive Schuld liegt nur dann vor, wenn ich gegen mein eigenes Gewissensurteil handle.

Schuldgefühle sind subjektiv. Schuldgefühle wurden uns andressiert. Sie haben mit Sittlichkeit und Redlichkeit nichts zu tun! Sie haben sicher einen moralischen Wert. Sie haben aber nichts mit objektiver Schuld zu tun.

Die subjektiven Gefühle wie auch die objektive Schuld können in allen Verantwortungsbereichen auftreten. Man sollte aber bei Schuldgefühlen nicht darüber nachsinnen, ob man schuldig geworden ist, dieser Ansatz ist falsch.

Die einzige Frage der neuen Redlichkeit ist: Habe ich mich vor der Handlung fahrlässig nicht über die sittliche Qualität der Handlung kundig gemacht? Oder habe ich die sittliche Qualität geprüft und anschließend gegen das Urteil gehandelt? Dann, und nur dann bin ich objektiv schuldig geworden.

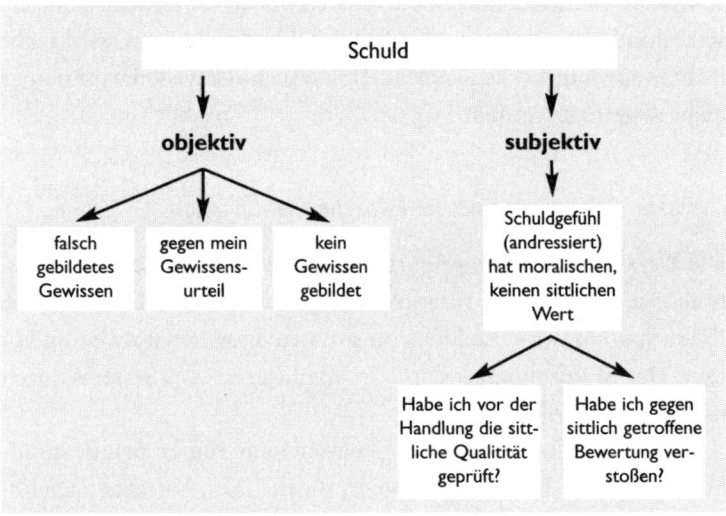

Abbildung 6: Schuld / Schuldgefühl

Das falsch gebildete Gewissen kennt drei Gründe:

1. Das desorientierte Gewissen: Das Gewissen wird weitestgehend durch das Über-Ich bestimmt (zum Beispiel durch Vorstellungen von absoluter Wahrhaftigkeit oder absoluter Gerechtigkeit). Man spricht dann von einem desorientierten Selbst.
2. Das desintegrierte Gewissen: Ich besitze in meinem Gewissen mehrere miteinander nicht verträgliche Werte.
3. Das inkonsistente Gewissen: Es kommen Elemente vor, die abhängig sind von konkreten Situationen. Sie werden nach Beliebigkeit (Stimmungen) ausgewechselt.

Nun kann man sich fragen, was hat das Gewissen mit der neuen Redlichkeit zu tun? Nun, es geht zukünftig um die Frage, wem gegenüber ich mein Handeln verantworten muss. Zunächst meinem sittlich gebildeten Gewissen gegenüber. Es kommt darauf an, wie Menschen zukünftig Verantwortung verstehen. Hans Jonas hat hier mit seinem Buch *Das Prinzip Verantwortung* Pionierarbeit geleistet.[27]

Die neue Redlichkeit wird sich dadurch auszeichnen, dass ein Gewissensurteil ausgebildet wird. Das Gewissen wird nicht mehr ersetzt durch die normative Kraft des Faktischen. Getan wird nicht mehr, was getan werden »muss«. Das sittliche Gewissen wird immer mehr abgefragt werden.

Die neue Redlichkeit und die kritische Identifikation

Die Definition des verantwortlichen Gewissens sollte neu vorgenommen werden. Das verantwortet gebildete Gewissen setzt eine Emanzipation des Einzelnen von sozialen Systemen notwendig voraus. Das ist nur möglich durch Internalisierung des Systems durch kritische Identifikation.

Die unkritische Introjektion dagegen kann nur zu neuer Unredlichkeit führen. Introjektion meint, für die Dauer meiner Zugehörigkeit lebe ich die Regeln des Systems, dem ich angehöre, ohne diese

Regeln kritisch zu hinterfragen. Motto: Wes Brot ich ess, des Lied ich sing. Unkritische Introjektion regt nicht mehr zu redlichem Handeln an und kann nur nekrophil-unredlich ausgehen. (Nekrophil ist hier im Sinne von lebensfeindlich zu verstehen.)

Zunehmende Komplexität

Nach der Theorie des Jesuiten Teilhard de Chardin (1881–1955) und des österreichischen Ökonomen Friedrich August von Hayek (1899–1992), einem der Väter des Neoliberalismus im 20. Jahrhundert, lösen soziale Systeme ihre Probleme durch Ausbildung höherer Komplexität. Das tat die Natur immer schon so.

Die erste Stufe der Evolution war eine chemische (aus einfachen Atomen wurden komplizierte Moleküle), die zweite eine biologische (aus Einzellern entwickelten sich höhere Lebewesen und schließlich der Mensch). Nun stehen wir am Beginn einer sozialen Evolution. Wir bilden immer weitere soziale Systeme aus, die ihre Probleme durch steigende Komplexität lösen. Mittlerweile ist die Komplexität sozialer Systeme größer geworden, als unsere Großhirnrinde verstehen kann. Wir können keine Modelle mehr bilden, die nicht wesentliche Parameter des realen Systems vernachlässigen. Die Folge ist, dass soziale Systeme uns beherrschen – und nicht umgekehrt!

Aus der Herrschaft des sozialen Systems kommt die neue Unredlichkeit. Im Prinzip ist die neue Unredlichkeit nur durch eine einzige Regel zu erklären: Wenn ich das System introjizieren würde, dann käme ich zu einem Handeln mit nekrophilem Ausgang.

Die Frage der neuen Redlichkeit ist also: Gibt es noch soziale Systeme, mit denen man sich identifizieren kann. Darauf gilt es in Zukunft zu achten.

Partnerschaft und die neue Redlichkeit

Die Komplexität betrifft nicht nur große Systeme. Auch Partnerschaften können so komplex sein, dass sie vom einzelnen Partner nicht mehr verstanden werden. Es gibt Partnerschaften, bei denen ein Partner redlichen Input gibt und nicht weiß, wie der Ausgang sein wird. Selbst die Rationalität eines Paarsystems ist eine andere als die menschliche Rationalität. Eine gelingende Partnerschaft ist eine der kompliziertesten Strukturen, die wir überhaupt kennen.

So darf man eine Beziehung dann nicht eingehen, wenn bei einer Introjektion des je anderen Wertesystems beide Partner sich nicht biophil und redlich entwickeln würden. So sind dann Menschen aufgrund der systemischen Zwänge unredlich, ohne es zu wissen oder zu wollen.

Unternehmen und die neue Redlichkeit

Auch ein Unternehmen verlangt eine hohe Identifikation. Wenn ich befürchten muss, dass eine Introjektion der Unternehmenswerte nekrophil ausgehen wird, darf ich dort nicht arbeiten. Junge Menschen sind hier heute sehr kritisch geworden. Deren Identifikation führt nicht so weit, dass sie die Unternehmenswerte als Introjekt übernehmen. Die jungen Menschen registrieren die neue Unredlichkeit noch und wehren sich dagegen. Die neue Unredlichkeit ist zu Beginn einer Unternehmenszugehörigkeit noch bemerkbar.

Die Welt innerhalb und außerhalb von Unternehmen wird der neuen Redlichkeit wahrscheinlich nur dann folgen, wenn:

- Strukturen ausgebildet werden, welche die gerechte Verteilung der Gewinne sichern;
- im Unternehmen Freiheitsräume entstehen, in denen systemische Zwänge nicht wirksam werden;
- die Internalisierung der Werte und Regeln des Unternehmens Systemagententum, das heißt ein ausschließliches Exekutieren der Unternehmensregeln ohne Überprüfung auf Sinnhaftigkeit, ausschließt;
- enge Verflechtungen zwischen Politik und Ökonomie den Primat der Politik sichern;

- das Subventionsrecht, Sozialrecht, Arbeitsrecht und das Steuerrecht angeglichen werden;
- das kollektive Bewusstsein die vorgenannten Bedingungen sichern hilft;
- die öffentlichen Meinungsbildner in dieser Richtung mitarbeiten: Presse/Massenmedien, Gewerkschaften, Arbeitgeberverbände, Kirchen, Schulen et cetera;
- Unternehmen, die keine Freiräume für eigenverantwortliches Handeln der Mitarbeiter schaffen, nach einem Urteil einer neutralen Kommission nicht subventioniert werden;
- eine Verbesserung der Gesamtwelt zur wirtschaftlichen Wertschöpfung beiträgt unter Berücksichtigung der Nachhaltigkeit von Entwicklungen;
- Institutionen, die den Prozess steuern (zum Beispiel Kirchen) ihre alten Funktionen wahrnehmen;
- die Führungskräfteauswahl nach Fähigkeiten erfolgt, welche die Bedingungen zwei bis vier (Freiheitsräume im Unternehmen, Internalisierung von Werten und Regeln, Sicherung des Primats der Politik) erfüllen (nicht behindern).

Darauf sollten wir in Zukunft achten.

Schulen der neuen Redlichkeit

Weder die Realschulen oder die Gymnasien noch die Universitäten oder die Bundeswehr sind heute die Schulen der Nation. Die Schulen der Nation sind die Unternehmen. Die Unternehmen lehren, wie man lebt und gestalten also den Kulturraum maßgeblich. Auch die Formen des sozialen Umgangs und Benehmens werden heute in den Unternehmen vermittelt. Selbst in kleinen Städten oder Dörfern werden junge Menschen in den Handwerksbetrieben für die Gesellschaft sozialisiert.

Ein Azubi oder Trainee erlebt nicht eigentlich das Unternehmen, er begegnet Menschen, dem Ausbilder, dem Gesellen zum Beispiel.

In diesem Beziehungsfeld kann der Azubi oder Trainee vieles lernen, durch praktisches Erfahrungslernen.

Der Lehrling erfährt sicher nicht das gesamte Unternehmen, der Trainee schon eher, weil er verschiedene Abteilungen durchläuft. Daher sollte man in Unternehmen eine Liste aushängen von Menschen, die coachen. So lernt der Nachwuchs schneller, wie das Unternehmen informell funktioniert. Solche Systeme haben sich sehr bewährt. So kommt es dadurch zu einer neuen Definition von Führungspersönlichkeit, weil das Persönlichkeitsprofil anders als bisher sein muss. So könnte man auch eine Stabsabteilung einrichten, die nichts anderes zu tun hat, als herauszufinden, wie die Außenwahrnehmung des Unternehmens ist, um gegebenenfalls für Veränderungen im Unternehmen zu sorgen. Darauf sollten wir in Zukunft achten.

Schlusswort

Wir stehen wie so oft in der Geschichte der Menschheit an einem Scheidepunkt, einem Bifurkationspunkt, an dem es sich lohnt innezuhalten, um die Vorteile der Redlichkeit für eine menschliche Zukunft zu nutzen. Wir denken, dass die neue Redlichkeit so viele Vorteile bietet, dass es sehr sinnvoll ist, besser jetzt als später damit zu beginnen.

Die Chancen, dass eine neue Redlichkeit im Umgang der Menschen die Oberhand gewinnt, stehen gut. Dafür haben wir viele Beispiele genannt. Dafür gibt es Stimmungen in der Bevölkerung, die widerspiegeln, was Menschen für redlich, was sie für unredlich halten. Im Sommer 2005 gab es zwei TNS-Emnid-Umfragen. In der ersten Umfrage wurden Berufstätige gefragt, wie wichtig es für eine Führungskraft sei, ethische Werte zu vertreten und Fairness zu praktizieren. 79 Prozent der Befragten stuften dies als sehr wichtig ein. Das macht Hoffnung!

In der zweiten Umfrage wurde nach der Glaubwürdigkeit von Politikern gefragt. 87 Prozent der Befragten vermissten Glaubwürdigkeit und Ehrlichkeit. Der Anteil der Menschen, die Vertrauen in Politiker haben, sank innerhalb von zehn Jahren von 41 auf 17 Prozent. Das Ansehen des Bundestags als glaubwürdige Institution sank im gleichen Zeitraum von 53 auf 26 Prozent. Der Duisburger Politikwissenschaftler Karl-Rudolf Korte meinte: »Mittlerweile verachten die Bürger ihre öffentlichen Repräsentanten.« Auch das, so beklagenswert der Zustand ist, macht Hoffnung! Denn die Bundesbürger zeigen damit deutlich einerseits ihr Unbehagen, andererseits aber vor allem ihre Sehnsucht nach glaubwürdigen, redlichen Vorbildern nicht nur im Wirtschaftsraum, sondern auch im politischen Leben. Die Folge wird sein, dass in Zukunft Redlichkeit für einen Politiker ein entscheidender Erfolgsfaktor sein wird. Beim Wähler werden die Politiker gewinnen, die eine redliche Politik machen.

Dass die Bundesbürger nicht nur von Politikern, sondern auch von sich selbst redliches Verhalten erwarten, zeigt eine weitere Untersuchung aus dem Sommer 2005. Im August 2005 veröffentlichte das Bundesfinanzministerium mehrere Studien. Danach ging das Volumen der Schattenwirtschaft von 2003 auf 2004 um 14 Milliarden Euro zurück. Für 2005 rechnete man mit einem Rückgang um weitere 10 Milliarden. Offensichtlich hatten die Kontrollen sowie die Steuerreform Wirkung gezeigt. Schwarzarbeit lohnt sich entweder nicht mehr – oder die Bundesbürger haben weniger Lust auf unredlichen Betrug.

Die neue Redlichkeit hat also echte Chancen. Die Zahl der Unternehmer und Manager, die sich für redliches, sittlich verantwortetes Miteinander in unserer Gesellschaft einsetzen, nimmt zu. Erinnern möchten wir nur an eine beeindruckende Zahl aus einer Umfrage von Booz Allen Hamilton aus dem Jahre 2003: Laut dieser Umfrage waren 95 Prozent der Befragten der Überzeugung, dass sittliche Werte den Unternehmenserfolg positiv beeinflussen. Viele Unternehmen besitzen bereits einen verbindlichen Code-of-Conduct, einen Verhaltenskodex. Und es werden mehr. Unredliches Verhalten wird nicht mehr geduldet, sondern öffentlich gebrandmarkt. Die VW-Affäre und der Infineon-Skandal aus dem Jahre 2005 sind nur zwei Beispiele dafür.

Schließlich möchten wir auch auf die populär gewordenen Unternehmensführer aufmerksam machen, die sich um redliches Miteinander in ihren Konzernen bemühen. Solche Entwicklungen geben Hoffnung auf eine Zukunft, in der die neue Redlichkeit die Oberhand gewinnt.

Hoffnung auf eine neue Redlichkeit ist also berechtigt, denn insgesamt scheint die Sensibilität für eine neue Redlichkeit zugenommen zu haben. Hoffnung auf eine neue Redlichkeit ist vor allem berechtigt, solange es noch Menschen gibt, die kritisch sind und das Zweifeln nicht verlernt haben. Menschen, die sich bewusst darüber sind, dass man in unredliche Fallen tappen oder diese meiden kann. Darauf setzen wir, darauf hoffen wir.

Prof. Dr. R. Lay
Ulf D. Posé

Quellennachweise

Teil I

1 Ovid: *Metamorphosen*, I. Buch, 72 f.
2 Aristoteles: *Politik* 1252b 5. Nach der Übersetzung von Franz Susemihl. Reinbek: Rowohlt. 1965
3 Vergil, *Aeneis*, 6. Gesang, 847–854
4 Tacitus, *Germania* 1–4, http://www.tu-berlin.de/fb1/AGiW/Auditorium/BAntMyth/SO4/TacGerm.htm [8.11.2005]
5 Francis Bacon: *Novum Organum*. Zitiert nach: www.klostermann.de/zeitsch/zspr_061.htm [08.11.2005]
6 Immanuel Kant: *Kritik der praktischen Vernunft*, Hamburg: Meiner 1990, S. 37 [S. 56 der ersten Auflage von 1788]
7 Ebd., S. 117 [S. 126 der ersten Auflage von 1788]
8 § 7 *Grundgesetz der reinen praktischen Vernunft*, in ebd., S. 36 [S. 54 der ersten Auflage von 1788]
9 *Hauptprobleme der Ethik: sieben Vorträge von Paul Hensel*, Leipzig: Teubner, 1903, S. 71
10 *Wissenschaft vom sittlichen Bewusstsein*, S. 134. Zitiert nach: www.textlog.de/5188.html [08.11.2005]
11 *Psychologie* S. 411 f. Zitiert nach: www.textlog.de/5187.html [08.11.2005]
12 http://de.wikipedia.org/wiki/Schwulenbewegung#Tuntenstreit [03.12.2005]

Teil II

1 Duden Universalwörterbuch, 4. Aufl., Mannheim: BI Brockhaus 2001
2 http://de.wikisource.org/wiki/Manifest_der_Kommunistischen_Partei [27.09.2005]; siehe auch Karl Marx und Friedrich Engels: *Das Kommunistische Manifest,* in: Marx-Engels-Werke 4, Berlin: Dietz 1990, S. 466

3 Im »Schönfelder« (Schönfelder: *Deutsche Gesetze*, München: Beck) sind einige der wichtigsten Gesetzestexte des deutschen Bundesrechts veröffentlicht.

4 www.fdp-bundesverband.de/files/363/Antrag_Arbeitsmarktpolitik 12032003.pdf [09.11.2005]

5 http://64.233.183.104/search?q=cache:jrAOJGlAGIIJ:de.wikipedia.org/wiki/Dogma [09.11.2005]

6 www.mscperu.org/archivdeutsch/2004_12_01_archivdeutsch.html [09.11.2005]

7 Die Wendung »tip, top, tadellos« war eine in den dreißiger bis fünfziger Jahren gebräuchliche Art Sprichwort, das eine Person oder eine Sache als weitgehend fehler- beziehungsweise mängelfrei bezeichnete.

8 Reichsgesetzblatt 1936 I, S.993, www.dhm.de/lemo/html/dokumente/hjgesetz/index.html, www.dhm.de/lemo/html/nazi/alltagsleben/jugend/index.html [08.11.2005]

9 OECD 2003, www: inqua.de/inqua/Redaktion/Themen/Demographischer Wandel/Anlagen/Memorandum/ [09.11.2005]

10 Statistisches Bundesamt, http://www.destatis.de/basis/d/erwerb/erwerbtab7.php [09.11.2005]

11 http://www.textron.com/resources/Textron_BCG_German.pdf. [20.11.2005]

12 Gerd Gigerenzer: *Das Einmaleins der Skepsis. Über den richtigen Umgang mit Zahlen und Risiken*. Berlin: Btv 2004

13 www.zdf.de/ZDFde/inhalt/27/0,1872,2328187,00.htm [09.11.2005]

14 www2.dw-world.de/bscms_german/wirtschaft/1.26047.1.html [09.11.2005]

15 Jürgen Leinemann: *Höhenrausch: die wirklichkeitsleere Welt der Politiker*, München: Blessing 2004

16 http://www.eak.cdu-saar.de/content/messages/49542.htm [09.11.2005]

17 http://www.vergewaltung.de/faelle/behoerde/hofmann.htm [09.11.2005]

18 Unter dem Titel »Zeitgeist und Rechtsprechung«, in: *Festschrift für Hans Joachim Faller*, München

19 Aus dem Kaddisch der Trauernden. www.judentum-projekt.de/religion/religioesegrundlagen/messias [09.11.2005]

20 www.der-rupertigau.de/shalom/theologi.htm, [09.11.2005]

21 Ebd.

22 http://www.zionismus.info/judenstaat/03.htm [09.11.2005]

23 http//sbenli77.home.solnet.ch/Happy%20Birthday%20Israel.htm [09.11.2005]

24 vgl. www.ansary.de/Quran/Sure95.htm. [09.11.2005]

25 Sure al Isrâ' (17), Âya 1

26 http://72.14.203.104/search?q=cache:xPGR6Y4Q0AYJ:www.enfal.de/palas.htm [09.11.2005]

27 vgl. www.jafi.org.il/education/100/german/act/14zion.html [09.11.2005]

28 Ben-Gurion im Jahrbuch der israelischen Regierung 1951-52/Rimmerfors 136, vgl. http://www.segne-israel.de/dokumente/bengurion.htm [09.11.2005]

29 Mit dem Handelsmarkengesetz von 1887 versuchte Großbritannien, sich gegen die aufstrebende Konkurrenz aus Deutschland mit ihren Nachahmerprodukten schützen. Im Ersten Weltkrieg wurde es auch auf andere Länder ausgeweitet. Vgl. http://de.wikipedia.org/wiki/Made_in_Germany [04.10.2005].

30 www.home.pages.at/onkellotus/Kommentar/German_vonStrauss_Comment. html [09.11.2005]

31 http://www3.mdr.de/plusminus/240204/immobilienbetrug.html [09.11.2005]

32 Ebd.

33 BVerwG 7 B 22.93, Beschl. vom 02.04.1993, ZOV 1933, S.193

34 gutenberg.spiegel.de/nietzsch/fragment/fragmen4.htm [09.11.2005]

35 Landgericht München, AZ: 28 O 17577/01

36 http://www.fairness-stiftung.de/Mobbing.htm [10.11.2005]

37 http://www.leymann.se/deutsch/frame.html [10.11.2005])

38 http://www.fairness-stiftung.de/Situationsbeispiele.htm [30.09.2005]

39 http://www.mobbing-help.de/PC/neu/folgen1.htm[30.09.2005]

40 http://www.mobbing-help.de/PC/neu/intro_4.htm [10.11.2005], (Landesgericht Hamm, AZ: 8 Sa 878/00)

41 Text zitiert nach: Andrea Auth, http://www.fairness-stiftung.de/Situationsbeispiele.htm [30.09.2005]; die Informationen stammen aus dem Artikel von Jeffrey L. Seglin in der *New York Times* vom 17.06.2001.

42 http://www.welt.de/data/2004/12/11/373056.html [16.11.2005]

43 www.tagesschau.de/aktuell/meldungen/0,1185,OID3871422_REF1_NAV_BAB,00.htm [16.11.2005]

44 http://www.handelsblatt.com/pshb/fn/relhbi/sfn/buildhbi/cn/GoArt!200012,200040,833485/SH/0/depot/0/, [29.11.2005]

45 www.tagesschau.de/aktuell/meldungen/0,1185,OID3871422_REF1_NAV_BAB,00.htm [16.11.2005]

46 Der BigBrotherAward wird vom Bielefelder Verein zur Förderung des öffentlichen bewegten und unbewegten Datenverkehrs verliehen. Mit dem Preis werden in 14 europäischen Ländern, sowie Japan, Australien und den USA fragwürdige Unternehmenspraktiken ausgezeichnet.

47 http://www.bigbrotherawards.de/2004/.work/ [16.11.2005]

48 http://www.sueddeutsche.de/wirtschaft/artikel/412/62350/ [16.11.2005]

49 http://www.verdi.de/handel/einzelhandel/unternehmensinformationen/lidl [16.11.2005]

50 www.wdr.de/radio/wdr2/dertag/203838.phtml [16.11.2005]

51 http://www.taz.de/pt/2005/09/28/a0192.nf/text [16.11.2005]

52 http://www.lidl.de/de/home.nsf/pages/c.service.au.philosophy.index [16.11.2005]

53 Immanuel Kant, *Grundlegung zur Metaphysik der Sitten*, Stuttgart: Reclam 1961, S. 79

54 Ebd., S. 87)

55 http://www.presseportal.de/story_rss.htx?nr=743379 [10.11.2005]

56 www.linksnet.de/artikel.php?id=1497 [03.12.2005]

57 http://www.rasscass.com/templ/te_bio.php?PID=1060&RID=1 [15.12.2005]

58 www.nuevacolombia.de/Voz2/html/deutsch/nueva_seccion/2EXPO-VOZNC.pdf [10.11.2005]

59 Bernard de Mandeville: *Die Bienenfabel oder private Laster, öffentliche Vorteile*, Frankfurt a. M.: Suhrkamp 1998

60 Götz Kluge: »Die Mathematik der Ungerechtigkeit«, Artikel vom 29. Juni 2000, http://poorcity.richcity.org/ent7828.htm [10.11.2005]

61 Pressemitteilung Nr. 38 vom Bundesministerium für Gesundheit und soziale Sicherung vom 2. März 2005

62 *FAZ*, 4. Juli 2004

Teil III

1 http://www.welt.de/data/2005/02/26/544588.html [12.12.2005]

2 Rupert Lay: *Die Macht der Moral*, Düsseldorf: Econ 1990, S. 46–48

3 www.assoziations-blaster.de/info/Aufrichtigkeit.htm [11.11.2005]

4 medi-report.de/nachrichten/2000/01/20000125-02.htm [11.11.2005]

5 http://mitglied.lycos.de/muslimonline/buecher/derislam/sufismus/1f602 d93e31457b54.html [11.11.2005]

6 Arthur Schopenhauer, *Parerga und Paralipromena*, 2. Teilband Aphorismen zur Lebensweisheit, Züricher Ausgabe Werke in 10 Bänden. Band 8, Zürich: Diogenes 1977, S. 459

7 http://www.jaskolski.de/ziv_was.htm [11.11.2005]

8 Ebd.

9 Ebd.

10 2. Kirchenvolks-Konferenz 28.-29. März 2003 in Wien, Vortrag von Univ. Prof. Dr. Hans Rotter: »Die Pflicht zum Ungehorsam, Verpflichtung zum Ungehorsam«, vgl.: www.we-are-church.org/de/eichstaett/rotter.pdf [12.11.2005]

11 Otto Buchegger: *Die Kunst der Klugheit*, Wiesbaden: Gabler 1997

12 www.br-online.de/wissen-bildung/ kalenderblatt/2001/07/kb20010719. html [14.11.2005]

13 http://www.koran.terror.ms [14.11.2005]

14 www.ahmadiyya.de/library/botschaft_100_jahrfeier.html [12.12.2005]

15 http://www.pro-schluechtern.de/texte/schroeter/feindbild.htm [14.11.2005]

16 www.im.nrw.de/sch/582.htm [12.12.2005]

17 http://de.wikipedia.org/wiki/Islamismus [14.11.2005]

18 Fred E.Fiedler: *A theory of leadership effectiveness*, NewYork: McGraw-Hill 1967

19 Fred E.Fiedler: »A contingency model of leadership effectiveness«, in: Leonard Berkowitz (Hrsg.): *Advances in experimental social psychology*, New York: Academic Press 1964, und Fred E.Fiedler: *A theory of leadership effectiveness*, New York: McGraw-Hill 1967

20 www.freiheit-und-verantwortung.de [12.12.2005]

21 http://www.tuev-nord.de/191.asp [14.11.2005]

22 www.stbg.de/Zeitung/se504/exxon.htm [14.11.2005]

23 http://www2.rehacare.de/cipp/md_rehacare/custom/pub/content,lang,1 /oid,10121/ticket,g_u_e_s_t/local_lang,1 [14.11.2005]

24 http://www.ottobock.de/de/tgpre/press_review/003673720_D/et_06_10_2005.pdf. [14.11.2005]

25 www.pleon.de/fileadmin/user_upload/pleonkk/newsletter/dresdner_horizonte_03.pdf [14.11.2005]

26 www.oppt.de/psk/rmo/rmo_content/powerslave,id,610,nodeid,74.html [14.11.2005]

27 Hans Jonas: *Das Prinzip Verantwortung: Versuch einer Ethik für die technologische Zivilisation*, Frankfurt a.M.: Insel 1979

Literaturempfehlungen

Aristoteles: *Der Staat der Athener*, Stuttgart: Reclam 1978

Aristoteles: *Nikomachische Ethik*, Stuttgart: Reclam 1978

Bischoff, Joachim: »Kapitalismus pur oder Systemwende nach rechts«. In: *Zeitschrift Sozialismus* Nr. 1, 1997

Böhm, Franz/Dirks, Walter (Hrsg.): *Judentum – Schicksal, Wesen und Gegenwart*, 2 Bände, Wiesbaden: Steiner Verlag 1965

Brockhaus Enzyklopädie, 19., völlig überarbeitete Ausgabe, 1992

Crick, Francis: *Was die Seele wirklich ist*, München: Artemis und Winkler 1994

Global Marshall Plan Initiative (Hrsg.), Wien 2004

Grün, Klaus-Jürgen: *Geist und Geld: Die zweite Natur des Menschen*, Paderborn: Mentis Verlag 2002

Halder, Alois: *Philosophisches Wörterbuch*, völlig überarb. Neuausg., Freiburg i. Br.: Herder Spektrum 2000

Hegel, Georg Wilhelm Friedrich: *Grundlinien der Philosophie des Rechts*, Stuttgart: Reclam 1970

Hegel, Georg Wilhelm Friedrich: *Philosophie der Geschichte*, Stuttgart: Reclam 1980

Hegel, Georg Wilhelm Friedrich: *Hauptwerke 1–6*, Hamburg: Felix Meiner Verlag [1830] 1999

Höffe, Otfried: *Klassiker der Philosophie*, 3., überarbeitete Auflage, Band 1/2, München: C. H. Beck 1994

Kant, Immanuel: *Grundlegung zur Metaphysik der Sitten*, Stuttgart: Reclam 1980

Kant, Immanuel: *Kritik der praktischen Vernunft*, Stuttgart: Reclam 1980

Kant, Immanuel: *Kritik der reinen Vernunft*, Stuttgart: Reclam 1980

Kant, Immanuel: *Kritik der Urteilskraft*, Stuttgart: Reclam 1981

Kuehnelt-Leddihn, Erik: *Demokratie – eine Analyse*, Graz: Leopold Stocker Verlag 1996

Lay, Rupert: *Die Macht der Unmoral*, München: Wirtschaftsverlag Langen Müller Herbig 1993

Lay, Rupert: *Marxismus für Manager*, München: Wirtschaftsverlag Langen Müller Herbig 1975

Lay, Rupert: *Ethik für Manager*, Düsseldorf: Econ 1989

Lay, Rupert: *Die Macht der Moral*, Düsseldorf: Econ 1993

Lay, Rupert: *Über die Kultur des Unternehmens*, Düsseldorf: Econ 1997

Lay, Rupert: *Charakter ist (k)ein Handicap*, Berlin: Urania Verlag 2000

Lay, Rupert: *Über die alte und neue Unredlichkeit*, Ronneburger Kreis 2001

Leisinger, Klaus M.: *Unternehmensethik: Globale Verantwortung und modernes Management*, München: C. H. Beck 1997

Luhmann, Niklas: *Soziale Systeme*, Frankfurt a. M.: Suhrkamp 1984

Marx, Karl / Engels, Friedrich: *Das Kommunistische Manifest*. In: MEW Band 4, Berlin: Dietz 1990

Marx, Karl/Engels, Friedrich: *Werke (MEW)*, Band 40, Berlin: Dietz 1990

Merz, Friedrich: *Nur wer sich ändert, wird bestehen*, Freiburg u. a.: Herder 2004

Müller, Henrik: *Großmacht Euro: Sprengsatz für die Weltwirtschaft?*, Bonn: Dietz 1999

Nietzsche, Friedrich: *Werke in drei Bänden*, Essen: Phaidon Verlag 1990

Posé, Ulf D.: *Führen durch Überzeugen*, Düsseldorf: Econ 1984

Posé, Ulf D.: *Von der Menschenführung zur Lebensführung*, Ronneburger Kreis 2004

Prossliner, Johann (Hrsg.): *Licht wird alles, was ich fasse [Lexikon der Nietzsche-Zitate]*, München: Kastell Verlag 1999

Radermacher, Franz Josef: *Balance oder Zerstörung*, Wien: Ökosoziales Forum Europa 2002

Röd, Wolfgang: *Der Weg der Philosophie von den Anfängen bis ins 20. Jahrhundert*, Band 1, München: C. H. Beck 1994

See, Hans: *Kapital-Verbrechen: Die Verwirtschaftung der Moral*, Frankfurt a. M.: Fischer 1992

Vogelsang, Georg / Burger, Christian: *Werte schaffen Wert: Warum wir glaubwürdige Manager brauchen*, Düsseldorf: Econ 2004

Weizsäcker, Carl Friedrich von: *Der Garten des Menschlichen*, Frankfurt a. M.: Fischer 1992

Welt in Balance. Zukunftschance Ökosoziale Marktwirtschaft, neun Redebeiträge

Wieland, Wolfgang (Hrsg.): *Geschichte der Philosophie in Text und Darstellung*, Band 1: Antike, Stuttgart: Reclam 1978

Wolters, Jürgen: Der Fraktions-Status: Eine verfassungsrechtliche Neubestimmung, Baden-Baden: Nomos Verlagsgesellschaft 1996

Ethische Handlungsregeln des Ethikverbandes der Deutschen Wirtschaft e. V.

Der Ethikverband der Deutschen Wirtschaft hat als Grundlagenpapier ethische Handlungsregeln für unternehmerisch handelnde Personen und Unternehmen als Organisation aufgestellt.

Persönliche Grundsätze

1. Ich handle und entscheide möglichst so, dass das personale Leben in mir und in der Person eines jeden anderen eher gemehrt, denn gemindert wird.
2. Ich respektiere Würde und Freiheit meiner Mitarbeiter.
3. Ich übernehme für die überschaubaren Folgen meines Handelns die alleinige Verantwortung.
4. Ich handle und entscheide so, dass das Vertrauen in meine Handlungen und Entscheidungen eher gestärkt als gemindert wird.
5. Ich handle und entscheide so, dass alle Beteiligten niemals nur Mittel sondern jederzeit auch Ziel meines Handelns sind.
6. Ich zwinge niemanden, gegen sein verantwortet übernommenes ethisches und / oder sittliches Gewissen zu handeln.
7. Ich handle und entscheide so, dass die Interessen aller Beteiligten berücksichtigt und in verantworteter Güterabwägung gegeneinander abgewogen werden.
8. Ich strebe Konfliktlösungen an, die die Werteinstellungen, Erwartungen, Interessen und Bedürfnisse aller Beteiligten optimal befriedigen.
9. Ich bemühe mich, transparente Strukturen zu schaffen, damit

meine Entscheidungen von allen Beteiligten verstanden werden.

10. Ich handle und entscheide so, dass das Erreichen von Unternehmenszielen und sozialverträglichem Miteinander in Einklang stehen können.

11. Ich handle und entscheide so, dass die Menge meiner Handlungsalternativen eher zunimmt, denn gemindert wird.

Unternehmerische Grundsätze

1. Wir handeln und entscheiden so, dass bei jedem unserer internen und externen Partner die Bereitschaft zu selbstständigem und selbstverantwortlichem Handeln gefördert wird.

2. Wir handeln und entscheiden so, dass die Identifikation mit dem Unternehmen eher gefördert als gemindert wird.

3. Wir gehen mit unseren externen und internen Partnern so um, dass das Vertrauen in unser unternehmerisches Handeln gefestigt und gefördert wird.

4. Wir handeln und entscheiden so, dass die Sicherstellung des positiven Betriebsergebnisses mit angemessenem Aufwand erreicht wird.

5. Wir unterstützen und erwarten von jedem Mitarbeiter eine verantwortungsbewusste Erfolgsorientierung.

6. Wir handeln und entscheiden so, dass Mitarbeiter/Kunden/Lieferanten und Öffentlichkeit sich informieren können.

7. Mitarbeiter, Kunden, Lieferanten und Öffentlichkeit haben ein Recht darauf, Entscheidungen zu verstehen. Dafür schaffen und pflegen wir transparente Strukturen.

8. Wir berücksichtigen bei konkurrierenden Interessen die Folgen für alle Beteiligten.

9. Wir pflegen und fördern einen ökologisch sinnvollen Umgang mit Betriebsmitteln.

10. Wir handeln und entscheiden so, dass die langfristige Mehrung des materiellen und immateriellen Unternehmenswertes (imma-

terielle Werte wie Unternehmenskultur, Wissen und Können, Markenwert als wichtige Quelle langfristiger Nachfrage) vermehrt wird.

11. Wir fördern, ermuntern und belohnen die Entfaltung primärer Tugenden wie Zivilcourage, kreativer Ungehorsam, kritische Gerechtigkeit, Konfliktfähigkeit und Toleranz.

Prof. Dr. Rupert Lay (Ehrenpräsident)
Ulf D. Posé (Präsident)
Dr. Klaus-Jürgen Grün (Vizepräsident)
Prof. Leopold Springinsfeld (Präsidiumsmitglied)